Birgit Biehl

Splitter im Sand

edition exemplum

Meiner Mutter
aus einem anderen Leben

Der Wanderer. – Wer nur einigermaßen zur Freiheit der Vernunft gekommen ist, kann sich auf Erden nicht anders fühlen denn als Wanderer, – wenn auch nicht als Reisender nach einem letzten Ziele: denn dieses gibt es nicht. Wohl aber will er zusehen und die Augen dafür offen haben, was alles in der Welt eigentlich vorgeht; deshalb darf er sein Herz nicht allzu fest an alles Einzelne anhängen; es muß in ihm selber etwas Wanderndes sein, das seine Freude an dem Wechsel und der Vergänglichkeit habe.

Friedrich Nietzsche, Menschliches Allzumenschliches I –
Ein Buch für Freie Geister –, IX., Nr. 638

Splitter im Sand

Spiegel
wenn sie denn fallen
müssen
zerspringen
blitzartig die Erhellungen
im Licht der kleinen und großen Splitter
jeder von ihnen eine Welt

Splitter im Sand aber
sind tückisch
glänzen
wie die Kristalle der Sandkörner auch
die winzigen sind die gefährlichsten
Sie vernarben unter der Haut und
ziehe ich weiter
schmerzen
ständig

Sicherlich bin ich eine ganz typische Lehrerin, nicht ganz freiwillig in diesem Beruf, der sich aber doch anbot für eine Frau Anfang der Siebziger, engagiert, immer bemüht, mehr zu wissen, und darum stets in der Gefahr, sich selbst für besser zu halten als andere in dem Bestreben, ›gut‹, wenn nicht gar ›perfekt‹ zu sein, immer neugierig auf Fremdes, um es in das eigene Weltbild einzuordnen – eben eine richtige Lehrerin. Und nun, nach fast 30 Jahren? Ein tiefsinniges, überaus vielschichtiges Weltbild, hart, massiv, schön gezeichnet wie eine geschliffene Marmorplatte, in der man sich wohlgefällig spiegeln kann: Das war's, noch ein wenig der Vorlieben frönen, die Platte immer mal ein wenig polieren, gut nach außen kehren wie einen Schild, seht, wie ich glänze! Die Rückseite des Spiegels zeigt schon eher, wie es wohl wirklich aussieht, Risse, Schrunden, Verwerfungen, kein Schliff, keine Politur ...

Ein Jahr Afrika, Arabien, Mittlerer Osten, ein Jahr Rucksack und Stiefel – zersplittert ist der Spiegel, hart die Lektion, aufgebrochen das Weltbild, zerronnen das Bild der eigenen Rolle wie der ständige Sand unter den Füßen, freigelegt ganz Anderes, lange Verschüttetes, eine harte, doch ersehnte Lektion in Demut. Oh ja, erst kommt das Fressen und dann die Moral, erst musst du fertig werden mit Hunger und Durst, Schmerz, Alleinsein, Fremdsein, Schuld und Scham, mit dem Versagen der eigenen Maßstäbe unter dem vielbesungenen afrikanischen Sternenhimmel. Aber ich wollte das ja so, wollte, ein Sabbatjahr nutzend, ausziehen in die Fremde und alles auf die Probe stellen, dabei mitbringen das Material für eine Arbeit in der Orientalistik, der ich mich seit Jahren verschrieben habe. Wie fadenscheinig ist mir heute mein Anliegen, vorgetragen bisweilen nur des schnellen Vorteils, der ersehnten Profilierung wegen, wieviel mehr lernte ich durch den freien Blick, den Blick der Zuneigung, nicht den des Pathologen mit Arbeitshypothese! Und so ist quasi unter der Hand etwas ganz Anderes daraus geworden als geplant, war dies doch ein Weg barfuß über die Splitter der eigenen Überheblichkeit hin zu Bescheidenheit, zu ganz anderem Wissen, das die Lehrerin in mir nicht zurückhalten möchte. Für diesen Weg bin ich vielen Freunden zu Dank verpflichtet, gerade auch den Menschen, die mir Steine in den Weg gelegt und mich von meinem Sockel herunter geholt haben.
So streben denn diese Aufzeichnungen keinerlei Ausgewogenheit an, Orte, Personen und Ereignisse sind durchaus nicht frei erfunden. Das Nach-Denken ist bestimmt von Begegnungen mit Lebenden und Toten, mit Göttern und Tieren, nicht mit Büchern, ist zudem wertend, noch dazu, da oft mit einem Schock verbunden, unvernünftig emotional wertend. Die Fülle der Begegnungen lässt aber doch erwarten, dass viele Splitter ein lebhaftes Kaleidoskop ergeben, und, liegt dieses erst einmal ruhig auf dem Tisch, so ist das Bild doch auch ein mögliches, ein richtiges von dieser Welt.

Herbst 2000

Fortbewegungen I

»Wenn der eigene Richtungssinn dem Kompaß widersprechen sollte, wiederholt man lieber die Messung. Daß der Kompaß mehr Vertrauen verdient als das Gefühl, merkt man überzeugend, wenn man einem Weg folgt, der sich unmerklich krümmt ...«
Wolfgang Linke, Orientierung mit Karte, Kompaß, GPS

Nach Tagen quälender Schwüle gottlob ein kühlerer Morgen, ein Aufbruch zitternd vor Neugier, mit viel zuviel Gepäck, wie immer weiß ich, dass es sich schon in nächster Zeit wundersam reduzieren wird. Mann und Sohn sind nicht glücklich, haben sich lediglich abgefunden. Entschlossene Umarmung am Bahnhof, hinter den guten Wünschen kommt keine Trauer auf, nur Spannung. Der ›Traumpfad‹ beginnt mit den entscheidenden fünf Minuten Verspätung, beim Umsteigen in Viersen ist es schon passiert, der Zug nach Venlo fährt an, eine Stunde Wartezeit. Am Nachmittag in Antwerpen entscheide ich mich schnell für ein billiges Hotel im Zentrum, noch ungewohnt ist die Last auf dem Rücken, ›Hôtel Billard‹ an Astrid Plein, na ja. Im Schritttempo ist die Stadt lebendig, mitteilsam, gelassen. Ausmeldung am Hafenamt, schauerlich die fratzenhaften Steckbriefe von gesuchten Arabern auf den Plakaten, noch einmal richtig mosselen essen, dann los mit dem Taxi an Kai 738, ich habe noch nie einen so großen Hafen gesehen. 15 Uhr: keine ›MV Kaduna‹, Anruf bei der Reederei: Sie kommt erst morgen Abend, also zurück, ›Hôtel Billard‹, umso besser, Antwerpen feiert van Dyck.
Zwischen Museum und St. Pauluskirche die Mannschaften englischer und griechischer Kriegsschiffe, überall sieht man in kleinen Gruppen Matrosen mit Sony-Kartons unter dem Arm durch die Stadt laufen, friedliche Zeiten. Im Paulus-Viertel überraschen schon vormittags die Nutten hinter den kleinen Fenstern, eine von ihnen mit einer breiten Laufmasche in ihrem schwarzen Strumpf. Überall Musik auf den Plätzen, ich habe viel Durst und kein belgisches Geld, stoße auf den kleinen Trinkwasserbrunnen vor dem Rubens-Haus, ein gutes Omen. Ganz langsam wächst es heran,

keine Bleibe, kein Geld, sofort wachsen dem Überlebenswillen Flügel, bei C&A finde ich, Einkauf mimend, eine Toilette und eine neue Plastiktüte, ich weiß, so fängt alles an. Immer wieder treffe ich auf Monsieur Moussa in seinem farbigen Boubou, Dauergast im ›Hôtel Billard‹, nicht einmal der einarmige Rezeptionist weiß etwas über ihn. Um 21 Uhr an Pier 738 kein Schiff, niemand an den Kränen weiß Bescheid, zu allem entschlossen lege ich mich im Schlafsack unter einen Kran. Gegen zehn erscheint ein Lastwagen aus Hamburg mit Material für ›MV Kaduna‹, gemeinsam warten wir im Führerhaus. In der anbrechenden Dunkelheit legt riesengroß das Containerschiff an der Pier an, ich stapfe im Dunkeln die schwankende Gangway hoch, ein Steward zeigt mir meine Kammer, owner's appartment direkt unter der Brücke mit überwältigender Aussicht. Die ganze Nacht durch wird im Akkord ent- und beladen, eineinhalb Schichten lang. Über den Containern wird eine Lage Gebrauchtwagen verladen und verzurrt, viele Mercedes 200 D, etliche schrottreif, einige offensichtlich geklaut, die meisten für Nouakchott, faszinierend ist die schnelle, präzise Arbeit mit den mobilen Kränen. Am nächsten Abend legen wir ab, drehen mit Schlepperhilfe im Hafenbecken, dann mit slow ahead in die Schleuse, verheißungsvoll das gleichmäßige Maschinengeräusch unter mir. Im kleinen Salon nebenan finde ich einen Martha Grimes, den ich noch nicht kenne.

›MV Kaduna‹, benannt nach der Stadt, dem Fluss, der Provinz in Nigeria, Schiffsregister CCNI Anakena, Kvaerner Warnow 1995, Reederei Transeste, im regelmäßigen Westafrika-Dienst, in der Mannschaftsliste werde ich als stewardess geführt. In der Nacht verlassen wir die Scheldemündung, fahren am Morgen mit 17 Knoten durch die Straße von Dover, Hovercraft und P&O-Fähren kreuzen den Kurs, in der Morgensonne glänzen die Kreidefelsen, an Backbord die Fähre von Roscoff. Ich habe mich im Brückeneck eingerichtet und mir einen souveränen Arbeitsplatz für die nächsten 11 Tage geschaffen. Die See ist glatt, sehr blau, ich erarbeite mir das Kapitel ›Orientierung‹ für Karten- und Kompassstudium. Die nächsten Tage bringen Arbeit im Office, an Telefon und Telex, Schulungsmaterial ist zu kopieren, englische Berichte von Schiffsunfällen sind zu übersetzen, für den Master arabische Standard-

sätze für die Kommunikation mit Zoll, Polizei und Hafenbehörde in Mauretanien zu erarbeiten, wir üben die Aussprache ein. Während der langen Brückenwachen kreisen die Geschichten: Vor sechs Monaten hat es auf dem Schiff eine Meuterei gegeben, ein Seegerichtsprozess steht an. 1998 sind weltweit 57 deutsche Seeleute auf Schiffen ermordet worden ... An Bord hört man auf allen Stationen unsägliches englisches Kauderwelsch, in der Mannschaft ist kein Deutscher mehr, so entstehen erhebliche Verständigungsprobleme. Leicht rollende See, ich erarbeite die Unterlagen des Bundesamtes für Seeschifffahrt und Hydrographie über Missweisungen in West-Afrika, das Wiegen wird zum Lebensgefühl. Immer wieder die Treppen, poop deck, 2nd bridge deck, boat deck, superstructure deck, klar ist diese Welt der Schiffe, unabweisbar die Hierarchie, geregelt die Konflikte fern der Welt an Land, hier gibt es Muße, sich selbst in den Blick zu nehmen. Arbeit mit dem Kompass, Orientierung am Kreuz des Südens, noch ist es Übung, noch ist es Spiel. Den ganzen Tag begleiten uns Walschulen, die Atemfontänen sprühen dicht neben dem Schiff. 12 Uhr La Rochelle, Kurs 202, 15 Uhr Bordeaux, ein großes Segelschulschiff an Backbord, Radio Finisterre meldet sich, 19 Uhr La Coruña, Kurs 209.
Dienstag, Kurs 198, seit Stunden außer uns kein Schiff mehr, ich erledige Übersetzungen von Prozessfällen, schreibe am Computer. 10 Uhr Peniche, die Berlengas! 1973 haben wir hier, kurz vor der Revolution, Urlaub gemacht, seltsam der Blick von See aus. Der chief engineer und ein philippinischer Matrose haben Geburtstag, am Nachmittag zaubert der Steward eine schauerlich süße Nutellatorte, abends gibt der Master für jeden zwei Flaschen Bier aus, tatsächlich Holsten Edel, Alkohol ist streng unter Verschluss, dann Party in der Mannschaftsmesse, das bedeutet Karaoke aus 15 Filipinokehlen.
Kurs 198, seit gestern keinerlei Schiffsbegegnung mehr, gegen Mittag ein leerer Tanker Richtung Libyen, Sturmtief 9-10 über dem Atlantik, wir sind gerade aus der Zone heraus, sehr ruhige See, warm, 18 Knoten. Herrlich das Baden im pool, einem aufgeschnittenen Container, vier Züge hin, vier Züge zurück. Casablanca! Der chief engineer nimmt mich mit in die Maschine, vier Decks tief bis

zur Nockenwelle, eine heiße, laute Konstruktion, die täglich 350 l Schmieröl frisst, faszinierend Kessel, Pumpen, Generatoren, Wasserentsalzung, Schmutzwasseraufbereitung, Computerkontrollprogramme für Maschinen und Elektrik. Nachmittags Rost kratzen, schleifen, schmirgeln, reinigen, fegen als Vorbereitung für das Streichen, Kopieren von Zollpapieren; Kompass-Übungen, als ich mit allem fertig bin, magnetisch-Nord, geographisch-Nord, Seekarten-Nord.
Donnerstag, den ganzen Tag nur zwei Schiffe gesehen, Zeit zum Erzählen von Schauergeschichten. Alle waren sie dabei, der Master, der chief engineer, Cuba während der Revolution, Kneipen am Amazonas, Brutalitäten in Nigeria. Wilder arabischer Seefunk aus dem Lautsprecher, ein Fax aus London über die Seegerichtsverhandlung. 4 Uhr früh: Ich habe mir den Wecker gestellt, um die Durchfahrt durch die Canaren zu sehen, nach all der Einsamkeit lange Lichterketten auf beiden Seiten mitten im Meer. *Verdrängte Bilder tauchen auf, mein Vater bei seiner Verhaftung wegen Beihilfe zum Mord an Juden, um 4 Uhr morgens in unserer Wohnung in Hamburg, auf der Toilette bewacht von einem dunklen bleichen jungen Mann, das Hosenträgerkreuz auf dem Rücken meines Vaters, der bei offener Tür vor der Toilettenschüssel steht, ich, 16-jährig, entsetzt in der Tür meines Zimmers gegenüber. Jahrzehntelang habe ich dieses Bild vergraben, ich muss es zulassen, damit es vergehen kann.*
Den ganzen folgenden Tag arbeiten wir daran, das Schiff von außen unzugänglich zu machen, die Außentreppe zur Brücke wird abgeschraubt und hochgezogen, Piraten haben in diesen Breiten Schiffe geentert. Ich bekomme Order, die Fenster in meiner Kammer zu schließen und unter keinen Umständen die Tür zu öffnen. Mittags ad-Dahla, Kurs 192, erheblicher Schwell, das Schiff rollt deutlich, wir fahren full speed, um bis 18 Uhr im Hafen von Nouakchott zu sein, da wir nur bei Flut die nötigen 55 cm unter dem Kiel haben werden. Da liegt das Fischerdorf Tiouilît, vor einem Jahr habe ich hier am Strand gestanden und auf die See geschaut. Die Schwüle der Regenzeit ist spürbar, das Schiff hat einige Krängung, wir wirbeln schon Sandbänke auf. Nouakchott ist nur als weiße Dünenlinie zu ahnen, wir müssen bis morgen im stand

by vor der Küste treiben, an die Mole passen nur zwei größere Schiffe, einige Frachter sind vor uns dran. Starkes Rollen, manchmal schlägt das Schiff auf, die Filipinos haben Angeln ausgeworfen. Beim Abendessen in der Messe erzählen Master und chief engineer von in starker Strömung hier an den Kai gesetzten Schiffen, die Risse gingen bis zu den Hauptkabelsträngen, von einem im Dock explodierten Tanker, dessen Hauptdeck wie ein Dosendeckel hochgeklappt wurde, morgen könne ich mir das Wrack ansehen.
Samstag, wir dümpeln noch immer vor der Mole, dann die Meldung des chinesischen pilot, alle Maschinenmanöver werden getestet. Als der Lotse endlich kommt, fahren wir in die Bucht ein, das Anlegemanöver mit den Bugstrahlrudern ist bei diesem Wellendruck spannend, der Master schreit den Lotsen, der den Charakter der ›Kaduna‹ nicht kennen kann, an, als wir in allzu steilem Winkel auf den Kai zufahren. Liegezeit 24 Stunden, drei Schiffe warten auf unseren Platz. Polizei, Zoll, Einwanderungsbehörde, der Agent der Reederei strömen auf das Schiff, jeder bekommt eine Fanta, Pralinen und eine Stange Zigaretten. Ich wandere über Mole und Strand zu dem grausam explodierten, jetzt mit Rostbeulen bedeckten Schiff, das quer über den Strand liegt. Es ist heiß, der Sand tief und weich, verstreut liegen Korallen und angeschwemmte Kugelfische. Am nächsten Morgen verlaufe ich mich auf der anderen Seite der Bucht in ein Militärareal, fotografiere in aller Unschuld, das ist die erste von zahlreichen Verhaftungen, ich rede mich heraus, je ne pouvais pas le savoir.
Nun rückt Dakar wirklich näher, Ausgangspunkt meines Wegs durch Afrika, auf den ich mich noch einmal habe vorbereiten können, Kompassberechnungen mit dem Master und dem 1. Offizier, es erscheint mir als gutes Omen, Orientierung in der Wüste beherrschen, Missweisungen kalkulieren zu können, als seien Wege durch die Wüste wirklich berechenbar. Wir kreuzen einen Zug von Hunderten von Delphinen, die unbeirrbar ihren Weg zum Kreuz des Südens finden, lange begleiten sie uns springend und spielend, dann weicht unser Kurs ab.
Montag, ich sitze allein im Brückeneck, bin zu aufgeregt, als dass ich schlafen könnte, bin aufgenommen in den Sternenhimmel.

Kaffee für den Master und mich auf der dunklen Brücke, fahles Licht nur vom Kartentisch, um 2 Uhr kommt Cap Vert in Sicht, Yoff, N'Gor, Cap Manuel, das Panorama des nächtlichen Dakar, Schleichfahrt in den Hafen, 3.45 Uhr vessel in position. Nach herzlichem Abschied von der Mannschaft fährt mich der Agent in die rue Félix Faure.

Fortbewegungen II

Auf der Suche nach den Vätern, der Mutter

Dakar Plateau, wieder kann ich hier wohnen, wieder besticht der Zauber der alten Viertel mit ihren niedrigen Häusern aus dem 18. und 19. Jahrhundert, Handwerker, Schneider, Antiquare leben hier. In den kleinen Werkstatträumen stehen die Leitern, auf denen man in den einzigen winzigen Wohnraum gelangt. Zahllose Restaurants mit einem oder zwei Tischen bieten ihre Hausspeise an, in den Innenhöfen gibt es Obst, Gemüse, frischen Fisch aus dem nahen Hafen, in den unüberschaubaren Winkeln leben große Familien in überlieferter Ordnung um die Brunnen herum, Frauen singen bei der Zubereitung der Mahlzeiten, Kinder eilen schwer beladen umher, bringen Vätern, Onkeln, Brüdern Material, tragen die fertigen Waren aus. Alle Bücher, mit denen ich mich auf dem Schiff noch einmal beschäftigt habe, schicke ich nach Hause, will mich nur noch auf mich selbst verlassen, ich fühle mich entlastet, die Nabelschnur ist durchgetrennt. Am Rond Point de l'Indépendance, dem geschäftigen Viertel der Banken und Hotels, muss ich Francs CFA eintauschen, die Automaten verweigern die Visa-Karte, also Barumtausch, auch das eine Abnabelung. Einige Stunden Fußmarsch durch die Stadt machen wieder heimisch in den Vierteln der afrikanischen Fischer und Händler, am Abend kann ich Ahmadou, den Freund, wiedersehen, die ersehnten Jeans passen genau.

Ich muss wieder nach Gorée, ein Jahr lang hat mich zuhause das Bild von der großen Tafel im Salon des Sklavenhauses verfolgt, genau über den mit Menschen vollgepferchten Zellen im Untergeschoss, die Schreie müssen bis zu den Gelagen der Händler durchgedrungen sein, die Ein- und Verkäufe von Menschen bei einem guten Mahl zu feiern pflegten; die Öffnung im Boden eines abgesonderten Teils, die den jungen Mädchen als Toilette diente, sie sollten ihre Unschuld behalten, um so erheblich höhere Preise zu erzielen; die Maueröffnung auf der Meeresseite, durch die rebellische Gefangene den Fischen zum Fraß vorgeworfen wurden. Um 10 Uhr geht an der embarcadère das kleine Schiff nach Gorée, bringt Wasser und Lebensmittel zur Insel, ein kurzer Regen kühlt die schwüle Luft etwas ab. Ich nehme mir Zeit für jedes Haus, das ›Institut du Soudan zur Förderung der Demokratie in Afrika‹, die Malteser-Mission, die kleine Koranschule, aus der lauter Kindergesang über die Insel schallt. Auf dem Weg zum Fort finde ich Ahmadou Dieng wieder, immer noch arbeitet er seine wilden Collagen aus Erde und Stoffresten auf irgendwelche alten Matten oder Tücher, Farben und Leinwand kann er sich nicht kaufen. Diesmal erstehe ich eine kraftstrotzende Gestaltung auf einem alten Badevorleger, den kann ich vorsichtig rollen und schicken.
Noch habe ich Monsieur Omar nicht entdeckt, meinen afrikanischen Vater, über siebzig, er hat mir im letzten Jahr das Sklavenhaus gezeigt, konnte noch von seinem Großvater erzählen, dass mir die Tränen kamen. »Wir haben selbst Schuld daran, wir haben uns nicht gewehrt«. *Ich war mein Leben lang auf der Suche nach Vätern, hatte einen heißgeliebten französischen Vater, der kleine krumme Alte aus der Medersa Ben Youssef in Fès ist mein arabischer, Monsieur Omar mein schwarzer Vater. Schon als Kind habe ich in Hamburg Männer angesprochen, ob sie nicht mein Vater werden wollten, einer, ein Kriegsversehrter mit Krücken, ist zum Entsetzen meiner Mutter in unsere Wohnung gekommen.* Jetzt sehe ich ihn kommen, er hat früher in Hamburg als Matrose gearbeitet, freut sich sehr, Hamburg ist ein wunderbarer Stoff für uns beide. Die chaloupe aus Dakar ist zurückgekommen, um das Schiff herum tauchen die Jungen nach Münzen, die die wenigen Touristen ins Wasser werfen.

Viel Zeit gehört dem Musée IFAN mit seiner Sammlung von Masken, Statuen, Instrumenten, ganzen Ritualszenen. Besonders spannend ist das große Buschtelefon, ein hochsensibler ausgehöhlter Stamm von etwa einem Meter Durchmesser mit dem Code der hohen Töne für Hochzeiten und, auf der anderen Seite des Schlitzes, dem der tiefen Töne für Trauerfeiern. Etwa 25 km weit reichen die Nachrichten, intensiv darf ich das Instrument ausprobieren. Manchmal schwankt noch der Schiffsboden unter mir.
An der gare routière Pompier, dem chaotischen Sammelplatz für die taxis brousse, die Buschtaxis, ist es schwierig, unter all den gleichartigen Wagen den nach Ndangane im Mündungsgebiet des Sine-Saloum herauszufinden. Alle jungen Männer stürzen sich auf die einzige Fremde, mit viel Geschrei wird der richtige Wagen gefunden, das kostet eine Apfelsine und eine Banane. Erst drei Stunden später ist das taxi voll, 45° im Schatten, ich stinke wie alle, die mit mir Wartenden laden mich in ihr Dorf ein. Nach undurchschaubaren Prozeduren geht es so langsam los, dass wir nicht mehr vor Sonnenuntergang ankommen können. Fünf Stunden Fahrt mit sechs Menschen auf drei Plätzen, das Gepäck auf den Füßen, Haut klebt an Haut, Savannenlandschaft mit Baobabs und Fromagers zieht vorüber. Sehr plötzlich fällt die Nacht, Gewitter kommen auf, das Buschtaxi hält unvermittelt an, das Dachgepäck wird in das Wageninnere gestopft, dann fällt ein Regen, wie ich ihn noch nie erlebt habe. Nichts ist mehr zu sehen, der Fahrer behält seine Geschwindigkeit bei, fällt in tiefe Schlaglöcher, die Autoscheinwerfer sind kaputt, von unserem Schweiß beschlägt die vielfach gerissene Frontscheibe. Da die Hälfte der Fenster kein Glas mehr hat, die Fahrertür nicht schließt, strömt das Wasser in den Wagen. Nach einer halben Stunde ist das Unwetter vorüber, die drückende Hitze gewichen. Zwischen Baobabs und Schweineherden werden die Reisenden abgesetzt, für mich hält der Fahrer mitten in der Nacht in Ndangane vor einem beleuchteten Hotel, das ich jetzt akzeptieren muss, eine langweilige Touristenanlage, aber ein Essen, eine Dusche und die Möglichkeit, die versaute Wäsche zu waschen.
Viel schöner als im pool des Hotels ist das Bad im Flussdelta, schon morgens hat das Wasser 28°. An der embarcadère von

Ndangane warten die Piroguen, an der sandigen Hauptstraße treffe ich auf Mustafa und Ali in der Dorfbibliothek, sie bewachen 30 Bände, ich verspreche, später Bücher zu schicken. Die Entdeckung am Strand ist das afrikanische campement Fouta Toro mit einigen strohgedeckten Rundhütten ohne Wasser und Strom, Amye und ihre Familie nehmen mich sofort auf, beteiligen mich am Fischfang. Zum Schutz vor den Mücken am Wasser ist Erfindungsgabe gefordert, ich befestige mein Moskitozelt mit Seilen an den Deckenbalken der Hütte, ein Reißverschluss ist hin, also Wäscheklammern. Um die Hütte tummeln sich Hühner, Schafe, wilde Hunde, Esel. Als ein Gewitter heranzieht, kommen alle Kinder der Umgebung gelaufen, die Frauen waschen sie mit lautem Geschrei im Regen, selbst die großen Mädchen reinigen sich ungeniert vor den Männern. Die Großfamilie versammelt sich unter dem Strohdach der Palaverhütte, ein Säugling schläft auf dem Esstisch zwischen den Schüsseln. Diengaba erzählt, jahrelang sind die Mädchen zur Schule gegangen, doch können sie nicht lesen, nicht schreiben. In meiner Hütte herrscht mörderische Schwüle, stundenlang schreien die großen Frösche in den Sümpfen der Regenzeit. Am nächsten Morgen klemmt die verzogene Tür, die Klinke ist herausgebrochen, Dialo muss mich befreien. *6. August, heute ist der Geburtstag meiner Mutter, es gelingt mir, ihn beiseite zu schieben.*

An der Anlegestelle wartet Mohammadou mit der Pirogue, wir fahren durch die bolongs des Saloum-Deltas zu den Vogelinseln, zum bois sacré, den Heiligen Bäumen, zu den Buschtelefonen, hier ist niemand, Pelikane, Kormorane, Reiher, ein Paradies. Als wir die kleine Insel Mar Lodj streifen, beschließe ich zu bleiben. Im Anfang schuf Gott Mar Lodj, diese wilde Insel voller kleiner bunter Vögel, die in den in allen Farben blühenden Bäumen singen, am mangrovenbestandenen Ufer säubert der Fischer die großen Barracudas und Capitaines. Nur in den winzigen Buchten, die die Mangroven freigelassen haben, kann man der reißenden Strömung in der Regenzeit standhalten. Sophie und Marion, zwei Französinnen, hat es einen Tag vor mir hierher verschlagen, wir durchstöbern die Insel, entdecken das kleine Dorf in der Mitte mit seiner winzigen katholischen Missionsstation, der kleinen Schule,

der Kirche rund wie die Hütten auch, der Moschee daneben, dem alles überragenden alten Heiligen Baum der Animisten. Stolz zeigt mir Josephe die Hütten, packt mich plötzlich am Arm und reißt mich zurück, auf dem Holzstoß neben mir liegt eine lange Baumschlange mit aufregend gelbem Kopf.
Ahmadou hat mir in Dakar die Adresse von Kurt gegeben, der sich auf Mar Lodj niedergelassen hat, wir waten durch die Priele und Schwemmsände zu seinem campement am anderen Ende der Insel, vorsichtshalber notiere ich drei Kompasspunkte. Kurts Gefährtin Awwa bereitet uns einen Mussolini genannten Fisch zu, es ist mir ein besonderes Vergnügen, mit Messer und Gabel das brutale Profil des Fisches mit seiner bulligen Stirn und dem starken Kinn zu zerteilen. Schwierig ist der Rückweg unter sternklarem Himmel, wie Seidengewänder von Elfen schwebt die Milchstraße dicht über uns. Kurt schickt uns seinen Schäferhund mit, der begleitet uns bis zur Statue der Schwarzen Madonna, von dort aus finden wir allein zurück.
Heftig schwankt das flache Boot im Wind, als wir mit einer Pirogue den breiten Saloum aufwärts nach Foundiougne weiterfahren. Hier betreibt das Militär eine Fähre. Aus den kleinen Küchen in den Höfen der Fischerhäuser am Hafen dringen Wohlgerüche, köstlich ist der Reis mit Yassa-Sauce. Lange laufe ich flussabwärts, niemand ist hier, Vögel, zahlreiche Termitenbauten sind wie mahnende Hände gen Himmel gerichtet. Schon der frühe Morgen ist sehr heiß, wir brechen auf zu den Dörfern in den Erdnussfeldern voller Baobabs, lilienartiger Blumen und gewaltiger Kapok-Bäume. Überrascht, toubabs, Weiße, zu sehen, versammelt sich überall die Dorfbevölkerung. Maguette, ein feinsinniger Junge, der bald sein Abitur machen wird, begleitet uns den ganzen Tag, erzählt von den Problemen in der Schule, Sophie übernimmt es, ihm die fehlenden Bücher zu schicken. Er führt uns die Karren-Piste entlang zu dem in den Hirsefeldern versteckten Dorf Soum. Ein großer Empfang wird uns auch hier bereitet auf dem kleinen Markt mit der großen Moschee, der Missionsstation, der Palaverhütte voller neugieriger alter Männer und dem Heiligen Baum mit der blutigen Opferstätte darunter. Maguette beschreibt das Dorf als sehr groß, weil sich hier nicht mehr alle mit Namen kennen,

hier möchte er nicht wohnen. Lachend und schreiend umringt uns eine große Kinderschar, als wir zum Fluss wandern und unter einem alten Baobab gegenüber dem Heiligen Wald rasten, in dem alle Religionen der Umgebung die großen Feste gemeinsam feiern. Jugendliche schwingen im Rhythmus ihres Gesangs die einfachen Hacken zur Vorbereitung der Reisfelder, für die Feldarbeit gibt es drei Monate Schulferien.

Am nächsten Morgen nehmen wir die Fähre in Foundiougne und setzen über den Fluss, von beiden Ufern hört man die Trommeln aus den Fischerdörfern, wie ein Rausch ist es weiterzuziehen ... An dem alten Militärponton sind rechts und links Flusspionierboote befestigt, in denen je zwei bewaffnete Soldaten sitzen, die nur mit Mühe gegen die Strömung ansteuern können. Am anderen Ufer heißt es warten auf eine Fahrgelegenheit, der Fahrer eines Kühllasters will uns hinten zwischen den tropfenden Fischen mitnehmen, wir warten. Hinter den Fischerhütten stehen zwei riesige Kanonen auf drehbaren Podesten, auf das gegenüberliegende Flussufer gerichtet, niemand weiß, gegen wen. Tatsächlich kommt nach einer Stunde ein taxi brousse ans Ufer gefahren, pfercht uns alle zusammen, wir schlingern durch die Sände, über die Strände und Sumpfpisten Richtung Fatick, von oben tropft Fischwasser durch das verrostete Dach, die Piste ist schwer, die Fahrt eine Qual *überleben, das heißt auch den Schmerz leben über den Verlust, wie soll ich meine Mutter überleben, sie ist gestorben und ich habe sie allein gelassen, leben konnte sie nicht, aber dafür bin nicht ich verantwortlich.* In Fatick wartet schon ein taxi brousse nach Süden, Sophie und Marion fahren nach Dakar zurück.

Durch fruchtbare Feuchtsavanne, durch Erdnuss-, Hirse- und Maisfelder geht es über Kaolack nach Farafenni, die Grenzstation nach Gambia. Es heißt, ein campement gebe es nur in einiger Entfernung, ich müsse auf dem Pferdewagen mitfahren. Alles Gepäck wird auf eine Pritsche geworfen, die Bauern legen sich darüber, das Pferd holpert in großem Bogen um den Ort herum durch die Felder. Festkrallen muss man sich, um nicht herabzufallen, stumm in ihrem Leid heben einige magere Frauen nicht den Blick, der Anblick des dürren Pferdes mit den vielen offenen Wunden im Fell verursacht Übelkeit. Nach einer Stunde Fahrt liefert man mich, seitlich wieder in den Ort einfahrend, tatsächlich vor ›Eddy's Hotel‹ ab, einem herrschaftlichen Kolonialbau mit palmenbestandenem Innenhof. Bei dem Rundgang durch Farafenni fällt die aufdringliche Wegelagerermentalität der Jugendlichen an den Kreuzungen auf, überall englische Aufschriften, plötzlich mitten im Ort die Grenzschranke, ich bin auf der falschen Seite in The Gambia mit seinem merkwürdigen Englisch, bin mit der charrette über die grüne Grenze geraten und ahne die morgigen Probleme. Das Immigration Office ist schon geschlossen, die Polizei empfiehlt mir, um 6 Uhr an der Grenze zu erscheinen, ich bin nicht beunruhigt.

In Anbetracht der Mücken baue ich im Zimmer eine geniale Konstruktion mit meinem Zelt um einen Nagel herum über den Draht der nackten Glühbirne, trotz des Ventilators ist die nächtliche Schwüle mörderisch, an Schlafen kaum zu denken. Am Morgen gibt es wie üblich weder Wasser noch Strom, trotz der nun häufiger auftretenden Durchfälle muss es mir egal sein, wie ich den Ort verlasse.

Im Dunkeln an der Grenzstation kommt nach einer guten Stunde ein Minibus mit einem einzigen Platz nach Ziguinchor in der Casamance. Ich werfe meinen Rucksack hinten unter eine Bank und will schnell zusteigen, als der Immigration Officer auf mich zukommt, den Pass sehen will und nun ein Riesenspektakel veranstaltet. Da fährt mit meinem Gepäck der Bus ab, zurück bleibt der Kassierjunge, der meint, wir würden den Bus schon wieder einholen. Immer wieder erkläre ich meinen ›illegalen Grenzübertritt‹, beschreibe den Weg mit der charrette, drei Offiziere sehen ihre Stunde gekommen. In meinem kleinen Rucksack habe ich Papiere und alles Geld bei mir, überschlage den Verlust des großen Rucksacks und beschließe, zumal der ranghöchste Offizier auf das Ergötzlichste mit den Augen rollt und mich der Lachreiz packt, mich zu wehren und stark zu bleiben. Nach langer Beratung im Ortsdialekt beschließt man, mich in den Senegal zurückzuschicken. Ich beschreie mein verlorenes Gepäck, erneute Diskussion endet mit dem Beschluss, mir 50.000 FCFA für den nachträglich zu erteilenden Einreisestempel abzunehmen. Entgegen der Wahrheit behaupte ich, mein Geld befände sich in dem großen

Gepäck. Erregte Debatte, plötzlich greift der Officer den Stempel, knallt ihn in den Pass, von mir ist nichts zu holen, jetzt schnell hinter dem Gepäck her. Wir halten eines der vorbeifahrenden taxis brousse an, laufen nach 10 km auf die Schlange vor der Fähre über den Gambia-Fluss auf. Obwohl alle Buschtaxis gleich aussehen, finde ich meines wieder, natürlich ist mein Rucksack noch da.
Im tief in rotem Matsch versunkenen Marktflecken am Flussufer herrschen schlimme Zustände, überall Ungeziefer in dieser feuchten Hitze, die Garküchen bieten oft schon verdorbenes Essen an, das Atmen fällt schwer in diesem elenden Gestank. Auf einem verrosteten Ponton geht es über den Fluss, es sind so viele Menschen an Bord, dass man sich nicht rühren kann, die Maschinen kreischen. Die einzige Straße durch Gambia führt in eine schwüle Regenwaldlandschaft, sie ist mit Schlaglöchern übersät, in eine Schlammpiste verwandelt. Schnell ist das Land durchquert.
Beim erneuten Grenzübertritt in den Süden des Senegal, die Casamance, tauchen zahlreiche Soldaten auf, die intensive Kontrollen vornehmen. Die Straße ist kilometerlang mit Wellblechwänden gegen die Rebellen aus den dichten Wäldern gesichert, alle 10 km haben Posten Sperren aufgestellt, ständig überholen uns Armeetransporte. Brüsk treten Soldaten mit Automatikpistolen aus Gebüschen und kontrollieren, ob Rebellen im Wagen versteckt sind, Panzer sind hinter Baumgruppen versteckt. Zwei dicke mamans haben mich in ihre Obhut genommen, die Kinder klammern sich an ihre Mütter, eines hat offensichtlich die Pocken. Die Frauen erzählen mir, wie brutal die Dörfer nach aufständischen Diola durchsucht werden. Nach Stunden erreichen wir Ziguinchor, ich bin so fertig und hungrig, dass ich mit meinen von Schweiß und rotem Matsch durchtränkten Sachen ein richtiges Hotel brauche.
Wunderbar ist die Stadt mit ihrem alten Kern in portugiesischem Kolonialstil, breit sind die Alleen durch die großen Palmenparks, im Verfall wird die vergangene Größe spürbar. In den Straßen am Hafen sieht man die helleren Nachfahren der Portugiesen. Gegen Abend ist die Stadt voller Störche, Pelikane, Reiher, Libellen, selbst Adler ziehen über dem angeschwollenen Fluss ihre Kreise.
Gefühl völliger Verlassenheit. Noch nach fünf Jahren werde ich die Schuld nicht los, meine Mutter am Ende allein gelassen zu haben,

sie in den letzten Jahren, als sie Bilanz gezogen hat, nicht genügend begleitet zu haben. Ich kämpfe mit den Tränen, kann sie einfach nicht gehen lassen. Mein Wecker ist auf den Steinboden gefallen, wie gut, dieses überflüssige Relikt beseitigen zu können.
An der gare routière bin ich schon früh Nummer 5 in einem alten Peugeot mit 7 Plätzen, kurz danach rasen wir mit beängstigendem Tempo durch den Regenwald mit Kapokbäumen, Mangobäumen schwer von Früchten, durch Reisfelder, auf denen Kinder und Jugendliche arbeiten, Richtung Elinkine im Mündungsdelta des Casamance, aufgehalten nur durch die Soldaten auf ihren Panzerwagen.
In Elinkine lädt mich der Diola Mamadou in sein selbst gebautes Impluviumhaus ein, ich bewundere die typische Bauweise. Durch den Versammlungsraum der großen runden Lehmhütte mit strohgedecktem Dach gelangt man in einen runden Innenhof. Das nach innen gewölbte Dach ist offen, das Regenwasser wird in ein Bassin gelenkt. Hier steht eine große Bananenstaude, die fast schon Dachhöhe erreicht hat, an ihrem Stamm spielen kleine Schildkröten. Um diese Öffnung herum führt ein durch Bambusträger abgestützter Rundgang, von dem die Räume abgehen. Beruhigend trommelt der Regen in das innere Becken, von dem aus ein Überlauf zum Brunnen draußen führt. So ist die erste Nacht in der Hängematte im Rundgang vor dem Regen sicher, und doch schlafe ich unter den Sternen, dicht über mir steht Orion.
Wegen des immer wieder aufflammenden Krieges haben sich viele Diola hierher an die Mündung des Casamance geflüchtet, so ist Elinkine, ein Bauerndorf mit wenigen Fischerfamilien, nun voller Fischer. Sie bringen viel zu viel Fisch, den sie auf großen Holzgerüsten zum Trocknen auslegen müssen, Haie, Rochen, Capitaines, Hechte. Die Lehm- und Strohhütten sind gegen die Waldtiere mit Bambuszäunen geschützt, überall laufen kleine dunkle Schweine herum, Ziegen und Schafe, zahllose kleine Kinder spielen im Sand zwischen den Tieren. Die Schwestern von Mamadou klagen ihr Leid, »Merkst du, wie das Dorf nun stinkt?« Auf dem Dorfplatz steht ein großes handgemaltes Schild: »Défense de chier«, Scheißen verboten, mit drastischer Zeichnung für die Analphabeten, die Choleragefahr ist allgegenwärtig.

Plötzlich lautes Geschrei, zwei gepanzerte Wagen mit Maschinengewehren und etwa 20 Soldaten kommen auf den Dorfplatz am Wasser gerast, verteilen sich überall, durchsuchen die Hütten nach Rebellen. Ich verstecke mich hinter einem Gebüsch, sehe die Möglichkeit, diese Szene zu fotografieren, vergesse den zugeschalteten Automatikblitz, bin sehr erschrocken. Kein Soldat hat den Funken gesehen, später macht mir Mamadous Familie heftige Vorwürfe, ich dürfe sie nicht gefährden, ich schäme mich sehr für meine Naivität. Als die Soldaten abfahren, klingen die Trommeln wieder, Frauen bringen die großen Obstkörbe unter den Mangobaum am Ufer, lachen und tanzen. Nebenan werden die Piroguen gebaut, im Rhythmus der Axtschläge feuern die Männer einander an, schwer ist die Arbeit an den meterdicken Stämmen.
Am Abend findet bei Mamadou eine große Versammlung statt, die Männer beraten, wie sie die Lage des Dorfes verbessern können. Sie gehen fair miteinander um, alle haben gleiches Rederecht. Da der Dialekt mit viel Französisch durchsetzt ist, verstehe ich eine Menge von den Problemen der Flüchtlinge.
Die Mückenplage am Wasser ist schlimm, zudem habe ich, sicherlich vom Brunnenwasser, nun schwere Durchfälle. Mamadous Impluviumhaus hat einen Toilettenanbau aus Lehm, in der Mitte des Raumes ist ein kleines Loch im Boden, darunter ist die Erde ausgehoben, eine kleine Plastikkanne mit Wasser steht neben dem Loch, Licht gibt es nicht, so sieht es denn dort aus und stinkt, wie es aussehen und stinken muss, ich stehe mit den Schuhen in der Scheiße, die Exkremente von Jahren bewegen sich, da sie ein intensives Leben von Ungeziefern enthalten, in kleinen Wellen. Mitten in der Nacht versuche ich, mit einem Eimer aus dem Brunnen Wasser zu schöpfen und das Schlimmste in eine Ecke zu spülen.
Der Weg in das Dorf Mlomp führt durch die Felder in den Regenwald, alte Kapokbäume umgeben den Ort, ihre Wurzeln greifen um sich wie die Schwänze riesiger Saurier, die spielenden Kinder verschwinden in ihren Windungen, eine urzeitliche Landschaft von brodelnder Fruchtbarkeit. Das kleine Krankenhaus St. Josephe wird von den Nonnen geführt, sie haben am Rande des Waldes große Schilder aufgestellt. Die Darstellung, wie jemand sein Bedürfnis im Wald erledigt, ist rot durchgestrichen, daneben

sitzt jemand strahlend auf einer Toilette in einem Holzhäuschen, in großen Lettern die Warnung vor der Choleragefahr. Daneben der Hinweis auf die Zahnklinik mit dem drastischen Bild eines Zahnausreißers. Tief im Wald erreiche ich die Versuchsanstalt für Frauen in der Landwirtschaft, in langen Zügen kreuzen große rote Ameisen den Pfad. Lange muss ich am Rande der Piste auf eine Rückfahrmöglichkeit warten *wie ein Kind sitze ich da und denke an meine Mutter, kämpfe wieder mit den Tränen, wie konnte sie mich nur verlassen.*

Die Jungen, die in den Feldern am Straßenrand arbeiten, spielen Rebellen, jetzt haben sie die Straße mit Ästen blockiert und verschwinden im Busch. Bei Mamadou treffe ich Bamba, einen Offizier der Marinebasis, wir diskutieren über die Rolle der senegalesischen Armee, die laut Bamba völlig in die Bevölkerung, in Erziehungs- und Gesundheitswesen etwa, integriert ist, er leugnet jegliches Feindbild, aber Freundin Emilie und ich sind uns einig, dass sein Revolver nicht aus Kaugummi ist und wir keine Männer sein wollen. Dennoch lädt mich Bamba ein, das Haus seiner Mutter zu besuchen.

Am folgenden Vormittag treffen sich etwa 25 Männer des Ortes zum großen Freitagsgebet in der kleinen Moschee gegenüber, 50 Pantoffeln liegen im Matsch vor dem Eingang durcheinander, bunte Plastikkannen mit Wasser dienen der Reinigung, in einem Fensterrahmen liegen einige Bücher mit von der Feuchtigkeit aufgerollten Seiten, im Vorhof suhlen sich die schwarzen Schweine. Auch Mamadou geht beten, vorsichtshalber trägt er ein gris-gris, ein Amulett in Scarabäus-Form, um den Hals. Seine Frau schickt er zur Missionsstation nach Mlomp, man könne schließlich nie wissen. Als die Kinder krank waren, ist er selbst zur Kirche gegangen, auch zum bois sacré, dem Heiligen Wald, einer von all diesen Göttern werde immer helfen.

Die Marktfrauen fahren heute mit einer Pirogue zur Insel Karabane und nehmen mich mit, sehr herzlich ist der Abschied von Elinkine. Aus dem bolong fährt das Boot auf den Casamance hinaus, dessen anderes Ufer in der Regenzeit kaum zu erkennen ist. Uns begegnen in Einbäumen einzelne Fischer, die sich mit Kraft und Eleganz in der Strömung halten. Auf Karabane kann ich bei

Amath im ›Barracuda‹ unterkommen, habe eine Hütte für mich, die in den tropisch wuchernden Blumen fast verschwindet, Wasser, eine Dusche, eine Toilette mit Spülung. Die Insel zu erobern bedarf des Kampfes durch die Vegetation mit einem starken Messer. Ich stoße auf eine fast verfallene bretonische Kirche, auf den von der ständigen Feuchtigkeit halb verrotteten Kirchenbänken ruhen sich die Ziegen aus. Bisweilen hält hier der Priester von Mlomp Gottesdienste ab. Ein Trampelpfad führt zu einem französischen Sklavenhaus des frühen 19. Jahrhunderts, einer ›école spéciale‹, in der unbotmäßige Sklaven durch Folter gefügig gemacht wurden, und zu den Ruinen einer portugiesischen Faktorei, vorbei an den kleinen Gehöften der Reisbauern, deren Felder im Süden der Insel liegen.

Die Ausrüstung des dépositaire médical, der kleinen Krankenstation, ist erbärmlich, ich darf bleiben, als ein alter Fischer kommt, dessen Daumen vom ›Biss eines Katzenfisches‹ dick vereitert ist. Der Pfleger schneidet den Daumen ohne Betäubung mit einer Schere auf, dickflüssig rinnt der Eiter auf den Boden. Den ganzen folgenden Tag lang schreibt er mir eine Liste der dringend benötigten Medikamente auf.

Das Fischerdorf auf der Ostseite der Insel ist besonders gefährdet, die Hütten sind häufig unter Wasser, der Boden ständig matschig und voller Ungeziefer. Um das Feuer zu schützen und gleichzeitig die Mückenplage einzudämmen, sind die Feuerstellen in die Hütten verlegt, schwelen ständig, die Kinder, Ziegen, Schweine, die Fische, die ganze Umgebung ist voller Rauch. Die freundliche Einladung kann ich nicht annehmen, kann nicht atmen. Gegenüber ist in einem Steinhaus die Maternité, die Entbindungsstation, untergebracht, die Nonne zeigt mir den Kreißsaal, die Zimmer für Mütter mit Kind, die Kinder- und Müttersterblichkeit ist stark zurückgegangen. Um die Beine der bonne sœur spielt ein kleiner Junge, sie legt mir die Versorgung des Waisenkindes nahe, sie will ihn in einer der Inselfamilien unterbringen, aber jemand müsse sich um seine scolarité kümmern, die Schule sei teuer.

Am Westzipfel der Insel kämpfe ich mich durch Unterholz und entdecke den Friedhof der alten französischen Handelsstation. Das Grab eines Capitaine in Obeliskform von 1836 erinnert an

Napoleon, rundherum verfallene Eisenkreuze, blühende Schlingpflanzen überwuchern die Gräber.
Das Leben der Insel spielt sich am Strand unter den Palmen ab, hier gibt es einige campements, große und kleine Kinder spielen den ganzen Tag, drei junge Männer haben sich eine Strohhütte gebaut, kochen Essen für die wenigen Gäste, versuchen ihr Leben zu verdienen mit ihrer erlesenen Trommelmusik. Als die Sonne über dem Casamance untergeht und die Bucht rot färbt, machen sich die Krabbenfischer auf, ziehen Grundnetze durch die flache Bucht, haben sich Körbe umgebunden, in die sie den Fang schütten. Die ganze Nacht durch hört man die Trommeln, es ist heiß und voller Mücken.
Vor der Hütte am Strand wird heute l'Assomption, Mariä Himmelfahrt, vorbereitet, alle Religionen feiern gemeinsam, ein Festessen ist angesagt. Überall liegen, an Stangen festgebunden, Schweine zum Abtransport nach Elinkine bereit, sie wehren sich schreiend. Eine große Zahl Piroguen ist zu dem kleinen Markt am Strand gekommen, ein Flussboot der Marine mit Maschinengewehr beobachtet das Geschehen. Am Vormittag kommt die ›Joola‹ mit starker Schlagseite den Casamance heraufgestampft, ankert in 500 m Entfernung vor der Insel. Dann bricht das Chaos aus, die Piroguen werden mit äußerster Kraft zum Schiff gefahren, jeder will als erster seine Ware abliefern. An der Seite wird eine Ladeplattform heruntergelassen, Händler und Fischer klettern, in den Wellenbewegungen übereinander stolpernd, die Schiffswand hoch, die Säcke werden hineingeworfen, nach einer Stunde bewegt sich die ›Joola‹ mit noch mehr Schlagseite gemächlich flussaufwärts Richtung Ziguinchor. Amath schickt einen Jungen mit meinem Pass zur Marinebasis, um meine Überfahrt genehmigen zu lassen. In der Nacht steigt bei ›Helena‹ am Strand das Fest, Trommeln, Gesang und Tanz bis zum Morgengrauen, Mariä Himmelfahrt auf Karabane, unterbrochen nur von einem Wolkenbruch.
Der Regen hat den Strand abgeschwemmt, an diesem sonnigen Morgen warte ich am Ufer mit einem frischen ›Gazelle‹-Bier auf das Schiff. Die Fischer kommen mit dem Fang zurück, Amath hat einen Capitaine von etwa 25 kg im Boot. An den Enden der Bucht fischen Männer in ihren Einbäumen, im Hintergrund Trommeln,

die Leute von Karabane begrüßen mich mit meinem Namen. Am Mittag taucht am Horizont die ›Joola‹ wieder auf, wie aus dem Nichts wimmelt es nun wieder von Piroguen von allen umliegenden Inseln, die Fisch, Obst und Fleisch nach Dakar verkaufen. Pünktlich ist die Marine zur Stelle, durchsucht die Insel. Moudou begleitet mich zu den Soldaten, an ihrem Stand am Strand lösen wir die Fahrkarte gegen den Pass ein. Moudou ist einer der Schätze, die die Welt an dieser Stelle bereit hält, uneigennützig, hingebungsvoll helfend, sie geben mit Selbstverständlichkeit, uneingedenk eines ökonomischen Wertes ihres Handelns. Etienne zieht mich einfach mit sich, mit seiner Pirogue fahren wir zum Schiff hinaus, dann bin ich wirklich gefordert. Ist die Pirogue in einem Wellental, schwebt die Plattform des Schiffes einige Meter über uns; auf dem Wellenberg habe ich eine Chance, klammere mich an die glitschige Leiter, vorn einen Rucksack, hinten einen Rucksack, und springe beim dritten Mal auf die nasse Metallfläche, rutsche aus und fliege in einen Korb mit lebenden Barracudas. Nach 10 Jahren schon ist das Schiff völlig heruntergekommen, verdreckt und verrostet, die Schlagseite ist ein Konstruktionsfehler. Durch stinkende Fischbrühe im Schiffsinneren, in dem sich schon viele Frauen mit Kindern niedergelassen haben, denn hier kostet die Überfahrt nichts, quälen wir uns durch die dicht gedrängte Menge die enge Treppe hoch zu einem Aufenthaltsraum mit Schlafsesseln, das Gepäck kommt auf einen großen Haufen in die Obhut der Armee. Im Chaos der mehrfach belegten Sessel entsteht eine friedliche Ess- und Trinkszene, alles wird geteilt. Ich bin schrecklich zerstochen, auf dem Boden laufen seltsame Ungeziefer, über der Mündung des Flusses donnern Gewitter, Regen peitscht auf die undichten Fenster des Schiffes, auf dem Boden überall Rinnsale, an Schlaf ist nicht zu denken auf diesem schwülheißen Sklavenschiff. Der Gang zur Toilette wird zur Mutprobe, die Türen sind herausgerissen, die Kabinen voller Exkremente, die Wasserpumpen funktionieren nicht, alle Frauen entleeren sich mitten in den Vorraum, der keinerlei Luftabzug hat.
Draußen auf dem Vorschiff ist es herrlich, die Casamance-Mündung, im aufgewühlten Meer rollt das Schiff bedenklich unter dem Sternenhimmel vorbei an Banjuls Lichterkette, überall flackern die

kleinen Laternen der Fischerboote, groß und nah Orion. An der Reling sitzt auf einem Poller eine dicke Nutte in rotem Kleid, die ganze Nacht bereit, zwischen den Tauen hocken wir zusammen und reden, reden.

Als wir in Dakar einlaufen, ist es noch Nacht, ich bin völlig zerschlagen, habe Halsschmerzen von der ständigen Zugluft, schleppe mein Gepäck durch das dunkle Hafenviertel Richtung Plateau, versuche, den Gedanken an Gefahren auszublenden. Das ›St. Louis‹ ist noch verschlossen, aber der hinter der Tür auf dem Boden schlafende Wächter wacht von meinem Klopfen auf, ich darf auf den Ledersesseln im ›Salon‹ schlafen, später wird ein Zimmer frei. Im Spiegel sehe ich mich zerlumpt, verdreckt, zerkratzt und blutig, hier erst merke ich, wie ich stinke.

Schreiben im ›Café de Paris‹ an der avenue Mohammed V, Wunden lecken, Pläne machen, ein café crème, noch einmal die Katen, Laubengänge und Werkstätten im Plateau-Viertel. Durch Zufall treffe ich Sophie und Marion wieder, also essen und erzählen im ›Poty‹, dem skurrilen Treff der ehemaligen französischen Kolonialbeamten, die von alten Zeiten schwadronieren, einschlafen mit Radio France International aus dem kleinen Weltempfänger, wunderbar.

In einem der bunt bemalten Kleinbusse, die Farben verdecken den deplorablen Zustand dieser Wagen, geht es nach Norden, nach St. Louis, die französische Handelsstation an der Mündung des Senegal-Flusses. Drei Pannen, natürlich, mit dem Öl, dem Wasser und den Reifen, schmerzhaft stechen die scharfen Kanten der Sitze. Es zieht mich wieder auf die Langue de Barbarie, die sandige Landzunge zwischen Flussmündung und Ozean, zu Nicole in eine Hütte am Strand. Der Senegal ist mächtig angeschwollen, führt braunen Schlamm mit sich. Wieder wird die Phantasie beflügelt von dem Denkmal an der Hydrobase, hier liegt der Ursprung der ›Aéropostale‹, auf dieser Landzunge startete Mermoz 1930 seinen ersten Postflug nach Brasilien. An der Mündung bin ich in Sand und Wind allein mit den wilden Hunden, die umeinander spielen. Sie haben sich über und neben mich gelegt, als ich im letzten Jahr hier im Sand geschlafen habe. Im Radio höre ich von schlimmen

Überschwemmungen am Casamance, von Schießereien in Ziguinchor, es gab drei Tote.
Vorbei am muslimischen Fischerfriedhof kommt man in das afrikanische Viertel der Fischer, die Frauen haben den Fang zerlegt, gesalzen und zum Trocknen auf Holzgestelle gelegt. Hier herrscht in zahllosen kleinen Moscheen Serigne Touba, die Bruderschaft der Mouriden. Das Leben auf der Insel im Fluss ist bestimmt von der französischen Kolonialarchitektur mit dem Charme des Verfalls, hier steht die erste Kathedrale auf afrikanischem Boden, hierher kamen die ersten Nonnen, hier finde ich auf Marmor am Eingangsportal so einfache und darum so schockierende Forderungen: Bevor du hier eintrittst – Va d'abord te réconcilier avec ton frère! – versöhne dich erst mit deinem Bruder! Celui qui manque trop du pain quotidien n'a plus aucun goût au pain de Jésus-Christ – Wer allzu sehr des täglichen Brots ermangelt, hat keinen Appetit mehr auf das Brot Christi!
Auf der Nordhälfte der Insel, hinter den baumbestandenen Alleen mit den restaurierten belgischen und französischen Konsulaten, ist afrikanisches Leben in die Welt hinter den Fassaden eingezogen, in den Innenhöfen Lehmhütten und Brunnen, Tiere, die um die Wäsche streifen, spielende Kinder unter Bäumen. Ich ziehe weiter über den pont Faidherbe auf das gegenüberliegende Festland nach Sor, will unbedingt den alten Kolonialbahnhof sehen. *Wie so oft frage ich mich, warum ich das alles hier mache, mein Leben lang gemacht habe. Ein Gedanke hat sich festgesetzt, vielleicht all das, weil mein ›Onkel Adi‹, Freund meiner geschiedenen Mutter, Afrika-, Indien- und Amazonasforscher, nicht mein ›Vater‹ hat werden können, ihm, der bedingungslosen Liebe des Kindes, habe ich immer folgen wollen, habe immer in der Fremde Väter gesucht.* Der Bahnhof, lange schon stillgelegt, ist arg heruntergekommen, aber wunderschön, davor ein lebhafter Markt, die Händler haben Wartehalle und Schienengelände vereinnahmt, auf dem Bahnsteig brodelt das Leben der Familien, eine Rückeroberung. Der pont Faidherbe aber rostet gefährlich, über den Eisenträgern der Fußgängerspur liegen dünne alte Holzbretter, viele sind zerbrochen oder in den Fluss gefallen, so dass wir auf den Trägern über den Fluss balancieren müssen.

Auf dem Rückweg spricht mich ein vielleicht 30-jähriger Mann an, er arbeitet als Fischer für einen patron, seine Eltern sind tot, als einziger Mann ist er für fünf Töchter und unverheiratete Schwestern verantwortlich. Das Vermögen für die Verheiratung der Schwestern aufzubringen ist für ihn eine untragbare Bürde, er verdient viel zu wenig. Sein Verdienst von 2.500 FCFA reicht gerade aus, dass er eine Zigarette am Tag für sich hat. Jetzt hat er Syphilis in fortgeschrittenem Stadium, fühlt sich immer schwächer, bräuchte Antibiotika für 20.000 FCFA, zeigt mir die Anweisung des Arztes. Diese Summe kann er nicht aufbringen, er muss arbeiten gehen, kann aber nicht mehr, sieht keine Chance auf Behandlung, da es weder Kranken- noch Sozialversicherung gibt, der patron hilft ihm nicht. Er bittet mich, die Kosten für die Behandlung zu übernehmen, ich schlage ihm vor, das Geld aus Deutschland schicken zu lassen, er solle seine Adresse aufschreiben und bei Nicole abgeben. Er hat es nicht getan.
An der gare routière geht ein Wagen mit 7 Plätzen Richtung Rosso in Mauretanien, unterwegs liegen etliche verbeulte oder ausgebrannte Wagen. Die Frau neben mir hat 10 l Dickmilch mitgebracht, beugt sich mit ihrem voluminösen Bauch ächzend nach unten und säuft wie eine Kuh aus dem Eimer, wir alle müssen probieren. Die Straße wird immer schlechter, in Flussnähe schlingern wir durch den Matsch bis zur Grenzstation. Da drüben ist Mauretanien, der Ponton liegt in der Strömung fest, also springe ich zwei Meter tief mit dem Gepäck in die überfüllte Pirogue. Einige Meter vor dem anderen Ufer läuft das Boot auf, also das Gepäck über Kopf und bis zu den Rippen im Wasser durch den Fluss auf den Strand, wo mich der Grenzbeamte breitbeinig, die Arme in die ausladenden Hüften gestemmt, schon erwartet.

Fortbewegungen III

Auch hier eine neue Facette, Entwürfe eines Lebens auf diesem ›Traumpfad‹, ernsthafte, gut vorbereitete Entwürfe, die gelebt sein wollen in dem Drang, alle Möglichkeiten auszuschöpfen, keine Lügen, ein Spiel der Splitter im Kaleidoskop, Gier nach 1001 Leben, auch das ist Überleben

Passkontrolle, Einwanderersteuer, Eintragen in das große Buch der immigrants, dann die Devisenerklärung, mangels Formularen wird sie auf einen fettigen Zettel geschrieben. Eine alte Pappe wird auf den Sand gelegt, alle Männer der Umgebung bilden einen Kreis um den Zöllner und mich, und nun muss ich alle meine Zahlungsmittel ausbreiten. Der Zöllner hat die größte Mühe, die Summen zu addieren, die Männer stehen staunend, murmeln, das haben sie noch nicht gesehen. Billige Unterkunft gibt es im Obergeschoss des ›Restaurant du Fleuve‹, als ich in dem Zimmer stehe, bin ich doch erschrocken. Drei durchlöcherte Matratzen mit dem immer gleichen mauretanischen Muster liegen auf dem unglaublich schmutzigen Boden, die Fensterscheiben sind zerbrochen, die am Draht aus der Decke hängende Glühbirne ist kaputt, das Bad besteht nur noch aus Keramikbruchstücken und einer stinkenden Kloschüssel, immerhin handele ich den Preis um die Hälfte herunter, in Rosso gibt es kaum Alternativen. Der Ort riecht nach Krankheit und Verwesung, überall liegen tote Tiere am Straßenrand, Schafe, Ziegen, auch Pferde. In einem Geschäft mit Tischen und Stühlen gibt es Früchte und Milch, abstrus in diesem Elend ein großes Marlboro-Plakat mit seinem lonesome cowboy. Wie immer scharen sich die jungen Leute um mich und mein kleines Notebook, ich erkläre es ihnen auf arabisch, sie dürfen ihren Namen eingeben, sind verwirrt, dass man ihn speichern kann, suchen den Speicher. Aus einem Radio klingt maurische Musik, alle singen mit.

Bei der Abfahrt des Wagens Richtung Nouakchott betet der Fahrer laut, alle fallen ein, la allah illa allah. Die Männer sind neugierig, hier bin ich die Archäologin, die über die Geschichte der Mauren arbeitet, beifälliges, stolzerfülltes Gemurmel, alles gehört für sie dazu, der Rucksack, das Notebook, die Lesebrille, die Männerhosen. Die Fahrt ist die Hölle, 23 Menschen sitzen auf einer 15 cm tiefen Bank mit 8 Plätzen, ich weiß nicht wohin mit den Beinen. Penibel sind die vielen Militärkontrollen, nur ich werde immer aus dem Wagen herausgeholt. Vor Nouakchott liegt in der Lehmhütte am Straßenrand der Offizier neben der Straßensperre auf einer Matratze malerisch ausgestreckt, um ihn herum Essensreste, Teegeschirre, ein Feuerchen, er genießt die Gelegenheit, seine Willkür auszuleben, strahlt mich während des ausgiebigen Verhörs an. Der Sand wechselt seine Farbe von rot in ocker, vor Nouakchott ist er fast weiß, mir stockt der Atem angesichts der Kamelherden, der hellen maurischen Zelte mit den blauen Ornamenten.

Im knöcheltiefen Sand der Hauptstadt schlage ich mich durch zur ›Auberge de Jeunesse‹ im Zentrum. Vor der kleinen Herberge verspricht ein freundlicher junger Mann einen hohen Geldumtauschkurs mit offizieller Devisenbestätigung. Wir gehen in den Grand Marché, er gibt sich sehr verschwörerisch, nimmt meine 1.500 FF und verschwindet. Nach einigen Minuten kommt er tatsächlich mit Bündeln von Ugiyya wieder, versucht, den Kurs zu drücken, das aber nicht mit mir, dann verlange ich das Wichtigste, die Devisenerklärung. Er schreibt meinen Namen auf, verschwindet wieder, sein Freund bleibt bei mir, beruhigt mich, tatsächlich kommt er auch diesmal wieder, das Papier sieht echt aus, stellt sich später als Fotokopie eines amtlichen Formulars heraus, der Stempel als Phantasieprodukt. Wohin jetzt mit dieser monströsen Geldrolle? Die Beiden verschwinden sofort in den Winkeln des Marktes, gottlob kenne ich den marché noch gut und finde wieder heraus, rette den Packen Geld in die Herberge und ziehe Bilanz.

In Nouakchott will ich die erste Ladung meiner Fundstücke nach Hause schicken und gehe mit einer prall gefüllten Plastiktüte zur Post. An einem der Schalter zeige ich meine Tüte und frage die runde freundliche Angestellte, ob es Kartons gebe, sie verneint, winkt mich nach draußen, ich solle dort zwei Briefumschläge kaufen. Sie geht mit rollendem Hintern in ihrem herrlichen weißen Boubou in einen der hinteren Räume der Post und kehrt mit einer Kleberolle zurück, schneidet liebevoll die beiden Umschläge auf, knuddelt meine Stoffe mit den zwischen ihnen verstauten Steinen, Muscheln und neolithischen Fundstücken auf die Hälfte zusammen und beginnt ruhig und hingebungsvoll mit der Klebearbeit. Ganz beiläufig beginnt sie ein Gespräch, wie es bei mir zu Hause aussieht, wie ich lebe, was ich tue, es endet damit, dass sie sich bei mir für ihre nächsten Ferien einlädt. Inzwischen bildet sich eine Schlange am Schalter. Einem, der auch keinen Karton hat, fährt sie ins Gesicht, er solle das gefälligst zuhause vorbereiten. Bei soviel Kleberei ist die maurische Kleberolle schnell alle, majestätisch erhebt sie sich wieder und rollt erneut hinaus, fünf Minuten vergehen, sie erscheint mit einer neuen Kleberolle. Da es jetzt um die Befestigung der Seitenteile geht, hänge ich mich zur Hälfte über den Tresen und halte mit den Fingern die Ecken fest. Ein ungeduldiger Kunde bittet, sie könne doch mal eben sein Einschreiben, sie unterbricht ihn, er könne sich ja auf ihren Arbeitsplatz setzen, alles lacht, er auch. Nun wird der zweite Briefumschlag gefaltet und zugeschnitten, noch einmal alles halten und kleben, dazwischen zischelt sie, ich solle ihr meine Adresse aufschreiben. Als das rundherum verklebte Päckchen fertig ist, entschwebt sie wieder, am Schalter wartet friedlich die geduldige Schlange, ganz Amtswürde erscheint sie mit einem kleinen Postzettel, gibt mir ihre Adresse, ich ihr meine. Sie winkt mich an eine andere, jetzt leere Schalterstelle, beugt sich über den Tresen und fragt, wann ich wieder nach Hause führe, ich schildere ihr meinen Reiseweg, sie reißt die Augen hinter der dicken Brille auf und flüstert beschwörend: ›Du wirst mir eine Postkarte von jeder Etappe schreiben!‹ Wir küssen uns, Aissata Diop, meine Freundin.

Ich frage mich durch zum weit entfernten Nationalmuseum, um die neolithischen Exponate zu sehen, bin schockiert. Es ist eine schöne und reichhaltige Sammlung, ein herrliches steinernes Mahlbecken, viele Stücke der gleichen Art, viele Scherben mit Ornamenten, aber keine vollständigen Gefäße, wie ich im letzten Jahr eines in der Wüste südlich von Chinguetti gefunden und ganz legal mit nach Hause genommen habe. Da packt mich das Gewissen, schnell ist der Entschluss gefasst, das große Gefäß zurückzugeben. Ich frage im Museum nach einem Verantwortlichen, ein Mann

stellt sich als der Konservator des Museums von Ouâdane vor, fragt, ob ich das Gefäß nicht seinem Museum überlassen könne. Wir diskutieren, wie dies zu bewerkstelligen sei, da nimmt er mich an die Hand, wir gehen den langen heißen Weg zum Wirtschaftsministerium, dort ist sein Bruder Commissaire Général für die Expo in Hannover. Also beschließen wir die Übergabe mit einem kleinen Festakt am Nationentag Mauretaniens in Hannover, Ould Abidine Sidi ist glücklich, ich bin erleichtert.
Nouakchotts Schönheit erschließt sich nur bei vollem körperlichen Einsatz in Hitze und Sand, sehr schöne Viertel mit interessanter Architektur, viel Leben auf dem Markt, die Menschen haben strahlende Augen. Auf dem Handwerkermarkt ist die Moschee nur durch ihre Richtung Osten in den Sand gezeichnete Form erkennbar, am Abend gehen die Männer durch den markierten Eingang, knien sich in den Sand und beten.
Die ›Route de l'Espoir‹, die ›Straße der Hoffnung‹, diesmal will ich bis an ihr Ende fahren. Eine Großfamilie nimmt mich sofort auf, im großen Peugeot geht es durch die Lehmhüttenvorstädte von Nouakchott, bis Boutilimît bezaubern die vielfältigen Dünengestaltungen, die Farben, die Sicheldünen. Jeder Verkehr erstirbt, Kamele, einige Zelte, nichts mehr. Ab Aleg wird die Straße deutlich schlechter, dann vollends unpassierbar, etwa 300 km lang sucht der Fahrer neben der Straße eine brauchbare Piste, das Wasser in den sonst trockenen oueds strömt über die Fahrbahn, hat sie unterspült, die ursprüngliche Fahrbahndecke ist zerbröckelt oder in großen Stücken hochgedrückt. Über der Wüste liegt jetzt ein Hauch von Grün, Tiere grasen. Wir durchqueren die Flüsse barfuß, tragen alles Gepäck hinüber, Schafe, Reissäcke, kehren um, schieben den Wagen durch das knietiefe Wasser, nur langsam fließt es wieder aus dem Fahrzeug.
Nur zehn Personen sind diesmal im Wagen, ich habe zum ersten Mal das Gefühl, richtig sitzen zu können. Neben mir eine Frau meines Alters, die ein winziges verdorrtes Wesen unter einem großen Tuch in das Auto gesetzt hat, das sichtlich dem Tode nahe ist. Alle hatten auf die Frau eingeredet, ihre Mutter doch in Nouakchott zu lassen, sie werde die lange und anstrengende Fahrt nicht überstehen können. Als wir losfahren, hat die Frau unter

dem Tuch grauenvolle Bronchitis-Anfälle, würgend presst sie die Luft aus den Lungen, entlädt röchelnd Mengen von Schleim in einen Plastiktrinkbecher, den die Tochter ab und zu auf den Wagenboden neben meine Füße kippt. In schwerer Atemnot sackt sie bisweilen wie tot zusammen, wir sind entsetzt, schauen ständig nach ihr, mir wird speiübel, ich schaue betont zur anderen Seite auf die Sicheldünen, fühle mich ausgeliefert, hasse die Frauen, die diese widerliche Situation herbeigeführt haben. Vierzehn Stunden lang sehe ich, wie die Tochter in der Enge des Fahrzeugs es schafft, in ihren Sitz gekrümmt die Mutter umarmt zu halten, ihr ständig den Becher vor den Mund zu führen, ihr mit einer Hand die Stirn zu kühlen, ihr ständig ein wenig Flüssigkeit einzuflößen, sie auf die Gebete vorzubereiten, ihr beim Pinkeln zu helfen, sie zu waschen, ihr beim Sonnenuntergang vorzusingen, ihr die Hände zu entkrampfen und zu reiben, ihr immer wieder das im Fahrtwind verrutschende Kopftuch zu richten, das die Würde der Wüstenfrau wahrt. Ich schäme mich sehr.

Wir erreichen ein wildes Bergmassiv, auf der Passhöhe im Sonnenuntergang ein Blick zurück in die zartgrüne Ebene voller Sträucher und Akazien, jetzt haben sie kleine Blätter, noch sind die Seen nicht versickert. Dreimal machen wir Pause, alle waschen sich vor dem Gebet mit Sand, blicken fordernd zu mir herüber. Als ich erkläre, ich sei Christin, drängen sie mich, schnell Muslima zu werden, sonst sei ich bald verloren. Ich verspreche, darüber nachzudenken. Wo wir anhalten, wird schnell ein Schaf geschlachtet, gehäutet, zerteilt, die Gedärme auf die Straße geworfen, wo durchfahrende Fahrzeuge sie zermatschen, Knochen und Felle liegen überall herum, alle stehen oder sitzen im blutigen Sand, es stinkt unerträglich. Das Fleisch ist nicht abgehangen, nicht gewürzt, wird auf Holzkohle sofort gegrillt, ich weigere mich standhaft zu essen, schiebe Krankheit vor. Die Dorfbewohner reden mich mit ›monsieur‹ an.

Spät in der Nacht erreichen wir Kiffa, ganz schnell zerstreuen sich die Mitreisenden in ihre Häuser, auf der Suche nach einer Bleibe treffe ich auf ein winziges Restaurant mit einem Tisch und einem Stuhl, und so lande ich auf einer Matratze im Hinterhof bei den Schafen und Ziegen in einer Art offenem Abstellraum. Davor liegt auf dem Boden ein großer dicker nackter Schwarzer, der seine Habe auf einer Decke ausgebreitet hat. Im Raum gibt es zahllose Ungeziefer, so lege ich mein Zelt auf die Matratze, stelle alles Gepäck hinein, so dass sich ein kleiner Hohlraum über dem Kopf ergibt, liege nun schwitzend wach, auf jedes Geräusch von draußen lauschend, neben mir stöhnt ein Schaf, der patron hat mir einen Rest von seinem kalten couscous hingestellt.

Im ersten Morgengrauen jagt er mich davon, da das Vermieten von Räumen verboten ist, noch im Dunkeln versuche ich meine Sachen zu packen, ziehe angewidert dieselben versauten Sachen an, wenigstens die Zähne aus der Hand putzen. In der Nähe gibt es Fahrzeuge für die Weiterfahrt durch eine englische Parklandschaft, gemächlich ziehen Kamele und kleine Rinderherden über saftige Weiden mit Baumgruppen und kleinen Seen. Der Fahrer überfährt einen wilden Hund, dann rennt im Moment, als wir vorbeifahren, ein erschrockenes Kalb in den Wagen, es knallt fürchterlich, der Fahrer ist entsetzt, den ganzen Tag muss er darüber reden, in jedem Dorf erklärt er den Männern, wie das passiert ist. Wieder müssen wir strömende oueds durchwaten, den Wagen ausräumen, schieben, als ich meine Hose über die Knie rolle, schauen alle Männer entsetzt weg, ich schiebe nach Kräften mit, was mir immerhin ihre Anerkennung verschafft. Der Wagen ist voller Wasser, im Kofferraum ächzen die vier Schafe. In jeder Ansiedlung hält der Fahrer an, die Männer halten ein Schwätzchen mit den Bewohnern, machen kleine Geschäfte.

Aioûn al-Atroûs ist erstaunlich schön mit seinen verputzten Feldsteinhäusern mit Arkadenumläufen für kleine Märkte, mehrere Hilfsorganisationen haben ihre Schilder hinterlassen. Ich finde einen Schneider mit traditionellen Stoffen, als ich meinen Wunsch, die Form eines Männergewandes mit einem oben angesetzten Schleier für Frauen, in den Sand zeichne, brechen alle Männer in Gelächter aus, die Reaktion, die ich schon kenne, wenn ich irgendetwas äußere, was auch nur geringfügig von der maurischen Tradition abweicht. Nach einiger Diskussion ist der Schneider bereit, das Kleid bis zum Abend zu nähen, eigentlich findet er die Variante toll. Vor der Tür warten schon die Jungen und Mädchen auf mich, »monsieur ou madame?« Entgegen dem Augenschein nen-

nen sie mich monsieur, weil es nicht wahr sein kann, dass eine Frau Hosen und einen shesh trägt. Ich erkläre ihnen genau, wie ich reise, wie notwendig für mich diese Kleidung ist, sie nicken, sagen wieder monsieur, undenkbar ist, dass eine Frau so etwas tut, noch dazu allein. Eine Gruppe großer Mädchen kommt dazu, sie zeigen voller Verachtung auf meine Stiefel und die Hose, das sei nichts, gar nichts, sie machen wegwerfende Handbewegungen und spucken vor mir aus. Ich führe ihnen vor, wie ich wandere, klettere, sie verstehen überhaupt nicht.
An der Strecke nach Néma – hier ist die Straße besser, sicherlich haben die Hilfsorganisationen für Infrastruktur gesorgt – sitzt plötzlich am Straßenrand eine völlig nackte dunkelhäutige Familie, mehrere Mütter mit kleinen Kindern auf dem Arm, die offenbar schwerkrank sind. Wir halten an, können überhaupt nichts tun, fahren weiter. Woher sind sie gekommen, wie weit mögen sie gelaufen sein bis zur rettenden Straße, worauf warten sie, wenn nicht auf den Tod ... Meine Mitreisenden sehen mir beim Schreiben zu, wollen es mir nachtun. Die mageren Hirten und Händler in ihrem blauen Gewand freuen sich wie kleine Kinder über die restlichen Filzstifte und malen mit verkrampfter Hand auf Papierfetzen Kringel und Striche. Ich bin froh, dass wir nur kurz in Timbedgha halten, der durchdringende Geruch von frisch geschlachteten Tieren verursacht Übelkeit, weiter, nur weiter Richtung Néma, auffallend viele Raubvögel kreisen in der Luft. An der überspülten Straße müssen wir durch den Fluss mit allem Gepäck, hüfthoch reißt das Wasser, wir müssen den Wagen zurücklassen, nach einiger Zeit kommt ein Buschtaxi aus Richtung Osten.
In Néma, am Ende der ›Straße der Hoffnung‹, packt mich Entsetzen, alle Wege und Marktstände sind unter Wasser, verlassen, voll aufgeweichten Unrats, es stinkt nach Scheiße, nach Blut, nach verdorbenem Fleisch, dazu ein dunkelgrauer Wolkenhimmel und ein fast schwarzer Gerölluntergrund wie am düsteren Amogjar-Pass. Die wenigen Menschen haben sich in die Unterstände der Häuser verkrochen, die Arme um die Schultern geschlungen, die Augen bei meinem Anblick geweitet. Nirgends gibt es etwas zu essen, die wenigen Geschäfte sind leer, in den Auslagen nur dieses stinkende Hammelfleisch. Einige jüngere Männer rufen mir zu, ich muss ih-

nen in meiner verdreckten, aber doch hellen Kleidung wie eine Lichtgestalt erscheinen, die sie aus ihrem Elend reißt. Ich will sofort weiter nach Oualâta, höre, der Ort sei völlig abgeschnitten, es würde Tage dauern, dorthin zu kommen, gerade heute morgen habe sich schon ein Wagen aufgemacht, ich müsse erst einmal in Néma bleiben. Der Gedanke ist schrecklich, in dieser Nässe gibt es keine richtige Unterkunft. Ich gebe meinen Plan auf, in drei Stunden geht ein Wagen zurück nach Timbedgha, ich will die Oase erkunden und dann umkehren, für das Tuareg-Gebiet östlich von Néma bekäme ich zur Zeit sowieso keine Genehmigung wegen der dortigen Unruhen. Und so kommt es dann doch noch zu einem hinreißenden Kindernachmittag in Néma und Umgebung, eine ganze Bande Jungen begleitet mich überall hin, sie erzählen von ihrer Schule, bringen mich zu dem winzigen Krankenhaus aus Lehm, das eine österreichische Ärztin aufgebaut hat. Mit Ehrfurcht sprechen alle von ›Helga‹.

Auf der Rückfahrt nach Timbedgha im Sonnenuntergang diskutieren die Männer im Wagen, nachdem sie mich gehört haben, über Frauen und Reisen. Sie verstehen, dass ich so reise, verstehen nicht, warum, vor allem nicht, wie mein Mann mich allein gehen lassen konnte, wieso er nicht die Verantwortung für mich übernommen hat. Wieder müssen wir durch das oued, einen Wagen, der die Durchfahrt riskiert hatte, hat es in der Mitte erwischt. Timbedgha erscheint als beunruhigend notwendiger Zwischenstopp, meine Mitreisenden beruhigen mich, am Markt sei ein mata'am mit Palaverhütte, dort könne ich bleiben. Unter dem Strohdach baue ich mein Zelt in der hinteren Ecke, richte es mit einer Schnur an den Dachbalken auf. Im Dunkeln füllt mir Sahra eine Schüssel mit Nudeln in Hammelfett, wir verbringen die Nacht auf der Matte unter den Sternen im Gespräch mit Händlern, die es hier zur Übernachtung zwingt. Sahra zeigt mir ihre geschwollenen Knie, will Heilung, alle erwarten etwas von mir, mein Nachbar wegen Unterernährung, sein Freund wegen seiner Erschöpfungszustände, die Mütter zeigen mir ihre Kinder, »Weshalb bist du gekommen?« Zusammengerollt in meiner Zelthaut liege ich beim Feuer im Gemurmel und leisen Gelächter der Mauren, spüre Kröten und Ziegen an meinem Körper. Im Morgengrauen sehe ich mich in einer Runde klapperdürrer Männer, sie haben ihre Tücher eng um sich geschlungen und liegen auf der Seite wie die knochigen Kamele, bei denen ich in der Karawane geschlafen habe, die Linie ihrer Hüften und Oberschenkel deckt sich mit der ihrer Tiere. Wasser und Brot stehen bereit, ein jeder hat Anrecht auf einen Schlafplatz, auf Wasser und Brot, wenn er als Reisender in den Ort kommt. Ich schaffe es, mich aus meinem Trinkbecher zu waschen, hinter einem Autowrack zu pinkeln.

Im Ort gibt es nichts außer Brot, das im Sand in Form gerollt wird, Hammel- und Kamelfleisch, in den Lagern stehen Zuckersäcke aus Polen, Tee aus China, Reis aus Thailand und Nudeln aus Italien. Beim Händler hinter meinem Zelt finde ich einen offenen Toyota, der nach Nara in Mali fahren soll, die einzige befahrbare Piste in der Regenzeit, leiste mir für die nächste Fahrt einen Platz neben dem Chauffeur. Schon morgens wird der erste Hammel neben meinem Zelt geschlachtet, nur hier ist ein trockener Flecken. Ich treffe den Händler wieder, mit dem ich von Néma gekommen bin, er erzählt mir die Geschichte des Ortes. In seinem Geschäft liegen Salzbrocken aus Tichît, noch immer gehen Karawanen durch die Wüste nach Norden.

Ein über und über mit Matsch bedeckter, verbeulter Pick-up kommt an, schmutzige, apathische Männer fallen fast herunter, gehen gebeugt heim. Zwei Männer, die noch weiter müssen, berichten, sie seien von Nara gekommen, hätten für diese Strecke von etwa 160 km vier Tage und drei Nächte gebraucht. Sie sind zu Tode erschöpft, die Kleidung ist zerrissen. So kaufe ich Brot und Wasser als Vorrat, das Brot fällt den Händlern ständig in den Sand und in die Tierexkremente, was soll's. Ein Schwerlaster beladen mit Reissäcken fährt Richtung Néma, ein Allrad-Jeep der UNO, auf einem Eselskarren werden blutige Kamelteile zu den Geschäften gebracht. Ich muss warten, bis sich genügend Passagiere für Nara melden, bis jetzt sind wir fünf. Neben mir spielen die Männer schon seit dem Morgen Karten, es gibt für sie nichts zu tun, nichts zu arbeiten. Die Kinder einigen sich auf die Anrede ›monsieurmadame‹, ich bin einverstanden. Auf der Südseite des Ortes an einem See der Regenzeit ist Viehmarkt, rundherum auffallend schöne alte Lehmarchitektur, direkt über dem Boden die halbrunden Fensternischen, die Fassaden der kastenförmigen Häuser sind schmucklos glatt verputzt, über die obere Kante ragen Regenabläufe. Auf dem Viehmarkt legen mir viele Männer nahe, Muslima zu werden. Ein Vierzehnjähriger fragt: »Kennst du Gott?« Ich sage ja.

Die zweite Nacht in Timbedgha ist vergangen, vor Hunger und Nährstoffmangel greife ich zur ersten mineralischen Notration in meinem Rucksack, setze mich an die Straße, warte, nichts. Die anderen Mitreisenden wollen bis Abidjan oder Brazzaville, sie treiben Kleinhandel, Transporte von Waren, verdienen gerade das Überleben mit der unsäglichen Mühe dieser Verkehrswege. Plötzlich tut sich etwas, ein anderes Auto soll fahren, jetzt wird verhandelt, Tee trinken, Geduld. Wieder nichts. Warten, es fehlen immer noch sechs Leute. Ich spiele mit den Kindern, der ganze Ort kennt mich jetzt, ausruhen in der Palaverhütte, dort werden gerade Hammelköpfe verzehrt, man saugt lautstark die Augenhöhlen aus, ich flüchte. Um kleine Feuer gibt es überall Männerrunden im Gespräch, man winkt mich hinzu, sie können überhaupt nicht verstehen, warum die Männer bei uns nicht mehrere Frauen heiraten dürfen. Überall Kartenspiel, so eine Art Maumau. Warten. Ich spüre, wie aus den fauligen Tümpeln um uns herum stinkend die Krankheit wächst, das Atmen fällt schwer.

Der Peugeot aus Nouakchott kommt an, es erscheint Dinesh, Inder, etwa 35, als Händler mit allen Wassern gewaschen, Profi mit einer köstlichen Mischung aus indischem Englisch, Straßenköterfranzösisch und Marktweiberarabisch, völlig unverständlich, aber genialisch. Wir werden ein wunderbares Team, ich habe die Vorschläge und die nötige Gelassenheit, er den Sinn für Realitäten unter den unmöglichsten Bedingungen, und so bringen wir in dem unfassbaren Dreck auf dem Boden hinter dem Tresen unseres Händlerfreundes tatsächlich ein Essen zuwege aus Erbsen, Zwiebeln und Maggi-Sauce, mein erstes Essen seit drei Tagen, auf dem Boden hockend langen wir mit unseren schmutzigen Händen in die Pfanne. Ich habe zu lange nichts zu mir genommen und erbreche hinter alte Autoteile.

Gemeinsam lernen wir die Verhältnisse in diesem kranken Ort kennen, beobachten, mit welcher Härte die Menschen miteinander

umgehen oder ihre Tiere behandeln, fassen es nicht, welchem Elend sie ihre Kinder aussetzen. »Die Kinder sind unser Reichtum«, sagen sie und beuten die Arbeitskraft Heranwachsender bis in die Nacht aus. Die tragen die schwersten Lasten, singen und lachen noch dazu, essen und trinken fast nichts. Es ist empörend, den ganzen Tag sitzen die Väter da, trinken Tee und spielen Karten, schwätzen, sind faul und arrogant, Dinesh hat sein Urteil gefällt. Das faulende Wasser im Ort, all der Unrat könnten innerhalb von drei Tagen gemeinschaftlich bereinigt sein, stattdessen finden wir in den Gehöften abseits der Straße kranke Kinder und Frauen, die keine Milch für ihre Säuglinge haben, offensichtliche Malariafälle, die Familie hockt verzweifelt auf der von fauligem Wasser umgebenen Terrasse des Hauses, die Kranken sind völlig apathisch. Wir kaufen in der Ortsapotheke Tabletten, dazu Essen und sauberes Wasser, behandeln die Familie, es ist schwer, ihnen den notwendigen Rhythmus für die Einnahme des Medikaments einzuprägen, eine halbe Tablette morgen, eine ganze in genau einer Woche. Am nächsten Morgen geht es ihnen viel besser, sie haben gegessen, die Familie lacht, ist dankbar.
Da wir einander nun gut kennen, laden mich die Männer zum Kartenspiel in die Palaverhütte ein, das ist schon eine hohe Anerkennung. Das Schreckliche geschieht, ich gewinne, schließlich macht mir bei Maumau keiner was vor, Schweigen in der Hütte. Dann natürlich wieder Tee, Brot, Hammel, Maccaroni mit Kamelfett, Tee, sonst nichts. Dann das Gebet, wieder Tee, schwätzen, beten, schwätzen, schlafen, alles am Rande der Straße, es gibt keine Möglichkeit sich zurückzuziehen. Sie wollen unbedingt den Brief sehen, den Ould Abidine Sidi mir für seinen Freund mitgegeben hat. Da mehrere Männer mich sofort heiraten wollen, sind sie seit der Ankunft von Dinesh eifersüchtig und fragen ständig, ob ich ihn nun heiraten wolle, da wir ja zusammen gegessen hätten. Sie wollen mich von meinem Mann loskaufen, schließlich habe er mich ja reisen lassen, was sie denn geben sollten? Einer bietet mehrere Schafe, ein anderer überbietet, ich werfe ein, dass ich gar nicht heiraten wolle und zudem mein Mann sicherlich eine unerfüllbar hohe Forderung stellen würde. Das löst lautes Durcheinander aus, was denn, ja was denn? Vierzig Ziegen bietet je-

mand, ich sage, keine Gegenstände, mein Mann liebt mich, auch wenn ich auf Reisen bin, ich liebe ihn, wir würden einander nicht verlassen. Schweigen, sie verstehen nicht, einer bietet noch einmal seine ganze Herde, großes Gelächter, sie akzeptieren.
Da in der Nacht noch vier Leute für Nara angekommen sind, soll es nun heute früh losgehen. Um 10 Uhr beginnt man erst einmal die Reifen zu wechseln, den Motor zu warten. Irgendwann wird das Gepäck aufgeladen, auf der etwa 5 m^2 großen Ladefläche festgestampft, mit einem Netz gesichert. Die Waren der Händler, die zum Markt nach Nara wollen, werden rundherum angehängt. Ousmane, der Zerbrechliches über Bamako an die Elfenbeinküste transportiert, hält alles fest im Arm. Die Ladung geht schon über den Rand des Geländers, eine Plane wird darübergelegt, die Fläche mit einem Netz verzurrt. Dann bricht der Sturm los, 23 Männer und eine schwarz verschleierte Frau kämpfen um die Plätze auf dieser winzigen Fläche. Dinesh und Ousmane haben sich das Dach des Führerhauses erobert, sind nun Wind und Wetter ausgesetzt. Ich sitze neben dem Fahrer mit einem dicken marokkanischen Juden, der unentwegt frisst, daher immer Durst hat und im Laufe der Fahrt dem Fahrer und mir Wasser klaut, ständig rülpst, niemals hilft.
Gegen Mittag biegen wir hinter Timbedgha auf die Piste, der Fahrer fährt derartig ruppig, dass Leute herunterfallen und sich erheblich verletzen. Gerade gewöhnen wir uns an das Schaukeln und Stoßen, da geht im ersten Tiefsand die Schaltung kaputt, wir schleichen zum letzten Gehöft zurück, bleiben dort in der Palaverhütte. Sofort wird Tee gekocht, Fahrer Mohammed und Gehilfe Natu fahren zurück, um ein anderes Auto zu holen und das Gepäck umzuladen. Die maurische Frau sitzt abseits unter einem Baum, sie darf nicht in die Hütte zu den Männern. Wieder entwickelt sich ein Gespräch über den Glauben, wieder fordern die Männer, ich solle Muslima werden. Ich bemühe mich, ihnen zu erklären, dass ihr Glaube nicht der einzig mögliche ist. Da sie nichts wissen, schlage ich vor, es ihnen zu zeigen. Alle rücken um mich herum, starren mich an, alle haben meinen Namen behalten, viele stellen Zwischenfragen, das ist härteste Anforderung an mein Arabisch, und so hocke ich, die vor 20 Jahren aus der Kirche Aus-

getretene, denn also in der Mitte, gehe im Wüstensand auf die Knie, schlage das Kreuz, falte die Hände und singe, da mir im Moment nichts Anderes einfällt, »Ein feste Burg ist unser Gott«, übersetze diesen Vers, alles nickt beifällig, fasziniertes Schweigen, dann Gemurmel, du machst das so, wir machen das anders, Gott schütze uns alle.
An den folgenden Tagen werde ich mit äußerster Hochachtung behandelt, mit einer für Mauren ungewöhnlichen Zartheit, bekomme als erste Hammel und Tee angeboten, sie akzeptieren, dass ich das Fleisch nicht esse, machen für mich den Tee extra etwas schwächer. Sie unterstützen meine Reisemission, wo sie nur können, zeigen mir ihre Bräuche, weisen mich in den wenigen Dörfern unterwegs auf die Moscheen hin, erlauben nach schneller Diskussion auf Hassaniyya, dass ich fotografiere. Schluss ist da, wo ich wissen will, was in den kleinen Flaschen war, die sie alle vor der Abfahrt in Timbedgha ausgetrunken haben. Als auch ich eine kaufe und so tue, als wolle ich sie austrinken, schreien sie auf, das dürfe ich nicht, das sei ›afrikanisches Geheimnis für Männer‹, sicherlich eine Droge, um die kommenden Strapazen überstehen zu können.
Ein neuer Pritschenwagen kommt gefahren, hörbar stärker als der alte, zunächst geht es über trockenen Sand, bis wir in einem Wasserloch, das zwischen hohen Gräsern nicht zu sehen war, auf einen vollkommen überladenen Pkw stoßen, der bis über die Achsen eingesunken ist. Ein Franzose will mit seiner kleinen schwarzen Tochter bis nach Togo fahren, hat einen Führer angeheuert, der ihn durch dieses gefährliche Gelände lotsen sollte. Seit gestern haben sie auf Hilfe gewartet, das Kind hockt verängstigt unter einem Strauch.
Nach zwei Tagen Fahrt will ich aufgeben, mich nur noch fallen lassen. Alle 50 m muss der Wagen freigegraben, mit untergelegtem Schaufelblatt und Wagenheber angehoben werden, damit ein Blech untergeschoben werden kann. Immer wieder vorauslaufen, durch die strömenden oueds waten, manchmal kilometerlang durch Matsch, um das Gewicht des Wagens zu reduzieren, immer wieder bis zur Erschöpfung schieben, begleitet von lautem Geschrei, intensivem Gebet, wenn es durch tiefes Wasser geht. Der Fahrer

wird angefeuert, Spähtrupps werden ausgesandt, um den besten Weg zu finden, einmal haben sie meinen Vorschlag gewählt. Da ich Hosen und Stiefel trage, mein Tuch wie einen maurischen shesh um den Kopf geschlungen habe, ist es für die Männer selbstverständlich, dass ich mitarbeite, die maurische Frau bleibt auf dem Wagen sitzen. Wenn sie mal muss, darf nur ich sie berühren, damit sie absteigen kann, also schleppe ich die von vielen Geburten unförmige Frau auf dem Rücken durch den Matsch auf trockenes Gras und wieder zurück, sie ist so dankbar. Natu, noch keine 18, schmal und mager, liegt jedesmal, völlig vom Matsch bedeckt, unter dem Wagen und gräbt mit den bloßen Händen den Schlamm unter den Reifen hervor. Wenn er es wieder einmal geschafft hat, bittet er uns um Essen und sauberes Wasser.
Am Nachmittag kommen wir an einem liegengebliebenen Geländewagen vorbei, etwa 15 Leute, Händler wie unsere Männer, warten seit drei Tagen auf Hilfe, ein Reifen ist abmontiert, der Motor kaputt, das Auto bis zur Achse im Schlamm. Die Männer liegen im Schatten unter einem Dornenstrauch, die Matten im feuchten Boden zerdrückt. Sie sind apathisch, trinken das Pfützenwasser, haben nichts mehr zu essen, die Knochen eines Hammels liegen in der Asche. Da wir noch mehr als die Hälfte des Weges vor uns haben, geben wir ihnen nichts von unseren verbliebenen Vorräten. Natu nimmt die Knochen des Hammels aus der Asche, kratzt die Sehnenreste ab und kaut sie während des ganzen folgenden Tages. Keiner von unseren Männern gibt noch einen Pfifferling auf die Gestrandeten. Wir nehmen einen jungen Mann mit nach Nara, er muss vorn auf der Motorhaube sitzen, in Nara soll er Reparatur und Ersatzteile organisieren, die vielleicht aus Bamako kommen müssen, wie lange das dauern mag ... Ich versuche nicht daran zu denken, dass auch uns das passieren kann, Mohammed ist ein sehr guter Fahrer. Als ich ihm das sage, gerät sein pokerface aus den Fugen, er muss lächeln, von dem Moment an hat er mir viel gezeigt, Pflanzen, Vögel, Brunnen.
Am Abend ist mehr als die Hälfte des Weges geschafft, wir bleiben in einer winzigen Siedlung von Hirtennomaden, schlafen auf den Matten im Freien. Glühend rot geht die Sonne über der grün schimmernden Wüste unter, der Vollmond ist so groß, wie ich ihn

noch nie gesehen habe. Um uns herum die schweren Buckelrinder, Ziegen und Schafe, wilde Hunde, Esel. Die Hirten kommen in stolzer Haltung auf Pferden ins Lager geritten, würdigen uns keines Blickes, wir sind die mit dem Auto. Unsere Männer kaufen den Nomaden einen Hammel ab, immer kaufen und schlachten die Mauren, laden dann alle übrigen zum Essen ein. Sie töten das Tier vor meinen Augen, ein Stich, ein kurzer Schrei, dann knirschen die Knochen. Ich habe keinen Hunger, bin zu erschöpft, habe nur mein Kopftuch als Mückenschutz, nehme von Ousmane, der im Wind auf der Fahrerkabine sehr gefroren hat, meinen Anorak zurück, in der Nacht sind 30 Grad Temperatursturz. Ich klappere mit den Zähnen, der Boden ist feucht, an Schlaf ist nicht zu denken. Um uns herum die Geräusche der Tiere, die nie auf uns treten, am Feuer singen die Hirtenjungen, die Mauren kochen im Licht meiner Taschenlampe Tee. Im ersten Morgengrauen brechen wir nach dem Gebet auf, ich bin steif vor Kälte und zerstochen.

Die vor uns liegende Strecke ist noch schwerer, unser Glück ist, dass es nicht noch zusätzlich regnet. Die Grenze zwischen Mauretanien und Mali zeigt sich in der Ebene als ein runder, ganz glatt gearbeiteter Brunnenrand mit hölzernem Schwengel für den Sack aus Ziegenleder. Im ersten Dorf, bewohnt von Sarakolé, machen wir Rast zwischen den kleinen runden blitzsauberen Gehöften mit strohgedeckten Rundhütten. Auf dem Dorfplatz steht die kleine Moschee im malischen Djenné-Stil, Trampelpfade führen zu den Weideplätzen, abseits des Dorfes ist ein großer, wasserreicher Brunnen gebaut, eine junge Frau zieht den schweren Ledersack bestimmt 15 m hoch. Die Frauen sind schön mit ihrem goldenen Nasenring, sehr freundlich, aus den Gehöften klingt ihr kehliger Gesang, sie stampfen Hirse, um mich herum die kleinen nackten Kinder in stummer Neugier.

Ich verstehe die Sprache der Frauen am Brunnen nicht, aber wir verständigen uns. Eine Frau schüttelt eine Brust, deutet auf mich, guckt mich fragend an, ich nicke, zeige drei Finger. Sie lächelt bedauernd, schüttelt die andere Brust, deutet auf sich und streckt acht Finger aus, ich zeige höchste Anerkennung, wir lachen. Ich verweise auf den Fotoapparat, bitte, ein Foto machen zu dürfen, sie freuen sich, stellen sich auf. Die erste Frau zeigt mit der Hand

auf den Apparat, dann auf die Piste, macht das Zeichen für den Rückweg, weist auf den Apparat, dann auf sich und die anderen Frauen hin. Ich nicke, dreimal diese Bestätigung. Ich schäme mich, wie soll ich das bewerkstelligen, wie kommt jemals Post hierher?
Etwas abseits des Dorfes steht ein neues kleines Schulhaus mit zwei Klassenräumen, die Kinder erzählen auf arabisch von der Schule und ihrem Lehrer, freuen sich über meine Stifte. Der Abschied von diesem Paradies fällt schwer. Im Wegfahren zeigt mir ein kleiner Junge seinen offenen Fuß, ein alter Mann seine blinden, vereiterten Augen.
Kurz vor Nara wäscht Natu seine Kleidung und seinen vom Schlamm verkrusteten Körper in einem oued, kommt zu mir, bläst sich auf, reibt sich die Schultern und das Gesicht. Ich verstehe, alle Männer haben mich immer verstohlen beobachtet, wie ich mich eingecremt habe, also reibe ich ihn zart ein, er aalt sich wonnevoll, es riecht ein bisschen gut, er stolziert zu den anderen. Arbeit, Wasser, Brot, ab und zu ein paar Biscuits, einmal Nivea Soft.

Fortbewegungen IV

Laufen,
nicht mehr warten, tagelang, auf das Fortkommen,
die noch ungewohnte Last auf dem Rücken zieht,
die Luft ist quälend heiß,
nur mühsam heben sich die Füße aus dem knöcheltiefen Sand,
flimmernd gaukelt die Luft Ziele vor,
bedrückend, erdrückend fern scheint der Horizont,
wäre da nicht der Kompass.
Ein paar Hütten aus Lehm, strohgedeckt,
ein Gruß am Wegesrand,
ein Lächeln, ein Winken –
Komm doch und erzähle uns!
Ein Becher Wasser,
eine Matte im Schatten

Am frühen Abend erreichen wir Nara, erschöpft, schmutzig, hungrig. Sich ausstrecken können, die Kleidung vom Leibe kriegen, schlafen, eine Vision. Dinesh und ich sind so dankbar, Mali, we got it. In einem Lehmverschlag können wir uns aus einem Eimer waschen, das Wasser über den Kopf schütten. Die Wäsche stinkt, die Schuhe sind verkrustet. Eine dicke schwarze ummu hat Reis mit Erdnusssauce für uns, sogar eine Cola. Wir beschließen, dem Schmerz keinen Raum zu geben und die 10 bis 12 Stunden nach Bamako sofort weiterzufahren, ein alter Kleinbus wartet schon. Eine freundliche dicke Frau sitzt mir zu Füßen im Reservereifen, sie ist überall, füllt alles aus, ich kann meine Füße nur in ihren weichen Hintern bohren. Die Stöße auf der Waschbrettpiste erschüttern die Wirbelsäule heftig, alles jammert auf, dazwischen sitzt eine Hochschwangere mit Kleinkind auf dem Arm, die ganze Fahrt über bewahrt sie stoische Ruhe in ihrer Qual, das Kind bleibt regungslos.

In der Flut der Regenfälle sind die Brücken über die reißenden Flüsse gefährdet, Teile sind weggerissen, dann ist es soweit: An einer Umleitung wegen Brückeneinsturzes müssen wir durch den

Fluss fahren, an der Furt liegt ein großer Laster bis zu den Achsen im Schlamm, dahinter ist ein zweiter auf die Seite gestürzt, die Ladung ist am Straßenrand aufgehäuft. Daneben ist ein ebenso großer Lastwagen in entgegengesetzter Richtung mit der Hinterachse eingesunken, meterhoch ist die Ladung gestapelt, Kartons, Matratzen, Autoreifen, erschöpft hocken die Jungs am Boden. Auf dem anderen Ufer wartet ein Fahrzeug wie unseres auf Durchquerung des Flusses, das Flussbett ist blockiert, aussteigen, beraten. Wir bauen aus dem Geröll am Ufer eine Trasse neben dem Truck. Männer liegen unter dem Laster und entfernen den Schlamm mit den Händen, legen Steine in den wässrigen Matsch, inzwischen ist es dunkel, Vollmond, kein Regen. Nach einer Stunde röhrt sich dieser Laster aus dem Schlamm und bleibt neben uns stehen. Man beschließt, erst einmal einen Hammel zu besorgen, die zwei Kleinbuschauffeure ziehen also los durch den dichten Regenwald in das nächste Dorf, schlachten und zerteilen den Hammel, machen ein Feuer. Inzwischen beginnen die größeren Kinder der Truckbesatzung mit dem Wiederbeladen des befreiten Lasters, sie schleppen die Lasten in 5 m Höhe, essen und trinken nicht, singen, schütten sich aus vor Lachen, wenn einem von ihnen die zu schwere Last wieder herunterfällt. Der Fahrer liegt am Straßenrand und isst. Wir warten, für die anderen Laster kann man nichts tun, sie bleiben oft monatelang so liegen. Der Truckchauffeur beendet sein Essen, der Lastwagen fährt unter großem Beifall ab.
Wir beschwören unseren Fahrer, jetzt loszufahren, aber er hat noch nicht alle Knochen abgenagt. Gleichmut. Jetzt ist er fertig, der andere auch, der schwingt sich in sein auf dem anderen Ufer stehendes Fahrzeug, fährt plötzlich mit aufschreiendem Motor ins Wasser, kommt steil die Böschung hoch, verfehlt die von uns gebaute Trasse, landet im Schlamm, die Strecke ist erneut blockiert. Alle Männer schieben, es hilft nichts, sie sind ratlos, beschließen, die Sache bis morgen früh Allah zu überlassen. Alles begibt sich in irgendeine Ruheposition in den Bussen, auf den Lastwagen, unter Bäumen, auf der Straße, anfangs versuche ich noch, mich mit Tüchern vor den großen Mücken zu schützen. Dinesh hat seine Beine in den Rucksack gesteckt und die Jacke über den Kopf gezogen, so liegt er mitten auf der Straße. Ousmane arbeitet mit ei-

nigen anderen bis zum Morgengrauen weiter an der Trasse im Fluss, ich habe aufgegeben. Ein kleiner Junge kommt und legt sich auf meinen Schoß, ich wage nicht mich zu rühren. Später wandere ich durch die Vollmondnacht, gutturale Laute dringen aus dem dichten Wald, Grillen, Unken, Vögel, überall wuchern Schlinggewächse. Am Morgen sind Hand- und Fußgelenke von den Mückenstichen so angeschwollen, dass ich sie nicht mehr bewegen kann, die vertrauten Mitreisenden besehen mit bedenklichem Gesicht meine helle Haut, einer murmelt Beschwörungen.

An der weggeschwemmten Brücke neben unserer Umleitung erscheint ein Schwerlaster mit Sand, nach einiger Überredung ist er bereit, den Kleinbus aus dem Fluss zu ziehen. Die Strecke ist frei, unser Fahrer startet den Motor, lässt ihn warmlaufen, wir steigen ein, gegenüber erscheint ein weiterer Kleinbus, nimmt Anlauf, rast in den Fluss, sieht unsere Trasse nicht, verfehlt sie, rutscht ab, kippt mit allen Insassen um. Wir befreien die jammernden Reisenden, bergen das Gepäck aus dem Schlamm, die Männer richten das Fahrzeug auf, es gelingt nicht, es anzuschieben. Wir überlassen sie ihrem Schicksal, bauen noch einmal eine neue Trasse, reichen einander die schweren Brocken zu, gehen selbst zu Fuß durch den Fluss. Unser Fahrer gibt Gas, laut wird jetzt gebetet, er schafft es, wir umarmen einander, es geht weiter.

Wir haben schon lange nichts mehr zu essen und kein sauberes Wasser, im 30 km entfernten Didiéni halten wir auf dem marché, trinken trinken trinken. Am Nachmittag erreichen wir über eine Wellblechpiste die Berge vor Bamako, an der Zollstation öffnet sich der Blick auf die Stadt und das Niger-Tal, wieder müssen wir Ousmane mit Schmiergeld in willkürlicher Höhe helfen. Im quartier Mali in Bamako bringen wir seine Ware in einem Schuppen unter, suchen eine billige Bleibe für Dinesh. Ich kann nicht mehr, brauche ein richtiges Bett, Wasser, Tabletten gegen Malaria. Nach Einnahme einer Dreifachration fange ich an zu flattern, trinke an der Theke einen ganzen Liter Bier, das Mitgefühl der anderen Gäste tut so gut. Im Bett ereilen mich Träume von rasender Fahrt über gläserne Böden, die in die Tiefe brechen, farbige Kreise überall, ich stürze nicht, schön ist es, alles löst sich auf in wirbelnde Regenbogen.

Am nächsten Morgen Schwindel und Zittern, ich muss das Medikament ausleben, laufen, jetzt plagen schlimme Durchfälle und Hunger, Hunger. Im kleinen ›Restaurant de la Presse‹ gegenüber dem unpassend protzigen ›Hôtel de l'Amitié‹ gibt es ein billiges Menu, ich heule fast, so stark ist der Mangel. Schreiben, nie wieder so eine Strapaze, nie diese Nächte am Feuer, diesen Zusammenhalt vergessen. Salat, Omelette, pommes frites, die Wirkung ist verheerend.
Ich muss meine Freundin Yagalé-Marie wiederfinden, in der mission catholique ist man sehr hilfsbereit, ein Priester bringt mich zum Kloster der Sœurs Blanches, gedacht für die Nonnen, die vom Lande in die Hauptstadt kommen. Zelle 14, drei Betten mit Moskitonetzen, Dusche, mit Tisch, Stuhl und Lampe, Ventilator, an einem grünen Innenhof, in Ruhe und Frieden gegenüber der kleinen Kapelle, an der stillen Nebenstraße im Viertel Coura, vor der Tür führt Mohammed aus Timbuktu mit seinem kleinen Bruder Ali das aus alten Brettern zusammengenagelte kleine café-restaurant voller Blumen.
Laufen laufen laufen, an der place de la Liberté finde ich ein von einer Lehmmauer umgebenes Gebäude, das unverfälscht die sudanesische Kolonialarchitektur des 19. Jahrhunderts zeigt, jetzt ist es das 1. Polizeikommissariat der Hauptstadt. Ich muss meine Geschichte variieren, jetzt treibe ich Architektur-Studien. Ich wende mich an den Uniformierten vor dem Tor in der Lücke der halb eingefallenen Mauer: »Je suis en mission, je fais des recherches sur l'architecture au Mali. Erlauben Sie, dass ich von diesem Gebäude ein Foto mache?« Er schüttelt den Kopf, deutet um die Ecke zur Pforte: »Faut demander au chef de poste, da musst du den Wachhabenden fragen.« Vor der Pforte windet sich unter stummer Anteilnahme der Umstehenden ein Verhafteter am Boden, schreit, ich steige über alles hinweg, innen eine Art Tresen, ein Uniformierter dahinter, ein Streifen mehr auf der Schulter. »Je suis en mission, je fais des recherches ...« Der chef de poste: »Faut demander au capitaine, da musst du den Capitaine fragen ...« Er geht mit mir in den Innenhof des commissariat, der erste Posten kommt mit, jetzt kann ich nicht mehr zurück. Auf einer Bank neben dem Gebäude aalen sich drei Uniformierte, darunter einer mit schon beachtli-

chen Streifen und grüner casquette. »Je suis en mission, je fais des recherches ...« Fünf Uniformierte beraten auf Bambara, dann: »Faut demander au commandant de brigade ...«, ich solle mich auf die Bank setzen und warten. Alle Fünf verschwinden in das schöne Gebäude, ich warte, bemerke erst jetzt neben mir die dunklen, garagenartigen Höhlen mit den eisernen Gittern davor, aus denen ekliger Gestank dringt. Aus dem Dunkel dieser Höhlen Stimmen: »Madame, madame ...«, hinter drei Gittern eine Gruppe von Männern, die jetzt die Stäbe umklammern und mich aus aufgerissenen weißen Augäpfeln anstarren. Jetzt kommen die Uniformierten wieder aus dem Gebäude heraus, allen voran ein fetter Riese, goldene Troddeln an den Schultern, rote casquette. »Je suis en mission, je fais ...« – »Es steht Ihnen frei, Ihre Forschungen zu betreiben«, meint er, guckt mich fragend an, und so stehen wir also, sechs Uniformierte aller Dienstgrade, etliche Untersuchungsgefangene und ich, vor dem 1er Commissariat de Police Bamako/Mali – un peuple, un but, une foi, ein Volk, ein Ziel, ein Glaube –, ich reiße mich zusammen im aufkommenden Lachreiz und halte einen Vortrag über die Besonderheiten der sudanesischen Architektur des frühen 19. Jahrhunderts, demonstriere mit der Hand, alle folgen mit offenem Mund, auch die Untersuchungsgefangenen, die Hände gegen die Sonne über die Augen gehalten. Durch die Lücke der eingebrochenen Mauer sehe ich, dass sich auf der Straße eine Menschenmenge angesammelt hat, die uns stumm beobachtet. Eigentlich wollte ich nur ein Foto machen, nun gehe ich professionell in die Knie, wähle schräge Winkel. Im Weggehen sehe ich, wie der commandant de brigade ins das Gebäude zurückgeht, die übrigen diskutieren und gestikulieren Richtung Lehmspitzen auf dem Dach. Ich verschwinde schnell Richtung Kathedrale, überlege kurz, ob ich die Stadt früher verlassen sollte, schäme mich gar nicht.

In der Kathedrale will ich einem Priester einen Brief für Yagalé-Marie mitgeben, da sitzt sie schon und lacht wie immer, Bruder Félicien hat sie für mich geholt. Wir fahren aus Bamako heraus in die Vorstädte auf der anderen Seite des Niger nach Niamakomo Koko, eine Lehmsiedlung ohne Wasser und Strom. Dicht gedrängt stehen die Hütten, aufgeweicht sind die ungepflasterten Wege,

viele Mauern um die kleinen Anwesen sind in der Regenzeit eingestürzt, in den vollends eingefallenen Hütten leben Ziegen, Schafe, Jugendliche ohne Familie. Immer tiefer fällt das Wasser im Brunnen, klagt Yagalé-Marie, Lehrerin an einem Gymnasium, aber sie haben in diesem Jahr Steine kaufen können, um das Loch in der Mauer zu schließen. Sie schürt das Feuer und bereitet im dichten Rauch den riz sauce zu. Abends erzählt Schwager Antoine von seiner Schulzeit in Mopti, in Geschichte und Staatsbürgerkunde haben sie Lehrer aus der DDR gehabt, die kaum französisch sprachen, wieder und wieder haben die Schüler ihre Lehrer mit den langen afrikanischen Namen genarrt, die Nachbarn werden von unserem Lachen angelockt. Nächtliches Fernsehen unter dem Sternenhimmel in Niamakomo Koko, ein uraltes Gerät wird an die Autobatterie angeschlossen, die Familie, die Nachbarn sitzen im Sand um das Gerät herum unter dem großen Mangobaum. Gesendet wird ein Volksstück, das mit viel Situationskomik Vorbeugung gegen Krankheiten vermitteln will, aufgeführt von einer Wandertruppe unter dem Baum eines Dorfplatzes. Alt und Jung schütten sich aus vor Lachen auf dem Hof der Togos, ungehemmt ist ihre Schadenfreude, ansteckend ihr liebevoller Spott, niemand verschwendet einen Gedanken an das morgen wieder einmal unbrauchbare Auto.
Um am nächsten Vormittag an der muslimischen Taufe von Freunden in einer anderen Vorstadt teilnehmen zu können, müssen wir den Marktwagen von Nachbarn leihen. Als wir eintreffen, kündigt uns die Vorsängerin mit mächtiger, rauer Stimme an. Die Familie mit dem Kind nimmt, unter einem Baldachin thronend, unsere Glückwünsche entgegen, die Vorsängerin stimmt einen Gesang an, die Trommeln fallen ein, auf dem Hof vor dem Lehmgehöft beginnt der Tanz der Frauen im Kreise, die farbigen Gewänder wirbeln.
Am Freitag Mittag tönt der Ruf des Muezzin von der Großen Moschee in die lauten und lebhaften Märkte von Bamako. Schlagartig bleiben die Autos stehen, die Männer strömen von allen Seiten, die Matte aufgerollt unter dem Arm, Richtung Moschee, die Händler haben ihre Stände geschlossen. Alle Wege sind undurchdringlich voller Menschen, kaum komme ich in dem Strom voran,

um das Viertel schnell zu verlassen. Als das Gebet vom Minarett ertönt, breiten die Männer in den matschigen Gassen die Matten aus, knien nieder, auch die Hauptstraßen sind voller Menschen, in Reihen dicht an dicht lauschen sie den Lautsprechern, die das Bekenntnis über die Stadt in die Welt schicken, von Tausenden die Antwort im Rhythmus ihrer Bewegung, allahu akbar. Still löst sich nach dem Großen Freitagsgebet die geballte Menge, die Männer gehen heim, einen Hammel zu schlachten, die Autos rollen wieder an, hupen im Stau.

»Salut, wie geht es dir? Erinnerst du dich an mich?«, rufen die Händler mir zu, auch das chinesische Pärchen, das aus einer Holzkiste mit rotem Kreuz darauf unbeschriftete Tablettenschachteln verkauft, ›gegen Kopfschmerzen‹; immer wieder die abgerichteten Kinder, die noch kaum laufen können, meine Hände einfangen und zerren, mit ihren Vogelstimmchen singen, um Geld zu erbetteln, bis auf die Mitte der Kreuzung laufen sie mit, erst dort lassen sie zwischen den Autos ab und laufen zurück zu den Müttern, die gebeugt in den Hauseingängen lehnen; die vielen Alten mit den klagend ausgestreckten fingerlosen Händen, den blinden Augen, es sind zu viele, zu viele; mein Entsetzen, als eine junge Frau auf mich zukommt, mir plötzlich ihren Säugling in die Arme drückt und wegläuft. Ich kann das Kind nur wieder auf die Straße setzen, eine andere Frau wird es mitnehmen, vielleicht zur Kathedrale bringen.

In der Regenzeit ist Timbuktu über Straßen kaum zu erreichen, nur mit dem Schiff. Am Sonntag fahre ich in Regen und Sturm, auf dem offenen Pritschenwagen zwischen allzu vielen Menschen eingeklemmt, nach Koulikoro, Anlegestelle der Niger-Schifffahrt und Endpunkt der alten Eisenbahnlinie von Dakar nach Bamako, dort zeigt mir ein Junge eine Herberge. Ein alter Mann wohnt hier mit seinem Enkel, er teilt mit mir sein Essen, erzählt mir aus »Sundiyata«, dem großen Mandingue–Epos des 13. Jahrhunderts, die Legende von Sumanguru Kanté, dem mit Zäuberkräften begabten König von Sosso, der von Sundiata Keita verjagt wurde. Immer und überall haben sich die Geister von Sumanguru eingemischt, haben Kolonialoffiziere verrückt gemacht, noch heute erscheinen sie in den Bergen um Koulikoro als Schlangen, schwarze Esel oder

Hyänen, ich solle auf den Tafelberg steigen und die Kultstätte suchen. Im Büro der Schifffahrtsgesellschaft heißt es, das planmäßige Schiff, die ›Général Soumaré‹, sei en panne, mit zwei Tagen Verspätung werde man die ›Tombouctou‹ schicken, ich reserviere ein Bett in der 3. Klasse.

An den Hängen spülen Frauen und Mädchen das Essgeschirr in Tage alten Pfützen, überall zwischen den Hütten sieht man winzige Moscheen. An der Hauptstraße flattert ein zerrissenes Kinoplakat im Wind, ein ›Kung Fu‹-Film, ein Gitter öffnet sich in einen Innenhof, an der gegenüberliegenden Lehmmauer ist ein großes Rechteck weiß getüncht, davor stehen in drei Reihen je zehn wackelige, verrostete Stühle, das Kino von Koulikoro. Angekündigt wird ein amerikanischer Kriegsfilm, schon am Nachmittag lümmeln sich die Jugendlichen vor dem Gitter, warten. Ich entdecke in der Schwüle des Nachmittags eine Bierkneipe, die buvette ›Explosion‹. Souleymane fühlt sich krank, erzählt, wie man kämpfen muss, um aus dem Elend herauszukommen, will höchstens drei Kinder. Da er als Bäcker einen Beruf hat, zusätzlich diese Kneipe führt, ist er für siebzehn Menschen verantwortlich, für drei Schwestern mit unehelichen Kindern, »Das passiert einfach so, auf der Straße«, für Brüder ohne Arbeit, für seine Eltern, seine Frau und seine Tochter. Aber er will sich nicht unterkriegen lassen, träumt von einer modernen Brotfabrik.

Zu Sumangurus Opferstätte muss man durch die Dörfer auf den Plateaus in die ›Heiligen Berge‹, durch Steinbrüche und wilde Schluchten. Nur einige wilde Esel grasen hier, es ist kein schwarzer darunter. Die Regenzeit geht ihrem Ende zu, es wird sehr heiß, weit geht von oben der Blick ins Land über das Niger-Tal, die grünen Oasen an seinen Ufern. An einer flachen Stelle legen die Piroguen an, Frauen bringen Waren und Hühner nach Koulikoro. Mühsam kämpft sich das schmale Boot durch die Strömung auf die andere Seite nach Gouni, hier leben Songhay. Überrascht, aber nicht ängstlich, zeigen sie mir alles, die wunderschöne kleine Lehmmoschee, die Hütten, hinter dem Dorf die Felder. In ihrer ›boutique‹ gibt es nichts als Reissäcke. Am Abend in Koulikoro sehe ich es, das Schiff, mit zwei Tagen Verspätung ist die ›Tombouctou‹ angekommen und sieht von fern fast weiß aus, auf dem

Vorschiff stehen in der roten Abendsonne einige Pferde, Rinder, Ziegen und Schafe. Mein Herbergsvater erzählt mir beim Essen vom Leben in seiner Familie, für einen Diebstahl würde er jemanden töten, le vol, das ist für ihn das schlimmste Verbrechen. Viele Jahre ist er Steward auf den drei Schiffen der CO.MA.NAV gewesen, nun rät er mir, wie ich mich während der Flussreise verhalten solle.
Wäsche waschen, packen, Vorräte besorgen, schreiben, eine letzte Cola mit Souleymane im ›Explosion‹. Ich löse das ticket ein, 3. Klasse, Kabine 23, plötzlich erscheint auch das französische Pärchen aus dem Kloster der Sœurs Blanches, Carine und Guillaume. Selbst bei realistischer Erwartung an eine 3. Klasse bin ich erschrocken, installiere mein Zelt auf einem Unterbett, habe so Schutz vor der von Insekten wimmelnden, völlig zerfressenen unbezogenen Schaumstoffmatratze, verstaue mein Gepäck darin. Meldung beim commissaire des Schiffes, in seinem als Büro dienenden Verschlag auf dem Oberdeck ist die Plakette von Krupp, Duisburg-Ruhrort, an die Wand geschraubt. Über den Ladeluken sitzen etliche Mütter auf Strohmatten und stillen die Kinder, die Gaskocher brennen, man bereitet Mahlzeiten zu. Mein lieber Alter ist zum Abschied an die Anlegestelle gekommen, hier versammelt sich nun der ganze Ort, alle Reisenden, Schüler und Studenten kehren an ihre Schulen und Institute zurück, unzählige Händler mit ihren Familien, alles schreit, lacht, singt durcheinander, im Sonnenuntergang ein farbenfrohes Spektakel, ich ahne etwa tausend Menschen auf dem Schiff. Ein Schauspiel ist für alle das Verladen von zwei europäischen PKW, sie müssen erst knirschend von der seitlich verlaufenden Kaimauer auf die Rampe eines Treckers fallen, der Trecker fährt sie ins Wasser bis an die Ladeöffnung des Schiffes, die etwa einen halben Meter höher ist als der Anhänger des Treckers, also heben Arbeiter den Wagen über die Schwelle, rollen es in seine Position genau über eine offene Ladeluke, Geschrei, Geschiebe und Gerücke, da sich auf diesem Stellplatz schon etliche Menschen mit ihrem Hab und Gut, dem Kocher, den Vorräten für die fünf Tage Flussfahrt niedergelassen haben. Mehrere Luken sind voller Baumstämme für die Küche. Was

nicht zum Kochen für die vielen Menschen verfeuert wird, wird in den Norden gebracht, im Sahel gibt es kaum noch Holz.
Das Schiff gibt Signal, Souleymane, der zum Abschied zu mir auf das Oberdeck gekommen ist, schwingt sich über die Reling ins Wasser, unten gibt es ein Chaos, noch als die Eisentreppe schon hochgezogen ist, springen junge Männer auf, zurückbleibende Verwandte ab, einer fällt ins Wasser, welch ein Gaudi für alle.
Pünktlich dreht das Schiff mit solidem Motorengeräusch in den Strom, Krupp Duisburg-Ruhrort. Als ich in meine Kabine komme, sind die sechs Betten, zweimal drei Stockwerke auf etwa 6 Quadratmetern, mit 15 heimkehrenden Studenten belegt, darunter ein Mädchen. Wir beschließen, mit je zwei Menschen pro Bett umschichtig zu schlafen und machen einen Plan. Todmüde krieche ich nach dem Zähneputzen aus der Mineralwasserflasche in meine Gaze-Höhle, das Radio dröhnt, Trubel, Licht, Platznot, Hitze, die Jungs schließen die Kabinentür, weil ihnen auf dem Fluss zu kalt ist.
Im Morgengrauen ist zu meinen Füßen und über mir Schichtwechsel, ich finde in der 2. Klasse ganz hinten eine Dusche, versaut, die Tür schließt nicht, egal, die Glocke tönt, Frühstück wird gebracht, warme Milch mit Zucker und trockenes Weißbrot, das gebe ich alles gleich weiter an die hungrigen Jugendlichen, trotz Tabletten habe ich immer noch schreckliche Durchfälle.
Herrlich ist es oben auf dem Sonnendeck mit dem Überblick über den breiten, ruhigen Fluss, am Ufer noch subtropischer Bewuchs, Fischer stehen im flachen Wasser in ihren Pinassen, verharren regunglos, die Lanzen erhoben, Lehmdörfer ziehen vorüber, Inseln im Strom, die umschifft werden müssen. Ich erarbeite mein Material zum Sudan, schreibe, studiere die Menschen auf dem Schiff, mit meinem Bambara und Arabisch kann ich bei etlichen Familien bleiben. In Ségou haben wir zwei Stunden Aufenthalt, um Ladung und Leute zu fassen, das drückt die Menschen auf allen Decks noch einmal zusammen. Alle Durchgänge sind mit Säcken zugestellt, überall brennen die Gaskocher für riz sauce oder Tee, mehrfach verbrenne ich mir die Waden, ein Durchkommen ist kaum möglich. Da die Straßen durch die Regenzeit blockiert sind,

sollen in Mopti noch sehr viel mehr Ladung und Menschen an Bord kommen, heißt es.
In dem kleinen Dorf Markala auf der Landzunge, an der vorbei man in den Kanal Richtung Schleuse fährt, um das Wehr zu umfahren, herrscht am Ufer ein großes Geschrei. Das dritte Schiff der CO.MA.NAV, die ›Kankan Moussa‹, kommt uns entgegen, also müssen wir rückwärts wieder heraus aus dem Kanal, fahren uns mehrfach in der Uferböschung fest, mit Begrüßungsgeschrei und erheblicher Schlagseite zieht das Schiff an uns vorüber. Es gongt zum Mittagessen, mit unseren eigenen Plastiktellern, nicht alle besitzen einen Blechlöffel, stellen wir uns an der von den Feuern schwarzen Küche an, drei Köche mit riesigen Kellen schwitzen vor den Tag und Nacht lodernden Feuern. Wir versuchen unseren Schatz bis in die Kabine zu retten, da stürzt eine Frau mit drei Kleinkindern herein, wirft ihre Matte auf den Boden und lässt sich nieder, sie hat keine Fahrkarte für das Schiff, keinen Schlafplatz. In dem Moment gibt es zwei heftige Erschütterungen, alles schreit auf, mit großer Geschwindigkeit ist ein Unwetter aufgezogen, das Wasser ist aufgewühlt und schlägt die seitlich mit Tauen festgemachte Schute auf unsere flache Reling, Wasser dringt in unsere Kabine, Regen peitscht durch die Lamellen der glaslosen Fenster. Nun sind etwa 20 Personen auf dem Boden und den Betten zusammengedrängt, die Kinder schreien, vor unserer Kabine brüllt ein losgerissener Bulle in Panik und schlägt an die Schiffswand, an unsere Tür. Nach einer halben Stunde ist der Sturm vorüber, der Bulle wird bei den verzurrten PKW eingefangen, etliche Säcke der Ladung sind verlorengegangen.
An den Mauern der schmalen Schleuse stehen die Frauen der umliegenden Dörfer, werfen Gemüse, Früchte und an den Füßen zusammengebundene Hühner auf das Schiff, wir werfen Münzen zurück. Am Abend erreichen wir Ke Macina mit seinen vielen kleinen Moscheen. Ich habe mir an der Bar auf dem Oberdeck ein Bier bestellt, nun ist es eiskalt, ich bin allein, schreibe, da geht die Tür auf, junge Leute stürmen den Raum in freudiger Erwartung: Der Fernseher wird eingeschaltet, den ganzen Nachmittag über haben die Stewards an der Antenne gebastelt, sie wollen ›Marie Mar‹ sehen, eine im Volk ungemein beliebte mexikanische Serie.

Flackernd und rauschend sieht man fünf Minuten lang eine Kindersendung, dann knackt es, nur noch Schnee auf dem Bildschirm. Man bleibt geduldig sitzen, die Stewards mühen sich ab, nach einer halben Stunde sind alle enttäuscht und gehen schweigend. Dreißig andere Leute kommen herein, bezahlen, setzen sich erwartungsvoll, ein Video wird eingelegt, ›Kung Fu‹, ich ziehe es vor zu gehen.
In der Kabine sind alle Jungs versammelt, können den Film nicht bezahlen. Sie bereiten für morgen einen Vortrag mit Diskussion vor und laden mich dazu ein: Die Thesen Darwins, von einem gläubigen Muslim betrachtet. Das kenne ich schon. Wir haben es geschafft, uns in der Kabine einzurichten, zwei schlafen auf dem schmalen Tisch, an dem wir essen, Räucherspiralen glühen gegen die Mücken, um 2 Uhr nachts ist Wechsel in den Betten.
Auf dem Schiff gibt es fünf Toiletten und fünf Duschen, gespeist mit Flusswasser, am zweiten Tag fallen die ersten Pumpen aus. Da die Frauen schon morgens mit dem Kochen für ihre Familien beginnen, kann ich mir auf dem Schiff Kleinigkeiten zusammenkaufen, hier eine Zwiebel, dort ein paar Tomaten, eine Orange. Die zwei Pferde auf dem Vorschiff schauen unentwegt erhobenen Hauptes in Fahrtrichtung, ich wundere mich erst am dritten Tag, wieso keine Ziege mehr an Bord ist, nur noch zwei Schafe, überall laufen Hühner herum. Um das Schiff schweben sich bauschende und abschwellende Wellen kleiner Vögel wie Bänder im Wind. Die Ebene zwischen Bani und Niger, auf der ich so gern über den Sand zu den winzigen verbliebenen Wasserstellen für die Tiere gewandert bin, ist jetzt eine Schilflandschaft, durch die schlanke Pinassen gestakt werden, die Hütten der Bozo-Fischer stehen nur knapp über dem Wasserspiegel. Große Pinassen unter Segel kommen uns hochbeladen entgegen.
Mittags erreichen wir Mopti, alle sind sehr aufgeregt, die Frauen machen sich schön. An der Anlegestelle die Überraschung: In der Menge der Reisenden, die sich beim Landgang unter die herbeigelaufene Bevölkerung mischen, erkennt mich ein Freund von Issa wieder. Alle Reisenden baden an der Anlegestelle, sind schaumig weiß eingeseift, sie entleeren sich an derselben Stelle, die Exkremente schwimmen umher, Frauen entnehmen Wasser zum Ko-

chen, jemand spült Tierdärme aus und füllt sie aus seinem Mund mit Wasser. »Dieses Wasser ist schlimmer als der Durst«, sagt mir ein Freund. Die Männer baden nackt, bemerken, dass sie beobachtet werden, schämen sich plötzlich, verkrampfen sich, alles lacht. Die Buschtrommel wirkt, mein Freund Issa taucht auf dem Schiff auf, wir erzählen und erzählen. Die Familie, der ich immer meine Essenreste für die Kinder gebe, lädt mich heute abend ein, begeistert drücken mir die Kinder den riz sauce in die rechte Hand, reichen mir den Becher mit Flusswasser.
Durch enge Wasserläufe im Schilf fahren wir rückwärts in den Lac Débo ein, der im Sturm aufgewühlt ist. Ein kleines Dorf an einer Biegung, die Akazien am Ufer haben so frische, zartgrüne Blätter, dass sie wie unsere Obstblüte im Frühjahr aussehen, der Fluss ist ruhig, dunkel spiegeln sich die Bäume. Gestikulierendes Schwätzchen mit den Songhay-Frauen, ein Mann sitzt dabei, kann ein wenig übersetzen, die Frauen wollen ein Medikament gegen ihre schlimmen Atembeschwerden, ob ich ihnen nicht etwas Geld geben könne für Brot. Ich erkläre, dass ich nicht jedem etwas geben könne. »Aber du musst geben«, sagt der Alte, »denn ihr habt eine Geldmaschine, und wir haben keine. So ist das.« Da sehe ich wieder die Trauben von Menschen am Geldautomaten der BICIS-Bank in Dakar, die schweigend zugesehen haben, wie ich oben eine Karte eingesteckt habe und unten Geld herauskam, ja, so ist das.
In Niafounké steigt ein Teil der Jungs aus, dafür drängen nun zwei Frauen mit mehreren Kindern herein, lamentieren, simulieren schwere Krankheit, die verbliebenen Jungs lehnen ab, haben endlich fast jeder ein Bett für sich. Natürlich drängen sich die Frauen mit den Kindern nachts doch herein und schlafen auf dem Boden unter meinem Bett. Auf dem Dach über der Brücke im klaren Sternenhimmel ist die Luft lau, zwei Männer lassen mich auf ihrer Decke schlafen, das Gesicht gen Himmel, von dem Sternschnuppen herabfallen. Gegen Mitternacht erreichen wir Tonka, der ganze Ort ist auf den Beinen, im Licht der Schiffsscheinwerfer sieht das Ausladen über die angelegte Rampe und das Zuladen der Säcke über die an die Luken heranfahrenden Pinassen aus wie ein Reigen, angefeuert durch Gesang. Frauen und Kinder bringen auf

großen Tabletts auf dem Kopf Früchte und Kuchen. Hier sollen die Pferde ausgeladen werden, sie haben sich vor unserer Kabinentür verkeilt, wollen nicht vor, nicht zurück, hinterlassen knöcheltiefe Haufen, schlagen gegen Reling und Tür. Der Besitzer schafft es, sie durch den von Säcken zugestellten Gang an der Küche und an den PKW vorbei auf die schmale, glatte Gangway und sicher ans Ufer zu führen. Ich befreie meine Jungs, sie hatten Angst und waren dem Ersticken nahe, einer meint: »Was du heute hast ertragen müssen, vergisst du in der Nacht, und morgen beginnt ein neues Leben.«

Alle wollen nun dringend in Timbuktu ankommen, sind erschöpft, wechseln die Kleidung. Nana Cissé schmückt Hände und Füsse mit Henna, verspricht mir, zuhause dies auch für mich zu machen. Am Nachmittag erreichen wir Korioumé, den Hafen von Timbuktu, mein Freund Azima, Targi der Kel Tintelouit, begegnet uns in seinem Wagen. Nachdem wir Carine und Guillaume bei einer befreundeten Familie untergebracht haben, fahren wir zu seiner grande famille.

Azima hat kürzlich Aisha geheiratet, niemals sprechen Eheleute voreinander den Vornamen aus, ihre Ehe wurde ausgehandelt, als sie Kinder waren. Sie ist wie er aus dem Tuareg-Viertel nördlich der Sankoré-Moschee, ein schönes, folgsames Mädchen, stumm nimmt sie Azimas Anweisungen entgegen. Sie reden fast gar nicht miteinander, am zweiten Tag sehe ich unter den langen Wimpern ein winziges Lächeln in meine Richtung. Morgens bringt Azima Aisha in das Frauenhaus zu seiner Mutter. Im Innenhof des Lehmhauses sitzen die Frauen und Mädchen in einem Zelt aus Kamelhaut und fertigen Ledertaschen und Kissen, abends holt er seine Frau nach Hause zurück. Die Mutter, die mir vor drei Jahren jung und schön erschien, hat nun einen bitteren Zug im Gesicht, sie gibt mir eine ausgelaugte Hand.

Azimas eigenes Haus, anlässlich seiner Hochzeit gebaut, ist das letzte im Viertel vor den Dünen, direkt am abattoir, dem Viehmarkt, an dem auch geschlachtet wird, braun ist der Sand vom Blut. Haus und Geländewagen sind der Lohn für die Rolle in einem Film mit France Gall, dem französischen Star, Azima war ausgesucht worden, den ›Kleinen Prinzen‹ zu spielen, was ihn zum

unbestrittenen Oberhaupt der grande famille macht. Das neue Haus hat sich an seiner Rückseite in den starken Regenfällen schon wieder aufgelöst, der ›salon‹ ist wie ein Tuaregzelt eingerichtet, Teppiche auf dem Boden und an den Wänden, eine flache Anrichte mit dem Hausrat, zwei niedrige Fenster für ständigen Durchzug. Ich installiere mein Zelt auf dem Dach, wenn es regnen sollte, muss ich es abbauen, Azima befürchtet, dass das Dach einstürzt. Dann Tee und immer wieder Tee, der erste amer comme la mort, bitter wie der Tod, der zweite Aufguss doux comme la vie, mild wie das Leben, der dritte sucré comme l'amour, süß wie die Liebe. Ein kleiner Neffe holt mir aus dem Haus des Onkels einen Eimer Wasser, dort gibt es einen Wasserhahn.
Im Gesang winziger roter Vögel wache ich auf, unter mir der Viehmarkt, rundherum die Zelte der Bella, der Sklaven der Tuareg. Der Schlachter kommt gegangen, eine armselige Gestalt, abgerissen, schmutzig, ein langes Messer in der linken Hand. Ich erkundige mich nach einem Platz nach Gao, das nächste Schiff in einer Woche stehe unter militärischer Leitung und nehme keine Passagiere mit, heißt es. Das bedeutet Transport von Truppen und Waffen in den Norden, in das Gebiet der aufständischen Tuareg von Kidal. Die nächste Gelegenheit nach Gao gibt es erst in drei Wochen, so lange will ich nicht bleiben. Durch die Regenzeit hat die Stadt wieder einmal sehr gelitten, viele Viertel sind zerstört, andere gründlich saniert und renoviert, herrlich die alten Türen von Tombouctou. Mein Herz schlägt hoch, als ich die Häuser von Heinrich Barth, Caillé und Laing finde, den Quellen meiner Träume. Kinder lassen mich in ein herrschaftliches Haus neben der kleinen Sidi Yahia-Moschee ein, alte Pracht, großzügig im Austausch der Kulturen, ein Blick über ganz Tombouctou von der oberen Terrasse. Stille herrscht in der strengen alten Djinger Ber-Moschee, ich finde das Zeichen von Kankan Moussa und die Tür, aus der ein Ungläubiger, der sich eingeschlichen hatte, als Löwe ausgefahren ist.
In der größten Mittagshitze sitze ich im klimatisierten Restaurant des ›Hôtel Bouctou‹ und schreibe, wie immer ist das kleine Notebook Anziehungspunkt für die Nomaden in boubou und shesh, die mir über die Schulter sehen, sie geben sich cool und verlangen

Erklärungen. Dass man etwas ausdrucken kann und es dennoch gespeichert bleibt, das ist zuviel für einen Targi. Einer greift seinen shesh, wickelt ihn entschlossen um den Kopf und geht wortlos, ein zweiter schüttelt den Kopf, meint: »Das macht mich verrückt«, einer ruft mit aufgerissenen Augen Allah an und wendet sich ab von diesem Teufelswerk, einer bleibt sitzen und starrt vor sich hin, einer springt auf: »Aber das ist ja phantastisch!«

Mit Baba und Gibou reiten wir am nächsten Morgen für einige Tage auf Azimas Kamelen nach Westen in die Wüste, nach Tintelouit, dem Stammsitz der Familie. Ich werde aufgenommen, lerne ihre Bräuche und Probleme, ihre Geschichte, ihre Bewertung der Aufstände kennen, ihr Bedürfnis nach Freiheit, ihre Abgrenzung gegen Bauern, Fischer, Hirten verstehen. Der alte chef du village, dem Azima nachfolgen wird, ein Mann von ausgleichender Vernunft, begrüßt den eben fertiggestellten Bau einer kleinen Schule in der Wildnis, für die es allerdings noch keinen Lehrer gibt, den Baubeginn für ein Krankenhaus, den Brunnen mit Motorpumpe, versucht gleichzeitig die Wahrung der Traditionen durchzuhalten. Aber auch er kann schon nicht mehr das Tifinagh schreiben, kennt nur noch wenige Zeichen, erzählt, dass die Tuareg-Kinder in den Grundschulen schon nach wenigen Monaten nur noch französisch sprechen und schreiben lernen müssen.

Gibou hat die tollkühnen Kamelreiter ausgebildet, die jetzt ihre Kunststücke vorführen, wir treffen in der brousse die Schwertträger, die Jäger mit den schweren alten Gewehren, kämpfen uns durch das hohe Gras in das Kilometer entfernte Nachbardorf, dessen Kinder die neue Schule nicht besuchen sollen, da die Familien verfeindet sind, Gibou sucht zu vermitteln. Zwischen den wenigen Hütten und Zelten liegt Madame Odiles Garten. Sofort versammelt sich das Dorf auf der großen Matte, Besuch einer Fremden gab es noch nie, zur Nacht wird Tee gekocht, erzählt. Madame Odile, die bretonische Landwirtin, 65 Jahre alt, hat im Rahmen der Senioren-Projektarbeit während der letzten sechs Wochen einen durch eine Hecke geschützten Gemüsegarten angelegt, um das Nahrungsangebot für die Tuareg zu erweitern, die bislang auf Gedeih und Verderb auf ihre Tiere angewiesen waren, Feldfrüchte und Fisch verachtet haben als Nahrung der Bauern und Fischer.

Mossa, ein junger Hirte, ist ihr gelehriger Schüler geworden, hat alles aufgeschrieben in ein dickes Heft und zwei kleine Jungen mit dem Anlegen von Komposthaufen betraut. Die Dorfbewohner sind erstaunt, Gurkensamen treiben bei dieser warmen Feuchtigkeit an einem Tag aus dem Boden. Gibou erklärt, warum die Tuareg auf eine und gerade diese Frau hören, sie wird von allen geliebt, darf den neugeborenen Tieren bretonische Namen geben, die die Hirten bereit sind zu lernen. Auch hier stehen die Zelte der Bella, die offen als ›unsere Sklaven‹ bezeichnet werden, im feuchten Elend der Senken, sie sind von Malaria gepeinigt, es fehlt ihnen an allem.

In den Dünen um die Siedlung finden sich alte Tonscherben und Reibesteine, auch hier ist ältestes Kulturgebiet, hier floss vor Tausenden von Jahren der Niger, von dieser Vergangenheit wissen die Tuareg nichts, hören mir staunend zu. In der Nacht wandern wir im Vollmond zurück, die Frauen haben für mich eine Ziege zubereitet, dazu gibt es Reis mit ranziger Kamelbutter, die wie Blauschimmel schmeckt, ein Glas frischer Ziegenmilch, davon haben die Familien selbst nicht genug. Nach dem Gebet zeigen die Männer mir ihre ledernen Ketten unter dem boubou mit den vielen gris-gris daran gegen Krankheit, Unglück, den bösen Blick. Wir schlafen gemeinsam zwischen den Tieren.

Auf dem Rückweg nach Tombouctou reiten wir am nächsten Tag bei Azimas Bruder Ibnou vorbei, dem einzigen der Familie, der noch als Nomade im Zelt vor der Stadt lebt. Die Nacht fällt, im Vollmond leises Gemurmel am Feuer, die Sterne so tief, Bruder Aboubacarine bittet mich, ihm einen englisch geschriebenen Brief zu übersetzen. Ich muss mich sehr zusammenreißen, eine Touristin bedankt sich bei ihm überschwänglich für eine heiße Nacht in den Dünen. Morgen soll ich dem sturzverliebten Aboubacarine eine Antwort schreiben.

Faszinierend ist die Bibliothèque Ahmed Baba mit ihren 14000 Originalhandschriften, ich treffe auf einen Gelehrten, der über die Geschichte der Westgoten und Juden in Tombouctou arbeitet, lerne den Direktor und den Konservator der Handschiften kennen, einen Gelehrten von al-Azhar in Kairo, er zeigt mir die schönsten Manuskripte. Fenster und Türen schließen nicht richtig

in dieser Bibliothek, Sand liegt in den kleinen Arbeitsräumen, ist in die Bücherregale geweht. Der Direktor klagt sein Leid, diese Bibliothek verrottet, wenn nichts geschieht. Ich verspreche, Kontakte mit meinen Heimatuniversitäten zu knüpfen, man schenkt mir, mit einer anrührenden Widmung versehen, den neuen Band des Katalogs.
Carine, Guillaume und ich beschließen, das zurückfahrende Schiff bis Mopti zu nehmen, um von dort aus weiterzukommen, es bleibt uns nur die 4. Klasse auf dem Oberdeck im Freien. Als ich mich von Azimas Familie verabschiede, nehmen sie mich auf in ihre Sippe, den Kel Tintelouit, ich muss bald wiederkommen, nehme Segenswünsche für meine große Reise auch im Frauenhaus entgegen.
Azima bringt uns nach Koriumé, hier ist das Elend in den feuchten Hütten unerträglich, kein einziges Kind ist gesund oder normal gewachsen, die Frauen versuchen, das verschimmelte Stroh der Hütten auszubessern. Als nach einigen Stunden Wartezeit die »Tombouctou« anlegt, beginnt ein brutaler Kampf um einen Platz auf dem Oberdeck. Ich muss meine Schlafstelle mit aller Kraft verteidigen, baue mein Moskitozelt auf, weise viele Männer ab, »ich vertraue dir meine Frau und meine Kinder bis Bamako an«, das heißt, ich soll von meinem Platz weichen und den Kindern das Zelt überlassen. Auf dem Metallboden des Oberdecks messe ich 62 Grad. Nach vier Stunden Ladezeit fährt das Schiff ab, bis dahin wird in dieser sengenden Hitze mit aller Härte um den Platz gegen die zahllosen Neuankömmlinge gekämpft. Azima schenkt mir zum Abschied einen von Aisha mit Indigo gefärbten shesh, eine Pfeilspitze und einen Schmuck aus Araouane.
Als das Schiff ablegt, ist der Kampf um den Platz ausgestanden, das Revier abgesteckt. Die Stewards in der Bar begrüßen uns begeistert, wir können bei unserem kleinen Koch in der 3. Klasse einen Teller Reis mit Zwiebeln und Tomaten stibietzen. Als wir gegen Morgen in Diré anlegen, geht die Schlacht um die Plätze erst richtig los, die neuen Passagiere, Hunderte, stürmen auf das Oberdeck, man reißt meine Leinen ab, rollt mein Zelt mit mir darin beiseite, hebt es an, schiebt anderes Gepäck darunter und behauptet dann, ich hätte ihnen den Platz weggenommen. Wieder

muss ich kämpfen, prügele mich mit einem Mann und gewinne. Man arrangiert sich irgendwie, es ist grausam voll, kleine Kinder schreien ununterbrochen.
Die Tage bis Mopti: Versuchen, ein wenig zu lesen, in der Bar zu schreiben, doch die ist voll von betrunkenen Soldaten. Hitze und Durst, es ist unmöglich sich zu waschen, willkürlich werden Pumpen abgestellt. Da die Toiletten so nicht funktionieren, erleichtern sich die Menschen auch in die Duschen, in die Flure. Es ist zu heiß zum Nachdenken. In der drängenden, lauten Masse kann man sich nicht mehr abgrenzen, furchtbar ist der Kampf um das Essen, das Schiff ist völlig überbelegt. Mittags bekomme ich nichts mehr, abends stehe ich in der Schlange am schwarzgeräucherten Küchenschalter, innen glimmen die Holzfeuer, über die riesige Töpfe mit dem immer gleichen Reis gehängt sind. Ich stehe an mit meinem grünen Plastikteller und meinem Blechlöffel wie in einem Kriegsgefangenenlager, um mich herum hungrige Studenten, wir bitten und betteln, werden weggeschickt, lassen uns nicht abdrängen, ergattern etwas Reis mit Tomatensauce, kalt, im Gedränge löffele ich, einiges fällt herunter, das ist heute die einzige Mahlzeit. Als ich auf das Oberdeck zurückkomme, hat man wieder mein Zelt heruntergerissen, es ist mir gleichgültig, ich rolle mich irgendwie ein.
In den Schilfgürteln des Lac Débo liegen Flusspferde. Nach drei Tagen und drei Nächten erreichen wir Mopti im Morgengrauen. Noch ist das campement geschlossen, also laufen durch die Stadt, durch das jetzt von Sümpfen umgebene Viertel der berühmten Moschee mit den gut erhaltenen Lehmhäusern im Djennéstil, den reichen Patrizierhäusern der Händler, dem Elend an den faulenden Kanälen, den verrottenden Zelten am Rande des Wassers. Wenigstens vor der kleinen Grundschule hat man die Pfützen und Kanäle zugeschüttet. Dann: ein Zimmer in einer Rundhütte des campement, eine Dusche, jemand, der für Pfennige die versaute Wäsche wäscht, die sofort trocknet, das breite Bett mit weicher Matratze und Moskitonetz, dessen Löcher schnell verklebt sind, ein Himmelreich.
Der 22. September ist das Fest des Unabhängigkeitstages, ›la grande fête‹, alles hat sich aufgeregt an der Aufmarschstrecke ver-

sammelt, in den großen Bäumen hängen zahllose Kinder und Jugendliche. Der Gouverneur und die Obersten aller Waffengattungen gehen in geschlossener Formation an der singenden und tanzenden bunten Menge vorbei die geschotterte Paradestrecke an der Schiffsanlegestelle entlang. Die vielen mamans mit den Garküchen, die zahllosen Kinder mit gekühlten Getränken nehmen keinerlei Notiz von dem in die Runde winkenden Gouverneur, niemand winkt zurück. Die Militärs bewahren Haltung, tun, als wären sie untereinander in ein Gespräch vertieft, der Gouverneur beendet seine Parade auf halber Strecke und kehrt beschleunigt zu seinem Tribünenplatz zurück. Es tritt an eine Formation der Gendarmerie Nationale und der Police, im Gleichschritt zu quäkender Marschmusik sowjetischer Provenienz. Mitten auf der Paradestrecke steht plötzlich einer der wilden Hunde, die aus der Wüste in die Stadt kommen, um in den Abfällen am Hafen nach Futter zu suchen. Er sieht die Truppe auf sich zu marschieren, freut sich, wedelt heftig mit dem Rest eines abgerissenen Schwanzes, bleibt stehen. Die Gendarmerieeinheit stapft über ihn hinweg, die Polizeieinheit folgt, der verzerrte Marschrhythmus schmerzt in den Ohren. Als die Abteilungen vorbeimarschiert sind, liegt der Hund reglos am Boden. Ein Posten stößt den Körper mit dem Fuß in den Fluss.

Fahnen schwenkende Jungpioniere folgen, dann aber werden die Menschen aufmerksam, wenden sich den Umzügen zu, applaudieren begeistert, alle Völker, alle Berufe der Umgebung ziehen mit ihren Kostümen und Attributen auf, die ganze Kastengesellschaft des Massina, die Fulbe-Hirten mit den großen runden Hüten, die schmalen Bozo-Fischer, die Jäger schießen in die Luft, die Schlachter schwingen Messer, die Friseure, die Schneider, die Landarbeiter mit den Macheten und Hirsekolben, die Rinderzüchter, die Schmiede, die Frauencooperativen, die städtischen Unternehmen, die Schüler aller Schulen. Wagen mit neuen Wasserpumpen fahren vorüber, mittendrin die Behinderten in Rollstühlen, ganz am Schluss auf Stelzen die Maskentänzer der Dogon, wogendes Leben rundherum, Tänze, Trommeln, Essen, Geschiebe und Geschrei, viele haben Angst vor den furchterregenden Männern aus Bandiagara. Von der Terrasse der ›Bar Bozo‹ aus kann

man den Piroguen-Rennen der Dörfer zusehen, Boote und Ruderer sind geschmückt, mit hoher Geschwindigkeit stechen die etwa 25 Ruderer pro Boot das herzförmige Ruderblatt in den Fluss, elegant sind die schnellen Bewegungen, eine Meile mit dem Strom und zurück stromaufwärts, sie sind völlig ausgepumpt, alle werden bejubelt.
Die Frauen verkaufen in der Hitze für 1 Pfennig Wasser in kleinen Plastiktütchen, die man an einer Ecke aufbeißt und austrinkt. Eben will ich trinken, da spricht mich ein Mann an: »Wenn du dich satt getrunken hast, dann gib mir das Wasser.« Ich komme nicht umhin, ihm die Tüte zu geben, nichts gehört mehr mir allein, das macht mich wütend. Sofort schäme ich mich, was soll ich mit dem Rest Wasser, der sofort eklig warm wird, und: welch eine Ehre für mich, dass dieser Mann mich, die Fremde, die Weiße, so selbstverständlich einbezogen hat in sein Leben, oh, wie muss ich mich ändern!
Im Zuge der Feiern zum Unabhängigkeitstag werden zahlreiche Hochzeiten gefeiert, überall werde ich eingeladen. Gegenüber tobt drei Tage lang eine Dogon-Hochzeit, fünf Trommler mit komplizierten Rhythmen versetzen die festlich gekleideten Tänzerinnen in Verzückung, Hüftschwünge und Schrittkombinationen sind nur scheinbar regellos. Die Trommler folgen ihnen für eine, zwei Minuten wirbelnd, mit einem harten unisono-Schlag wird ein Solo beendet. Die älteren Frauen auf den Stühlen schauen zu, applaudieren bisweilen einer Darbietung, dazu wechselt eine Sängerin von rauhem Sprechgesang zu kehligen Koloraturen.
Nebenan eine ›moderne‹ Heirat: Ein hupender Autokonvoi kommt aus der Stadt zur Bar des campement, etwa 150 stinkende Mofas hinterdrein, man trifft sich am Night Club, innen singt ein Griot, man isst, trinkt, tanzt, zerschlägt im Rausch das gesamte Mobiliar, gibt am Schluss 500 FCFA als ›Hochzeitsgeschenk‹. Hier nun steht plötzlich Mamadou vor mir, mein vor Jahren angenommener Dogon-›Sohn‹, mit einer tiefen, unbehandelten Beinverletzung, schon abklingender Malaria und dem schweren Leben eines guide in Bandiagara, ich säubere die Wunde und verbinde sein Bein. Als ich ihn zwei Wochen später wiedersehe, ist seine

Wunde geschlossen, sieht gut aus. Er lungert am Eingang des campement herum, wartet auf Fremde, niemand ist gekommen.
Die Dörfer der Bozo-Fischer sind jetzt durch die Regenfälle vom Festland abgetrennt, mit Pinassen setze ich über. Etliche Hütten stehen unter Wasser, die Kinder haben schweren Husten. Ein Mädchen führt mich an der Hand durch das Dorf, küsst meine weiße Haut, die Frauen stürzen aus den Hütten, stoßen bei meinem Anblick kleine Schreie aus, niemand spricht Bambara oder Französisch. Die Fischer flicken ihre Netze, Frauen bereiten Essen zu. Sie führen ein abgeschlossenes Leben, die Kasten in Mopti vermischen sich nicht.
Bei Sonnenaufgang soll der rostige Kleinbus Richtung Gao abfahren, um 11 Uhr setzt er sich schließlich in Bewegung, hat schon hinter Mopti den ersten Reifenwechsel, hinter Sévaré platzt der zweite Reifen. Regenfälle haben Teiche entstehen lassen, auf denen jetzt Seerosen schwimmen, über Boré mit seinen zwei Moscheen im sudanesischen Stil kreisen große Wasservögel, die Ebene ist mit einem grünen Schimmer überzogen. Nach einigen Stunden ragen aus dem roten Sand die Berge von Hombori auf, in der Abendsonne reiten die Hirten auf Kamelen zu ihren Lagern. Bizarre Felsformationen tauchen auf, Nadelspitzen, ein gewaltiges Krokodil, Tafelberge wie geschnittene Blöcke, ein riesiger Mann im Profil. Kurz vor Douentza ist die Straße gesperrt, eine Zollbarriere. Die Zöllner wollen den wie üblich überladenen Wagen komplett abladen lassen und die Ladung kontrollieren. Ein älterer Passagier, wie ich später erfahre, gehört er selbst zur Polizei, macht sich zum Sprecher aller und bietet wie üblich Geld, ist aber scheinbar an den Falschen geraten, Empörung, Moralpredigt. Der Passagier rechtfertigt sich, es werde schließlich überall so gehandhabt, erneute Entrüstung, Streit, Geschrei, Beschuldigungen fliegen durch die Strohhütte, ernsthafte Drohungen werden ausgestoßen. Plötzlich Schweigen, lange und intensiv. Ganz leise wendet sich nun ein anderer alter und sehr besonnen wirkender Mitreisender an den Zöllner und flüstert mit ihm. Der Zöllner steht auf, nimmt den ersten älteren Passagier an die Hand, beide gehen in den hinteren Teil der Hütte, es knistert fast unhörbar, wir steigen ein und fahren weiter.

Wir verbringen die Nacht am Ufer des Niger im Sand, ich ertrage die Mücken mit den Füßen im Rucksack, den Knien in der Weste, dem Kopf im Anorak, den Händen in der Leinentasche, beiden Kopftüchern um den Körper gestopft, dem Wassersack als Unterlage für den Kopf gegen die Skorpione. Am Morgen sehe ich erst, was für ein gottverdammter Flecken das hier ist, ein heruntergekommenes Räubernest, auch dies ist eine der Stationen ganz unten. Mit dem vom Militär betriebenen Ponton setzen wir über den Fluss, der hier schmal und flach ist, nur noch mit Fischerbooten befahrbar, hier ist Endstation für die CO.MA.NAV-Schiffe.
Gao ist eine anrührende Stadt, aus dem Sand erwachsen spiegelt sie Ruhe und Würde der Wüste, nimmt ihre Weite auf in ihren breiten Sandstraßen, ihren flachen Lehmhäusern, ihren großen sandigen Plätzen, auf denen mittellose Tuareg aus dem Norden ihre armseligen Zelte aufgebaut haben. Baumreihen zu den Gräbern der Askia-Könige entlassen den Wanderer in den Horizont. Abou führt mich zum Haus einer katholischen Familie aus Benin, ich kann in einem Turm aus Lehm mit alter Balkendecke unterkommen, der heiße Wind und der Sand aus dem Adrar des Iforas wehen durch die Fensterhöhlen, bis zu den Dünen von Kidal kann ich sehen.
In der Nähe der Polizeistation liegt das Restaurant ›L'Oasis‹, ein flacher Lehmbau, kühl und dunkel, auf die Lehmwände sind Löwen, Giraffen, Straußen gemalt. Es gibt eiskaltes Bier, der alte Inhaber will mir einen Salat mit Gurken und Zwiebeln zubereiten, alle Leiden werden mit dem Himmel auf Erden vergolten. Die Zubereitung dauert so lange, dass ich weiß, die Kleinen sind auf den Markt geschickt worden, um die Zutaten zu besorgen. Die Rechnung beträgt 2350 Francs CFA, ich gebe 2500. Zwischen dem Koch, den jungen Frauen hinter dem Tresen und drei Jugendlichen gibt es eine lange Diskussion, was man mir zurückgeben müsse. Abenteuerliche Lösungen werden vorgeschlagen, die Frauen haben keine Idee, wie man das ausrechnen könnte. Ein neuer Kunde wirft ein, man müsse mir 150 FCFA zurückgeben, ich bestätige das. Die Frauen schenken ihm zur Belohnung ein Bier für 800 FCFA, ich bekomme mein Wechselgeld, afrikanische Ökonomie.

Am Niger-Ufer brodelt das Leben der duftenden Märkte, der kleinen Pirogue-Werften, der Viehherden. Hier arbeitet Hassan, der der einzigen Fremden in der Stadt – »Mit dir ist die Hitze gekommen!« – gern für einige Stunden sein völlig verzogenes Fahrrad ohne Bremse überlässt, die Wirkung ist fabelhaft. Die Menschen rufen, schreien, sie können sich nicht entscheiden, ob sie monsieur oder madame vorbeifahren sehen, alles fragt besorgt, ob ich nicht zu erschöpft, ob mir nicht zu heiß sei, lachen verständnislos, wenn ich das verneine. Frauen sind so perplex, dass sie mit offenem Mund stehen bleiben, viele bieten mir an, mich mit Eselskarren oder mobylettes an mein Ziel zu bringen. Ich will Richtung Kidal nach Sané, der neolithischen Siedlung, muss Richtung Ansongo zum point fixe außerhalb der Stadt, um mich beim Militärposten zu melden. Es ist mörderisch heiß und anstrengend im hohen Sand, der Schweiß brennt in den Augen. Die Soldaten trauen ihren Augen nicht, erklären, die Gegend sei wegen gefährlicher Treibsände kaum mit dem Auto erreichbar. Unter einer Akazie steht ein ledergeflochtenes Bett im Schatten, Stunden liegen wir nebeneinander, sprechen über Gott, über die Zukunft unserer Söhne, tauschen die Adressen für sie. Schwer wird der Rückweg um die ganze Stadt herum, vorbei am Camping Tizimizi. Tot, vom Sand halb begraben ist der einstige Endpunkt der Tanezrouft-Piste, ersehntes Ziel der Sahara-Traveller. Jetzt Salat und ein Bier im ›L'Oasis‹, nur die jungen Frauen sind hinter dem Tresen, ich darf mir das Wechselgeld selbst aus der kleinen Kasse nehmen.

In der Nacht fegt ein heftiger Sandsturm über die Stadt, der metallene Fensterflügel meines Turmzimmers wird herausgerissen, Sand dringt ein, ich rolle mich in die Gummihaut meines Zeltes, die Tür schließt nicht mehr. Am Morgen fegen wir alles auf die Straße, schlagen die Wäsche aus, die Kinder reinigen und reparieren die Schäden, überall haben sich Sandwehen an den Häusern gebildet.

Ein Freund in Mopti hatte mir Nachrichten für ›Alex in Gao‹ mitgegeben, es gebe in der Stadt einen ›Alex qui n'est pas sur ses pieds‹, der nicht auf seinen Beinen steht, und einen ›Alex qui marche sur ses pieds‹, der mit seinen Beinen läuft, also mache ich mich auf die Suche und finde zuerst ›Alex qui n'est pas sur ses pieds‹ in

einem klapprigen, aus einem Fahrrad hergestellten Rollstuhl, die Beine gelähmt, ein fröhlicher junger Mann. Gemeinsam fragen wir uns durch zu ›Alex qui marche sur ses pieds‹, der mit seinen Freunden auf dem riesigen Aufmarschplatz Fußball spielt. Die verbogene Achse des Gefährts von ›Alex qui n'est pas sur ses pieds‹ droht durch die extreme Beanspruchung im tiefen Sand zu brechen, also gehen wir alle zu Hassan an der Piroguen-Werft. Für meine 3000 FCFA will er aus Ersatzteilen eine neue Achse herstellen. Über solchen Wegen wird es Abend, durch die Wüste nach Osten komme ich zum alten Friedhof in den Dünen, die meisten Gräber sind nur an den im Sand aufgestellten Schüsseln und Krügen, die den Verstorbenen Nahrung und Wasser für ihre lange Reise bieten sollen, oder an den Attributen ihres irdischen Lebens, dem Lenkrad eines Lastwagenfahrers, den rostigen Werkzeugen eines Mechanikers, erkennbar. Bis zu den Kamelherden in der Wüste zieht sich der Friedhof, gespenstisch ist der Weg zurück im Mondschein.
Früh soll der Minibus in der morgendlichen Kühle nach Hombori abgehen, mit der ›elastischen afrikanischen Zeit‹ fahren wir in der Mittagshitze bei 57° los. Im Wagen ein Spiegel dieses Wüstenlandes: Soldaten verschiedener Dienstgrade mit Gewehren und Messern, Tuareg mit langen Schwertern, Fulbe-Hirten mit Ziegen auf dem Arm und langen Stöcken, Songhay und Araber. Zwei Targia-Großmütter begleiten mehrere Knaben mit dem typischen Lockenkamm, sie riechen so intensiv nach Milch und Tieren, dass alle anderen Gerüche im Wagen überdeckt werden. Natürlich haben wir auch diesmal eine Panne, natürlich bricht auch diesmal auf der Strecke die Nacht an. Irgendwo in der Steppe steigt nach für mich nicht erkennbaren Merkmalen die Tuareg-Familie aus. Barfuß, nur mit einem Hüfttuch bekleidet verschwinden sie langsam im mannshohen Gras, schrille Tierlaute ausstoßend, damit ihre Männer, deren Feuer wir am Horizont ahnen, sie finden können. Ein Soldat begleitet sie ein Stück mit der Taschenlampe, nicht für eine Million würde er hier nachts durch den Busch gehen, sagt er mir, das Leben sei für die Kinder sehr hart. In Hombori taste ich mich im Licht der wenigen kleinen Garküchen zu dem Gehöft mit dem

kleinen campement, überall liegen Menschen im Freien. Meine Tür schließt wie üblich nicht, mein Vertrauen ist grenzenlos.
In der glänzenden Kühle der Morgensonne steige ich in das hochgelegene Dorf Hombori, ganz aus Feldsteinen gebaut, unzugänglich wie eine Festung, mit Tunnelgängen unter den Häusern hindurch in die verwinkelten Innenhöfe mit den winzigen Gärten voller Okraschoten. Am Horizont klebt unter einem Überhang ein Dorf, von dort kommen im Gänsemarsch Frauen, Hirten, ein Schmied herübergewandert. Der Schmied hat ein Beil und eine Hacke gefertigt, heute ist Markttag in Hombori. Die seltsamsten Gewürze gibt es hier, zu schwarzen flachen Scheiben gepresst, Salzblöcke werden mit der runden Säge geschnitten, Wurzeln und Blätter zu Medikamenten gestoßen und zerrieben, Tee, Tabak, Felle, Stoffe. Abgesondert von einer Mauer umgeben liegt der große Viehmarkt mit Buckelrindern, Kamelen, Ziegen und Schafen, am Fuße der Berge treffen sich in ihren bunten Gewändern alle Völker dieser Gegend, sitzen in der Mittagshitze schwatzend und lachend unter dem großen Baum. Das beste Essen kocht la Sénégalaise, eine enorme, nur französisch sprechende maman, die in ihrer Lehmhütte alle Vorbeikommenden vereint. Spricht jemand eine der vielen Sprachen der Gegend, brüllt sie los: »Hier spricht man französisch, sprich wie alle und man versteht dich!«
Ein Lastwagen, hoch beladen mit Waren für den Markt in Simbi, nimmt mich oben auf der Ladung mit nach Daari, einem Dorf am Fuße der ›Hand der Fatima‹, eines fünffingrigen Berges in der Steppe. Das Dorf besteht aus Strohhütten und Feldsteinhäusern für die Vorräte. Aus Bruchsteinen sind im Sand Kreise für das Vieh gelegt. Die Mütter verlangen Medikamente gegen ›Kopfschmerzen‹ für sich und ihre Kinder, eine Frau will mir ihr Neugeborenes mitgeben. Durch hohe Gräser, über Geröll stapfe ich, wähle, um besser voranzukommen und Schlangen zu vermeiden, ein Flussbett für den Aufstieg. Frauen und Kinder arbeiten in kleinen Hirsefeldern, manchmal ruft ein Hirte. Bis zur halben Höhe komme ich ohne Ausrüstung, atme die endlose Ebene.
Schwierig ist der Abstieg, nur mit Kompass finde ich die Straße wieder, 25 km in der Hitze. Jeden Wagen würde ich anhalten, es kommt einfach keiner. Meine Familie mit ihren 10 Kindern hat

schon Essen und Eiswasser vorbereitet, die Frau hat eine schreckliche offene Wunde am Fuß, ich versorge sie. Ein Alter kommt hinzu, ich verpacke den verbundenen Fuß in eine meiner Socken und verordne der Mutter Ruhe. Da lobt mich der Alte, er ist der Arzt von Hombori, fragt mich aber doch, wie denn die Frau ruhen solle, jemand müsse doch die Arbeit machen. Dann müssten eben einmal alle, auch die Männer, mithelfen, erwidere ich. Am nächsten Morgen kommt er vorbei und hat selbst die Sauce für den Reis zubereitet.
Vor Sonnenaufgang schon stehe ich bei Mohammed am Teestand an der Straße und warte auf einen Wagen Richtung Mopti. Auch in Hombori ist die Schule zwei Wochen nach Schulbeginn noch geschlossen. Die Kinder erzählen, dass im letzten Schuljahr nur vier Monate lang Lehrer im Dorf waren. Den ganzen Tag lang spielen sie mit der Grazie von Tänzern Fußball mit allem, was rollt. Ein Junge zieht mich an der Hand zu einer Hütte, dort wartet Maïga auf mich, der Dorfälteste von Hombori, 75 Jahre alt, mit königlichem Songhay-Blut in den Adern. Er möchte die Fremde sehen, erzählt mir seinen Werdegang seit der Kolonialzeit, in der er als Rebell gekämpft hat. Ein Zauberer ist er, hat den Göttern Tier- und Menschenopfer gebracht. Noch einmal geht er mit mir den steilen Weg hoch ins Dorf, erzählt von den Stieropfern für den Heiligen Berg, den abgeschlagenen Häuptern der Rebellen. Oberflächlich nur sei die Islamisierung, noch immer gebe es diese Stieropfer, von denen man sich die gris-gris mache. Immer noch ist er der burro, der Häupter abschlägt, die dann 18 Meter tief den Berg hinunterrollen in eine Felsspalte, er zeigt mit seinem langen Stock, dort drüben in den Bergen ...
Am Nachmittag rast ein fast leerer Kleinbus in den Ort, ich renne hinterher, werfe meine Sachen hinein. Es geht zunächst nach Boni, landeinwärts in die Berge, in diesem Gebiet gibt es noch Elefanten. Heute ist Markttag in Boni, der wildeste Markt, den ich je gesehen habe. Mein Erscheinen löst schrilles Schreien bei den reich geschmückten, schwarz bemalten Songhay-Frauen aus, hier ist noch nie ein Fremder gewesen. Wir warten bis zum Ende des Marktes, um für die Weiterfahrt nach Mopti genügend Mitfahrer zu bekommen. Es ist grausam heiß in diesem Talkessel ohne jeden Luft-

zug, ohne Wasser, nirgends gibt es etwas zu trinken, ich bin froh um meine drei Liter Wasser im Gummisack, auch wenn sie nun fade schmecken. Als es dämmert, ist der Wagen voller Hirten, die intensiv nach Tieren riechen, Schwärme von Fliegen nach sich ziehen. Stolz zeigen sie sich die mit Gummibändern gehaltenen dicken Geldscheinrollen, Erlös für die verkauften Herden. Sie steigen unterwegs in der Wildnis wieder aus, leer fahren wir nach Mopti zurück. Unter den Sternen stelle ich im Innenhof des campement mein Zelt auf.

Am Morgen fegt ein Sandsturm über die Stadt, in Windeseile berge ich Zelt und Gepäck, rette mich ins Hauptgebäude. Dort decken Männer die Fenster mit Metallflügeln ab, müssen sich gegen den Sturm stemmen. Eine Staubwolke rast durch den Saal, durch die fest verschlossenen Fenster hindurch, das Restaurant ist innerhalb von zwei Minuten unbrauchbar geworden, von draußen hört man, wie große Eisenteile irgendwo aufschlagen, dann folgt ein Wolkenbruch, der den Staub innerhalb von Minuten in reißenden Strömen wegspült, es ist unmöglich, das Zelt wieder aufzustellen. Jetzt hat Barrou mich gefunden, Mamadous Bruder, mein Freund, Barrou le paresseux haben wir ihn genannt, weil er immer irgendwo faul herumlag, unser Fahrer ins Dogon-Land. Er hat immer noch dieselbe Schrottkiste, tagelang hat er auf mich gewartet.

Mit einem großen bequemen Bus geht es Richtung Bobo-Dioulasso in Burkina Faso. Im Vorbeifahren sehen wir eine Kinderschar im Sand um ein Fernsehgerät hocken, es läuft ›Marie Mar‹. Schön ist es nachts in den von kleinen Petroleumfunzeln beleuchteten Marktflecken mit den vielen Garküchen. Jede Pause ist Suche nach einem Baum, einem Versteck, um sein Bedürfnis zu erledigen, eine halbe Stunde Schlaf mitten auf der Straße im Sand. Jedesmal wollen police, gendarmerie und douane bei ihren Kontrollen geschmiert sein, willkürlich sind die Preise, also ständiges Feilschen, allerdings nicht mit mir. Ich sage jedesmal, sie wüssten doch, sie dürften das nicht, und ich würde erst einmal ein Foto von ihnen machen, da lassen sie schon ab.

Fortbewegungen V

In Bobos altem Viertel Koiumbougou mit seinen verschachtelten Lehmgehöften am schmalen Marigot Wé, in dem die Frauen ihre Wäsche waschen, Kinder schreiend und spritzend baden, Rinder und Schweine zum Trinken kommen, spielen in der Mittagshitze einander anfeuernd Jugendliche mit einem Ball aus Lumpen auf ein mit Stöcken markiertes Tor. Einer mitten unter ihnen, knochig, auf allen Vieren, eine Hüfte grotesk in die Luft gereckt, die Hände nach innen verdreht, die Außenkanten dick verhornt, rutscht hin und her im Staub. Erreicht ihn der Ball, stößt er ihn mit Stirn und Nase weiter, immer Richtung Tor.

In Faramana, Burkina Faso, steht die Grenzstation unter Wasser, Enten schwimmen um die Dienststelle herum, die Uniformierten kommen barfuß mit hochgekrempelter Hose zu uns, alles grinst despektierlich. Durch tropisch anmutende Wälder und fruchtbares Ackerland geht es nach Bobo-Dioulasso, rund sind die Hütten mit ihren Strohhüten, rund ist die Anlage der von Bananenstauden und Mangobäumen umgebenen Gehöfte. Abgeschlossen in einem Wald dicht am Zentrum Bobos liegt die mission catholique des Ordens der Camilliens unter blühenden Bäumen. Nach dem gemeinsamen Essen versammeln sich die Priester um ein altes Fernsehgerät in einem Holzgehäuse, das mit seinen aufklappbaren Türflügeln wie ein transportabler Altar anmutet, mit stummer Hingabe sehen auch sie diese mexikanische Serie ›Marie Mar‹, und nun sehe auch ich den Grund für ihren Erfolg in Afrika: Die farbige Marie Mar, aus armen Verhältnissen stammend, arbeitet auf einer reichen Hacienda, der Sohn des Besitzers verliebt sich in sie. Einerseits setzt sich die unverbildete Marie in aller Unschuld konsequent über bürgerliche Regeln hinweg und verschafft sich auf diese Weise Essen, Hilfe für ihre Familie und die Liebe eines reichen weißen Mannes, andererseits wird sie, die farbige Eliza Doolittle, Schritt für Schritt gebildet, ohne ihre Eigenart zu verlieren. Die Welt der Weißen sucht dies empört, aber vergeblich zu ver-

hindern, Quelle ungetrübter Freude für das schwarze Fernsehpublikum.
Bobo ist eine großzügige, grüne Stadt, schattig durch ihre Mango- und Schi-Bäume. Kurios ist der Bahnhof im Moschee-Stil mit einem riesigen Vorplatz, auf dessen Mitte eine Art Kirchenkanzel mit geschwungener Treppe für die großen Aufmarschreden errichtet wurde. Pariserisch wirken die von den Plätzen ausgehenden Avenuen, in der Bäckerei ›La Bonne Miche‹ gibt es französische Leckereien. Im regen Geschäftsverkehr der avenue Alwata Diawara, am Markt der Schneider und Stoffhändler, schreitet, völlig in sich versunken, ein schmaler Mann von etwa dreißig Jahren nackt die Straße entlang, er sieht sehr schön aus, niemand wundert sich.
Durch die alten Lehmsiedlungen fließt der Marigot Wé mit seinen ›heiligen Fischen‹, Weber sitzen an den Straßen und fertigen mit großer Geschwindigkeit auf primitiv anmutenden Konstruktionen die Stoffstreifen, die von den Frauen zu großen Tuchen genäht und gefärbt werden. Als ich die Viertel hinter der großen alten Moschee besuchen will, lädt mich ein Mann in sein quartier neben einer kleinen Moschee ein. Hier hat jede Familie ein eigenes, von einer Mauer umgebenes Gängeviertel, alle Wohnbereiche sind genau zugewiesen. Die Alten leben in der Mitte in der Nähe des großen Brunnens, damit man ihnen, wenn sie Hilfe brauchen, von allen Seiten zur Hand gehen kann. Alle Menschen in solch einem Viertel tragen denselben Namen.
Bolomakotè, Koko, Koiumbougou, Kibidoué, Hamdalaye in der Mittagssonne, köstlich sind die Siesta-Varianten in diesen rein afrikanischen Siedlungen. Eine Gruppe junger Männer liegt im Schlaf übereinandergerollt im Sand, als hätte der Blitz sie getroffen, eine Frau liegt flach auf dem Bauch auf einer schmalen Holzbank, Arme und Beine hängen an beiden Seiten schlaff herunter, ein Mann hat sich in seine Schubkarre gerollt, zwei Männer hängen bäuchlings über den unteren Ästen eines Baumes, eine dicke maman steckt in einem Strohhaufen und schnarcht.
Auf der mit einer Hecke eingefassten Veranda der Musikkneipe ›Chez Tantie Christine‹ in Koko sitzt bei mir eine Gruppe fröhlicher junger Männer beim Bier, laut klingt Musik aus dem Radio.

Um 13 Uhr verliest der Sprecher mit unbeteiligter Stimme die Weltnachrichten, niemand in der Runde nimmt Notiz. Als es zu den Landesnachrichten kommt, beginnen einzelne zuzuhören, der Geräuschpegel nimmt ab. Dann plötzliches Schweigen, das auch mich zu genauem Hinhören zwingt, die Lokalnachrichten: Ein Landespolitiker aus Burkina mit nagelneuem Dienstwagen samt Chauffeur lässt sich gegen Abend zu einem politischen Gespräch nach Bobo-Dioulasso fahren und überlässt für die Dauer dieses Treffens, die durch ein Mobiltelefon angesagt werden soll, dem Chauffeur den Wagen. Dieser holt einen Freund ab, gemeinsam durchstreifen sie die Stadt, gabeln eine toubabu, eine Weiße, samt Tochter auf, machen mit beiden einen Zug durch die Kneipen, dazu gesellen sich zwei Männer, Freunde der zwei Frauen. Einer leiht sich das Telefon aus und will zwecks besserer Verbindung draußen telefonieren, der andere nimmt sich den Autoschlüssel, um etwas im Auto Zurückgelassenes zu holen, Männer, Auto und Telefon sind weg, der Chauffeur und sein Freund rufen andere zu Hilfe, um den Wagen ausfindig zu machen, ohne Erfolg. Als sie zurückkommen, sind auch die zwei Frauen weg. Fazit: Chauffeur und Freund im Gefängnis, der Politiker der wichtigsten Mittel zur Vertretung seiner Provinz in der Stadt beraubt. Anteil dieser Geschichte an den 13 Uhr-Nachrichten: zwei Drittel, Reaktion ›Chez Tantie Christine‹: absolutes Schweigen, dann Ausbruch heftigster Diskussion in den Gruppen, Beweis für die Rolle der Oralität in Afrika.

Allzu langsam fährt der Zug Richtung Abidjan, schneller geht es mit dem Bus nach Banfora. Neben dem Fahrer des modernen und pünktlichen Busses genieße ich den Panoramablick von der Falaise weit ins Land hinein mit seinen dichten Wäldern, donnernd stürzen nach den Regenfällen der letzten Tage braune Fluten die Felsen hinab. Banfora hat als Grenzstadt nahe Ghana und Elfenbeinküste viel Militär und Gendarmerie, eine große Zuckerfabrik prägt das Stadtbild mit seinen Arbeitersiedlungen in den Zuckerrohrplantagen. Zweimal in der Woche kommt der Zug nach Abidjan hier durch. Um den Bahnhof herum wartet eine bunte Menge von Frauen und Kindern mit Korbwaren, Früchten, Kuchen und Getränken auf den Schienen, dem Bahnsteig. Plötzlich in der Ferne

ein Pfiff, Bewegung kommt in die singende und schreiende Menge, alles greift die Körbe und Tabletts, versucht, auf dem Bahnhof einen strategisch günstigen Platz zu erobern. Aus dem Busch neben den Schienen quellen Ströme von Frauen mit riesigen Körben auf dem Kopf, vom Zug ist nichts zu sehen. Nach einigen Minuten wieder ein Pfiff, dann taucht aus dem Zuckerrohr am Horizont ein Scheinwerfer und mit ihm ein doppeltes Ungetüm von Urwaldlokomotiven mit einigen Wagen daran auf, die stöhnend in den gräserüberwucherten Bahnhof von Banfora einfahren. Der Zug steht noch nicht, da geht das Geschrei los, ein Hüpfen und Springen vor den Zugfenstern und -türen, Körbe so groß, dass sie nicht durch die Wagentür passen, werden hindurchgepresst, schibè, schibè ... Die Tabletts werden in die Zugfenster gereicht, da schrillt schon der Pfiff, niemand reagiert, noch ein Pfiff, fauchend fahren die Lokomotiven schon wieder an, alles weicht zurück, der Zug verschwindet im Zuckerrohr, die lange Reihe der Frauen und Kinder ebenfalls, vorbei ist der Spuk.
Die rote Schotterpiste nach Gaoua wird immer enger, ist überwuchert von Vegetation. Dies ist Lobi-Land mit seinen in den Hirse- und Maisfeldern versteckten Dörfern, kaum sieht man die Dächer, auf denen Kinder die Kolben zum Trocknen auslegen. Zwischen den Gehöften Trampelpfade durch die Felder, Fächerpalmen, auf der ganzen Strecke nur eine kleine Moschee. In Ouélé-Ouélé bringen uns die Mädchen in großen Kalebassen Dickmilch, rühren sie mit Holzquirlen auf. Sie sind sehr schön, schmal, mit Nasenringen und Spiegeln auf der Brust gegen den bösen Blick, mit bunten Perlen im Haar und langen, spitz gefeilten Ohrgehängen, die sie als Waffen benutzen, ihre Lippen sind mit Holzkohle geschwärzt.
Gaoua ist der letzte Außenposten im Busch, die hohen Berge gegenüber gehören schon zu Ghana, zur Elfenbeinküste. Hier arbeiten etliche Hilfsorganisationen und Missionsstationen. Im Unwetter hat ein Blitz das Elektrizitätswerk zerstört, die Bäckerei bekommt jeden Abend für zwei Stunden Generatorenstrom. Eine neue Kraftwerkseinheit zu beschaffen kann Monate dauern, zur Zeit ist nur die Straße nach Banfora befahrbar, erklärt mir der Direktor.

Ich mache mich auf in die Berge, in das Lobi-Dorf mit dem Museum, das die längst vergangene Krieger-Kultur dieses Stammes zum Leben erweckt. Festungsgleich sind die Lehmhäuser mit ihren versteckten Notausgängen, ihren den Feind abwehrenden Fetischen an den Eingängen. Als Lehmstatuen, mit Kauri-Muscheln geschmückt, schützen die Herrscher nach ihrem Tode Familie und Dorf. In den Hirsefeldern sehe ich einen Vater mit seinem Sohn, nackt, den Penis mit einem Lederband hochgebunden, die Lanze in der Hand, wie freundliche Lachfalten wirkt ihr Erkennungsmerkmal, drei Narben in den Augenwinkeln. Die Hütten der Gan sind ganz in der Nähe, leicht zu erkennen die für die Frauen mit den zwei geflochtenen Zöpfen als Dachabschluss, die der Männer mit einem Hut aus Stroh.
Bis zum Einbruch der Dunkelheit bleibe ich im Cabaret, für Pfennige wird aus einem großen Tonkrug Dolo, das Hirsebier, mit der Schöpfkelle in kleine Kalebassen ausgeschenkt, die Männer, nur vereinzelt Frauen, sitzen auf Baumstümpfen im Kreis um die Musiker herum, die mit Ballaphon und Trommeln ein rhythmisches Feuerwerk veranstalten, mitreißend ist die Virtuosität, die Vielfalt der musikalischen Elemente. Als das lauwarme Dolo abgekühlt ist, schmeckt es sehr erfrischend. Die Familie lädt mich in die Brauerei ein. Im Innenhof des Lehmgehöfts köchelt der Sud in großen Tongefäßen, auf der einen Seite der für übermorgen, auf der anderen der für morgen, das fertige Bier steht zum Abkühlen in der schattigen Hütte. Die Frauen der Familie, alle Generationen sind mit dem Brauen beschäftigt, sie lauschen der Musik bis in die Nacht hinein, sie ist im ganzen Viertel zu hören.
Frühmorgens will mich ein Fahrzeug Richtung Diébougou mitnehmen. Die Straße sei nicht befahrbar, heißt es, also warten neben einem hohlen alten Baum, ein Hühnernest mit acht Eiern ist darin. Nach zwei Stunden hält ein fahruntüchtig wirkendes Buschtaxi neben mir, im Schritttempo geht es stundenlang über eine schwer zerstörte Piste, im Wagen herrscht glänzende Stimmung mit lauter jungen Leuten, die die Anstrengung vergessen lassen. Hinter Bourum-Bourum sitzt eine junge Frau mit einem Kleinkind auf dem Arm am Rande des Hirsefeldes, aus einem Eimer schenkt sie mit einer Kelle Dolo in Kürbisschalen. Um sie herum liegen ausge-

streckt Feldarbeiter, die nicht die erste Kalebasse gelehrt haben, von jedem muss ich einen Schluck probieren. Die Mutter ernährt ihr Kind aus einer kleinen Kürbiskelle mit dem Bier.
Kurz darauf ist die Straße durch den Regen eingebrochen, eine Hälfte durch einen abgerutschten Lastwagen blockiert, die Kleinbusse kommen nicht mehr weiter, versuchen zu wenden. Unser taxi brousse zwängt sich zentimeterweise am Abgrund entlang. Die Piste von Diébougou zurück nach Bobo ist besser, ich freue mich, in die mission catholique der Camilliens zurückzukehren. Einige schottische Missionare sind angekommen, wollen in die Missionsstation nach Gaoua, das sind spannende Erfahrungsberichte einer zwanzigjährigen Entwicklungsarbeit der Protestanten im Lobi-Land. Ich beschreibe ihnen die Piste, sie werden den weiteren Weg über Banfora nehmen müssen.
Am Sonntag nehme ich an der Messe in der Kathedrale der Missionsstation teil. Frauen nehmen mich bei den Händen und führen mich in ihre Gemeinschaft. Ich fühle mich eingebunden in ihren Gesang, ihre körperliche Hingabe an den Rhythmus der Trommeln, ihre drängenden Gebeten um den Schutz der Gemeinde.
Nach Ouagadougou geht die Fahrt durch kleine Dörfer mit wehrhaften Gehöften. Langsam wandelt sich die Landschaft, der Baumbestand wird dünner, der Boden sandiger. Wieder gehe ich in die mission catholique, ein Bollwerk des 19. Jahrhunderts aus dem Geist der Eroberung. Wie eine Festung steht die Kathedrale auf einem riesigen Aufmarschplatz, rundherum Schulen, Werkstätten für Behinderte, die Devotionalien aus Gips herstellen und im Hof hingebungsvoll bemalen, dahinter ein Gästehaus, das neben einer Handvoll Leuten wie mir Missionare, Seminaristen, Nonnen beherbergt. Das geistliche Zentrum der ganzen Region ist gleichzeitig der Ort, an dem es für die Priester der kleinen Missionsstationen im Land alles Notwendige gibt. Ein Schweizer Missionar mit seinem schwarzen Helfer erzählt, wie schwierig die Arbeit im Norden Ghanas ist, jetzt besorgt er in Ouaga Ersatzteile für den Brunnen. Er predigt auf Haussa und Englisch, berichtet von dem zunehmenden Einfluss des Islam, traut aber auch muslimisch-katholische Paare. Viele Missionare sprechen beim gemeinsamen Essen über die sozialen Probleme in ihren Gemeinden. Da ich so

lange nicht gelesen, keine bunten Bilder gesehen habe, stürze ich mich auf die Pilger-Zeitschriften aus Rom. In der Nacht ist es zum ersten Mal unmöglich, mit meinem kleinen Radio die Deutsche Welle zu empfangen. Alles wird überlagert durch ›Radio Maria‹, dessen hoher Sendemast zwischen Gästehaus und Kathedrale steht.

Burkina bewegt sich, »ça bouge partout«, sagen die Burkinabè. Ouaga hat sich klug bedeutende Kulturfestivals zugezogen, ist ein Zentrum für Film, Tanz, Theater, Literatur und Musik geworden, bereitet wieder eine Buchmesse vor, das Centre Culturel Français bietet traditionelle Musik an, dahinter eröffnet heute eine Anti-Tuberkulose-Kampagne. In den Straßen herrscht geschäftiges Treiben, die Klempner und Metallverarbeiter beherrschen die Viertel um den Grand Marché. Ihr Einfallsreichtum ruft Bewunderung hervor, auf den Straßen nehmen die vielen Jugendlichen defekte Teile auseinander und bauen neue Maschinen zusammen. Schon am Vormittag hat die ›Bar Lido‹ geöffnet mit ihrem schattigen Innenhof, durch die hohen Bäume sieht man die Große Moschee, die Frauen servieren schon vormittags die 0,75 l-Bierflaschen der Landesbrauerei. Schon am zweiten Tag werde ich mit ›kodae-o‹, dem Ruf für Freunde, begrüßt. Hier in Ouaga wundert sich niemand über mich, man nennt mich tantie, mamie oder nassara, Christin.

Ganz in der Nähe der die Umgebung dominierenden Kathedrale steht der Moro Naaba-Palast des Kaisers der Mossi. Neben einem großen staubigen Platz mit Fußballtoren sieht man ein ummauertes Gelände, an das eine Moschee geklebt scheint. Auf dem Minarett hocken regungslos zwei Geier. Ein offenes Tor gibt des Blick frei auf einen sandigen Platz, einige typische Rundhütten mit Strohdach, einen Brunnen in der Mitte, langsam schlurft eine Frau mit einem Eimer auf dem Kopf vorüber, im Hintergrund liegt der Palast in einem kleinen Park, verschlafen dämmert in der aufstrebenden Großstadt eine Tausend Jahre alte Welt.

In dem ›Maison du Peuple‹ auf dem Aufmarschplatz, dem ›Haus des Volkes‹ aus weiland sozialistischen Zeiten – auf dem Gebäude erkennt man noch die Schatten der Buchstaben ›Maison du Parti‹, ›Haus der Partei‹ – bemüht man sich seit langem um die Einrichtung des Nationalmuseums mit seinen reichen Schätzen an afrikanischer Stammeskultur, aber heute stoße ich auf ein besonderes Ereignis, die Eröffnung des ›Hunger Project‹ zur Förderung der Landwirtschaft in Afrika. Da die Frauen die Landwirtschaft führen, zudem in Burkina in den ›associations‹ schon gut organisiert sind, tanzen nun Hunderte von ihnen in den unterschiedlichsten Stammeskleidungen bunt und laut trillernd um den Platz herum, eine Gruppe junger Männer mit Trommeln, Ballaphon und Tänzern wechselt sich ab mit einer modernen, elektronisch verstärkten Band mit Sängern, die Rhythmen lösen eine ungeheure Fröhlichkeit aus. Rundherum Sitzreihen, die bis auf eine offensichtliche Ehrentribüne von zahlreichen Frauen mit kleinen Kindern aus den Dörfern besetzt sind, im Schatten unter den wenigen Bäumen sitzen Familien und schauen zu. An der Einfahrt zu dem Platz trommeln, singen und tanzen Reihen von Frauen einer ›association‹ aus einem prämiierten Dorf, beziehen mich ein, es ist ein tolles Spektakel. Plötzlich kommt Bewegung in die zweckfreie Fröhlichkeit, die Limousine der amerikanischen Botschaft fährt vor, durch das Tor kommen zuerst gebückt rückwärts hüpfende schwarze Fotografen in schwarzen Anzügen, dann eine weiße Gruppe in weiß, fast alles Frauen. Gejohle hebt an, die weißen Frauen machen überall shake-hands und stoßen kleine Schreie aus, »how d'ye?«, die schwarzen Frauen tanzen wie irre vor Begeisterung, ein Lautsprecher annonciert die Geldgeber und nennt die gespendete Summe, 6 Millionen Dollar, das ist schon etwas. Trillern von allen Seiten, die schwarzen Frauen wollen das Fest mit einem gemeinsamen Tanz einleiten, was wieder höllisch die beiden Bands in Gang setzt. Alle Frauen strömen nun in die Mitte des Platzes und veranstalten einen turbulenten Reigen für die Weißen, stoßen mit kräftigem Hüftschwung die Popos aneinander, schütten sich aus vor Lachen. Die schwarzen Frauen umtanzen die Geldgeber, die aus der Mitte heraus ihre Videocameras auf die Tanzenden richten und sich wie die von Haien umgebenen Taucher im Käfig langsam im Strom drehen. Nach zehn Minuten entschwindet die Limousine der amerikanischen Botschaft, die Frauen tanzen und lachen, nur langsam tritt Ruhe ein, die dann folgenden Reden habe ich mir erspart.

An der gare routière herrscht im Morgengrauen das übliche Chaos bei der Abfahrt. Ich habe als Einzige bis Niamey in der Republik Niger bezahlt, es ist nicht klar, ob der Fahrer wirklich so weit fährt. Er sagt ›pas de problème‹, alle anderen meinen ›niemals‹. Gleichmut, man wird sehen. Wir fahren durch die Dörfer des ›Hunger Project‹ mit vielen kleinen Kirchen, nur wenigen Moscheen, langsam wird die Steppenlandschaft felsig, auf den Dächern der Speicher in den Gehöften liegen die gelben Maiskolben zum Trocknen aus. In Koupela ist Zwangspause, ein Reifen ist geplatzt, auf dem Platz stehen Hinweisschilder zu den Grenzstationen von Benin und Togo, allein die Schilder lösen Visionen aus. Überall hocken Geier auf den Bäumen.
Auf den Dächern um den Marktplatz von Fada N'Gourma sitzen sie einer neben dem anderen, Hunderte. Hier gibt es kaum Wasser, das Brunnenwasser ist trübe, das aus den Kanistern stark gechlort, 53° messe ich auf dem Platz. Mein Chauffeur erklärt kategorisch, er fahre nun nicht mehr weiter. Ein zweiter Fahrer, ein mehr als zwei Meter hoher gewaltiger Körper in wallendem Gewand, kommt auf mich zu, brüllt mich heiser an, ich solle mein Gepäck in seinen Minibus bringen. Der erste Chauffeur hält mich fest und versucht mich zurückzuhalten, zwischen beiden entwickelt sich ein heftiger Streit um das Geld, das für mich bis Niamey gezahlt werden muss, ich versuche mich und mein Gepäck zu retten. Auch um uns auf dem Platz ist alles voller Geier, so schreite ich denn mit äußerster Vorsicht mit spitzen Füßen zwischen ihnen hindurch, das Gepäck über den Kopf gewuchtet, und rette mich in den Minibus. Mein King Kong gewinnt den ungleichen Kampf, es geht um 1000 FCFA, gut 3 DM, die er dem ersten Chauffeur nicht mehr für mich zahlen will. Bei der Abfahrt brüllt er ihm aus dem Seitenfenster zu, er bekomme das Geld nicht, das würde ihn nur noch mehr scheißen lassen.
Die Piste Richtung Republik Niger ist zerstört, zerfahren. Hier liegt ein Minibus, der seine Hinterachse verloren hat, nach tiefer Schleifspur ist er in einem Schlagloch liegengeblieben, dort ein demolierter Allrad, der einen Esel totgefahren hat, 200 Meter lang ist die Blutspur. Große Leguane kreuzen unseren Weg. Neben mir sitzt der Distriktveterinär, wir diskutieren über die Not der hiesi-

gen Landwirtschaft, importierter europäischer Fortschritt in Maschinenform lässt die menschliche Arbeit hier absterben. Issa, dieser riesige Kindskopf mit immer aufgeregter, rau brüllender Stimme, herzensgut, immer um mich besorgt, von einem drastischen Witz, der den Wagen bisweilen vor Lachen schwanken lässt, staunt über unsere Maschinenwelt, »et moi, je n'en sais rien, ni lire, ni écrire«, nichts kann er, nicht lesen, nicht schreiben, haarklein lässt er mich alles erklären. Eigentlich kann er auch nicht Auto fahren, fährt durch all die Schlaglöcher, ächzt, wenn der Wagen hart aufschlägt, wird müde und gähnt, schnupft plötzlich eine Menge ›secret africain‹, ›afrikanisches Geheimnis‹, wird nun wieder ganz übermütig und rotzt stundenlang aus dem Autofenster. Als er mir den Streit mit dem anderen Chauffeur erklärt, sehe ich seine Lage: Mit zwei Fahrtagen ohne Schlaf verdient er 2000 FCFA, etwa 6,50 DM, davon wollte der andere Chauffeur für mich 1000 FCFA einbehalten. Eine Woche muss er von dieser Einnahme leben können. Aber schlau ist er und wortgewandt. Um schnell und mit möglichst geringen Abgaben an Polizei und Zoll vorbeizukommen, packt er mich mit beiden Fäusten, zieht mich vor die Beamten, grinst und benutzt mich als Objekt, das man nicht warten lassen könne: »Ich habe eine Weiße in meinem Wagen!«, und schon geht es weiter.

Fortbewegungen VI

Auf dem Pick-up nach Zinder hocken 17 Menschen, verkrümmt, 14 Stunden lang. Meine Beine hängen über den Rand der Ladefläche etwa 2 Meter über dem Boden in der Luft. Die Hände umklammern einen Stahlstab über der Führerkabine. Mit den Stunden wird gleichgültig, wo der Rucksack geblieben ist. Über mir steht Michel Mossa, er hat versucht, von Agadez aus mit einem Lastwagen nach Libyen, von dort aus weiter nach Italien zu kommen, ist jetzt, mehrfach von Polizei, Zoll und Militär ausgenommen, deprimiert auf dem Rückweg nach Süden. Bei den Linksschwenks des Wagens, in denen ich nach rechts über die Kante ins Leere gedrückt werde, hält mich Michel fest umarmt. Er selbst hat nur das linke Bein auf dem Wagen, das rechte pendelt mit den Stößen über dem Rand der Ladung in der Luft, findet keinen Standplatz mehr. Ich ziehe das Bein zu mir heran, stelle seinen Fuß mit aller Kraft auf meinen Oberschenkel und umfasse sein Knie, so stützen wir uns gegenseitig, viele Stunden lang, die wir mit der höchstmöglichen Geschwindigkeit durch eine im Vollmond bläulich glänzende Wüste fahren.

Nach zahlreichen Kontrollen kommen wir um Mitternacht in Niamey an. Der Gendarme aalt sich auf einem riesigen Messingbett, gibt das Gepäck nicht vor morgen früh frei, also schlafen in all dem Müll auf der 20 cm breiten Pritsche des Minibus. Issa wacht die ganze Nacht über mich, verscheucht alle, die sich dem Wagen nähern. Der Abschied von ihm tut weh.
Viele Hotels in Niamey haben schließen müssen, mir bleibt das kleine ›Hôtel Moustache‹, das auch nur als Bordell überleben kann. Mein Zimmer ist deprimierend, das afrikanische Einheitsblau blättert von den Wänden, es stinkt grauenvoll, da vor dem Fenster im stehenden Wasser des Kanals tote Tiere schwimmen, es gibt keine Bettwäsche. Als ich protestiere, wird mir ein graues Tuch gebracht, man schwört, es sei noch nicht benutzt. Im Innenhof warten schon so früh etwa 20 Männer, ich hänge meine Wäsche zwischen die Reizwäsche der Damen, taxierend schauen die Freier mich an, misstrauisch die Damen, für sie bin ich Konkurrenz, ich kann sie beruhigen. Am Abend ist der Innenhof brechend voll, das Bier fließt, Gejuchze aus allen Zimmern, es hat sich herumgesprochen, dass ich nicht zum Angebot gehöre, mühelos finde ich auch im Dunkeln meine Wäsche wieder heraus, das nächtliche Klopfen an meine Tür stört mich nur kurz.
Niamey ist außerhalb des zentralen Regierungs- und Marktviertels eine Stadt aus sandigen Gassen und Lehmhäusern mit Innenhöfen voller Tiere. Das Elend ist so groß, dass in vielen Vierteln die natürliche afrikanische Fröhlichkeit zu fehlen scheint, die Stadt

strömt Verzweiflung aus wie die Kanäle die Fäulnis. Geschlossen sind Hotels, Restaurants, Unternehmen wie die nationale Luftfahrtgesellschaft, verwaist die großen Plätze, am geschlossenen Kongress-Zentrum hängen ein paar Wahlslogans wie schlaffe Lappen in der Hitze, das Prestigehotel ›Gaweye‹ trägt künstlich Weltläufigkeit zur Schau und demonstriert den Verfall um so stärker. Ähnlich das überaus reichhaltige Nationalmuseum, etliche Pavillons sind geschlossen, da die Angestellten streiken. Sie haben, erzählt mir ein Aufseher, der seine Zeit im Sand unter einem Baum verbringt, seit einem Jahr kein Gehalt bekommen. Er bettelt, um seine 13 Kinder durchzubringen zu können. Zu Füßen der pompösen Staatsbank ist unter schiefen Holzbalken ein kleiner Markt aufgebaut, die Armseligkeit von Waren und Menschen lässt den Atem stocken. Nirgendwo haben die Kinder so verzweifelt gebettelt, zu verkaufen versucht wie hier, Prostitution ist eines der Überlebensmittel.

Durch die Stadt fahren Wagen, die mit Megaphonen Parolen für die erste demokratische Wahl eines Staatspräsidenten ausgeben. Als ich am Rathaus vorbeikomme, in dem morgen das Hauptwahllokal eröffnet wird, bringen mich Soldaten zum Bürgermeister, der mich fragt, ob ich nicht Wahlbeobachterin sein wolle, sie hätten noch nicht genügend Offizielle, ich solle um 9 Uhr beim Wahlleiter erscheinen.

Am Straßenrand in meinem Viertel arbeitet eine kleine Koranschule, unter einem Baum ist im Sand eine Tafel mit dem Alphabet aufgestellt, davor hocken etwa 20 Kinder, monoton deklamierend, um sie herum kreist ein Wächter, er knallt mit einer eisenbewehrten Lederpeitsche in die Luft, wenn die Kinder durch das Geschehen auf der Straße abgelenkt sind. Eine Gruppe von Jungen begleitet mich zum Grand Marché, sie haben frei, beklagen ihr Leid über die hohen Schulkosten. Sie arbeiten in all ihrer Freizeit auf dem Markt, um das Geld für Hefte, Stifte und Kleidung zu verdienen. Mahmoud ist stolz, einmal hat er 1000 FCFA an einem Tag verdient, da hat er sich ein gebrauchtes, aber heiles Hemd kaufen können. Neben meinem ›Hôtel Moustache‹ gibt es im Viertel in einer Blechhütte eine einfache Garküche, hier trifft man sich, und so streite ich mich wieder einmal mit Theologie-Studen-

ten der hiesigen Universität über das Verhältnis von Glauben und Wissenschaft, die Umstehenden aus dem Viertel hören aufmerksam zu, das hat es in dieser Bude noch nicht gegeben.
An der Bar des ›Moustache‹ wird das ›Bière du Niger‹ ausgeschenkt, längst gehöre ich dazu. Einige intelligente, witzige Mittdreißiger erläutern mir die politische Situation des Landes aus ihrer Sicht, die Damen fallen ein, erzählen selbstbewusst, wie sie in diese Lage im Hotel gekommen sind. Morgen werde ich vor dem amtierenden Staatspräsidenten stehen – welchen Satz könnte ich ihm sagen? Wir spinnen diese Situation aus, die Männer beauftragen mich, ihn zu fragen, ob er an diese Wahlen glaube, er könne natürlich nur bejahen, und dann könne man ihn später darauf festnageln. Natürlich werde diese Frage aus dem Fernsehinterview herausgeschnitten, wenn man dann nur noch ein ›ja‹ höre, dann käme das von meiner Frage, die Männer wiehern vor Lachen, eine der Damen schenkt mir ihr Kleid. In der Nacht höre ich auf Radio France International, dass die Grenzen wegen der Wahlen für drei Tage geschlossen sind.
Punkt 9 Uhr bin ich also im ›Hôtel de Ville‹, bekomme eine offizielle Anstecknadel und beobachte. An den Wänden hängen Plakate, die detailliert mit Fußstapfen den Wahlvorgang für Männer und Frauen in getrennten Schlangen darstellen. Anwesend alle Kandidaten, der Staatspräsident, die meisten Minister, etliche Frauen in hohen Positionen lächeln mir huldvoll zu, unbeschränkt darf ich fotografieren. Die Bemühung um Korrektheit ist deutlich, nach Abschluss des Wahlvorgangs wird jedem Wähler der linke Daumen in lila Tinte getaucht, und da schon kurz nach 9 Uhr alle Kleenex verbraucht sind, laufen die Wähler aller Volksgruppen, erkennbar an den Farben ihrer Kleidung, mit tropfenden Händen hinaus. Die Militärs sind von ausgesuchter Höflichkeit, im Gegensatz zu den Straßenposten, die bei ihrem Schichtwechsel mittags in einem alten VW-Bus mit Hamburger Nummer davonfahren. Nach Schließung der Wahllokale beim Bier in der Bar des Bordells herrscht gedämpfter Optimismus, vielleicht ändert sich ja doch etwas ...
Meterhoch wird der Bus nach Agadez an der zentralen Station Wadata bepackt, also warten. Wadata ist ein Kosmos, den viele

Menschen nie verlassen, hier wird geboren, gelitten und gestorben, unter den zahllosen Kleinhändlern auf Matten geschlafen, an den Wasserstellen waschen die Menschen sich und ihre Wäsche, trinken, hier wird geschlachtet und gekocht, es gibt nur eine Toilette. Alles wird hier verkauft, Sporthemden von ›abibas‹ wie Uhren von ›Rollexe‹, hier treffe ich auch Issa und seine Mannschaft wieder. Wegen der geschlossenen Grenzen hat er noch nicht zurückfahren können, hat keine Einnahmen. Bei der Abfahrt steht er am Tor und winkt, und dann geht es fast 1000 km durch den Sahel nach Norden.

Heiß ist es, die Buckelrinder stehen einzeln unter den Bäumen, an den Wasserstellen sammeln sich die Herden zum Trinken. Dosso, Dogondoutchi, Birnin Konni, Tahoua, den ganzen Tag, die ganze Nacht, ungezählt die Militärkontrollen, unwürdig ihr Verhalten, die Gepäckkontrollen, nur bei mir wagen sie keine Leibesvisitation. Sie fordern Bestechungsgelder in willkürlicher Höhe, widerspricht jemand, erhöhen sie die Forderung, »Diebe!«, zischt mir jemand zu. Morgens in Tahoua ist die Einspritzpumpe kaputt, einige Kilometer später bleibt das Gefährt ganz liegen, also umsteigen in einen vorbeikommenden Kleinbus, in dem schon viele Leute sitzen. Die Enge ist quälend.

Die Landschaft reduziert sich, nur noch vereinzelte Grasbüschel, dann nichts mehr, Sand und Dünen. Obwohl ihre Papiere in Ordnung sind, müssen die jungen Männer hinter Tahoua bezahlen, sie sind der Verzweiflung nahe, alle wollen mit Lastwagen nach Algerien und Libyen weiter, um Arbeit zu finden. Diese Transporte werden von Militär begleitet, die Jungs müssen genug Geld übrig behalten, um den Konvoi zu bezahlen. Die Soldaten sind meist erschrocken, mich zu sehen, in meiner Gegenwart nehmen sie sich noch zusammen. Die Jungs werden beschuldigt, gefälschte Pässe zu benutzen, zahlen zwischen 1000 und 3000 FCFA, so dass ein Kontrollpunkt pro Fuhre leicht 50000 FCFA einnimmt, alle Gendarmen und Zöllner fahren eigene Autos. Ein junger Mann wird geschlagen, die übrigen, gedemütigt, sehen kaum noch eine Chance, bis zur libyschen Grenze zu kommen. Eineinhalb Stunden, um zwanzig Leute auszupressen. Große Solidarität herrscht im Bus, jeder hat seinen Traum vor Augen, der Geographie-Student aus The Gambia, der jedes Mal neu erschütterte Ben, der völlig verzweifelte Flüchtling aus Sierra Leone, der pfiffige Lebenskünstler aus Liberia, der einmal nicht bezahlen musste, weil er sich verstecken konnte, alle bereit, die Strapazen zu teilen. Dazwischen der Senegalese aus Dakar, dem man in Burkina alle Kleidung geklaut hat, grundlos hat er drei Tage im Gefängnis gesessen, ein lieber ›tumber tor‹, der mir seine Dokumente zur Aufbewahrung anvertraut, in Agadez nur noch 65 Pfennig besitzt für seine Vision vom Mittelmeer.

Im Wagen sitzt neben mir Fanta, fünf Jahre alt, mit ihrer Mutter, hochschwanger, malariakrank, in jeder Pause sinkt sie in den Sand, versucht im Fieber zu schlafen. Fanta bleibt bei mir, steht vor mir in all dem engen Müll des Wagens, zeichnet mit meinem Stift ihre Träume in mein Heft, schaut mich unverwandt an. Zwei Tage und zwei Nächte sind wir so zusammen, sie lächelt, legt ihre Hände in meine, schließt die Augen, legt ihren Kopf auf meinen Schoß, schläft, draußen die Wüste, die sich im Mondlicht auf ihren Kern zu reduzieren scheint, eine glatte Ebene in kühlem Blau, darüber Orion wie ein Tor zum Himmel. Schon aus großer Entfernung sieht man ein entgegenkommendes Fahrzeug, wie ein Film läuft die Annäherung ab, der Fahrer versucht durch Lichtsignale die Breite des Fahrzeugs auf der Piste abzuschätzen, ein vermutetes Motorrad stellt sich als langer, breiter Lastwagen heraus, wir werden in den Sand abgedrängt.

An der letzten Militärstation vor Agadez wird mein Pass einbehalten, nimmt man einigen Jungs schließlich alles, deprimiert holen sie ihr bisschen Gepäck vom Dach des Wagens, es bleibt ihnen nichts mehr um weiterzukommen, nichts zu essen. Die Polizei wird sie einige Tage festhalten und dann zurückschicken, sagt mir der Lehrer. Beim Verlassen des Busses in Agadez zerfällt der Stoff meiner Hose zu Staub, zerbröselt vom heißen, sandigen Wind, schnell schlinge ich mir eines der großen Tücher um. Fassungslos steht Fanta in der Wagentür, will mit mir gehen, ich fliehe ins Dunkel.

In einer wunderbaren alten Karawanserei bin ich gelandet, betreut von einem betagten Targi. Agadez, ockerfarben im Morgenlicht, rotleuchtend am Nachmittag, die Stadt aus Lehm gebaut – eines meiner wesentlichen Ziele ist erreicht. Hier kann ich nach der Mühe des Weges eintauchen, gehe mit dem Hirten, der mir das Flötenspiel beibringt, zu seinen Herden, als ich das Land verlasse, schenkt er mir seine alte Flöte; ich wohne bei den Tuareg-Schmieden, die die Kreuze von Agadez aus Silber herstellen, entdecke die mission catholique, ganz aus Lehm gebaut, mit den Kirchenfenstern aus der während des Unabhängigkeitskrieges verlassenen Kathedrale von Algier, den großen Palast des Sultans, die vielen Moscheen, laufen laufen laufen.

Im Tuareg-Viertel außerhalb der Stadt in der Wüste, wo sich die Nomaden aus dem Aïr niedergelassen haben, kommt heute die Karawane aus Bilma an, 21 Tage Marsch ohne Wasser für die Kamele, die nun auf dem Hauptplatz liegen, ruhen, unter den Augen die Brandzeichen. Ein großer Markt findet in dieser Zeit statt, die Peul Bororo haben ihre Buckelrinder hierher getrieben, die Karawane hat ihre Salzlast abgeladen, die Laibe und Kegel für Mensch und Tier, von den Feldern um Agadez wird der Tabak gebracht. Alle sechs Monate kommen die Nomaden auf der alten Karawanenstraße von Iferouane geritten, um sich mit Tabak, Tee und Natron zu versorgen. Der Targi Abdullah und sein Sohn Mohammed haben einen Allrad-Jeep. Sie können uns, zwei junge Spanier, zwei Österreicher und mich, ins Aïr mitnehmen, und so fahren wir nach einigen Tagen mit kleinem Gepäck in die brousse Richtung Assodé, die Ruinen der Hauptstadt des alten Tuaregreiches.

Nach der Ausfahrt aus Agadez wird die Piste schmal und sehr schwierig, bald tritt aus dem Gebüsch ein Gendarmerieposten vor den Wagen und verlangt eine enorme Wegegebühr. Alle von nun an entgegenkommenden Fahrzeuge werden mit dem Ruf ›ahendi‹ gewarnt, ›er ist da!‹ Wir tauchen ein in eine schroffe, karge, bisweilen völlig leblose urzeitliche Landschaft mit schwarzem Geröll, vereinzelten Akazien, kleinen Karawanen, die Herden mit sich führen, Frauen auf Eseln, Tuareg der Kel Aïr, Ewey und Iferouane, Peul vom Stamme der Bororo. In einem Kori, einem trockenen Flussbett hinter el-Meki, graben wir an der Außenkurve, in einem Meter Tiefe steht das kühle Wasser, das wir durch ein Tuch filtern. Wo immer wir uns zur Nacht niederlassen, mühselig in der

Umgebung Holz sammeln für das Feuer, die Matten im Sand ausbreiten und kochen, erscheinen aus dem Nichts der nächtlichen Einsamkeit Gestalten, setzen sich zu uns, essen mit uns. Der Marabou bekommt meinen Kautabak und das Natron, eine junge Frau bringt uns Honig. Eiskalt sind die Vollmondnächte, bis 63° heiß die Tage.

Die Oase Timia ist ein Paradies mit einem Wasserfall von einer Felsenquelle, mit Gärten von Granatäpfeln, Orangen, Pampelmusen, Zitronen, Bananen und Datteln. Einen Schlag in diesen Garten Eden versetzt das französische Fort des General Massu von 1952, sich selbst zum Denkmal gesetzt. Auf den schwierigen Strecken platzen ständig die Reifen, also flicken, mit einer kleinen Fußpumpe aufpumpen. Abdullah ist schon ein Stadt-Targi, der feineren Tee trinkt und Tabak nicht mehr kaut, ganz anders die Tuareg der brousse, denen wir begegnen, sie sind roh und wild, bisweilen, da wir uns auf ihrem Gebiet befinden, fordernde Wegelagerer.

Die Piste ist eng, sehr schwer zu fahren, mannshoch stehen die trockenen Gräser. Um die Ruinen der alten Hauptstadt herum liegen zahlreiche Steingräber. In der Oase Tafadek gibt es eine 80° heiße Quelle, die in einen See mündet. Wir dürfen nicht schwimmen gehen, hier müssen Schlangen sein, es hat schon Tote gegeben. Bororo-Frauen sitzen im heißen Wasser und pflegen ihre rheumatischen Gelenke. In Tchighozérine lädt uns Abdullah in seine große Familie ein, sie wohnt schon in einem festen Lehmbau, doch steht das Zelt immer aufgebaut im Hof. Als wir nach einigen Tagen in großem Bogen Richtung Agadez zurückfahren, tönt aus einem entgegenkommenden Wagen der Ruf ›ahendi‹, also biegen wir von der Piste ab und weichen in die brousse aus, kehren so durch die Felder in die Stadt zurück und haben den gierigen Gendarmerieposten umfahren.

Am nächtlichen Markt gibt es ein Lokal, von einer Mauer umgeben, da öffentlicher Alkoholgenuss nicht erlaubt ist. Um ein frisches Bier zu trinken, gehe ich hinein, bereue sofort. Innen lauter betrunkene Soldaten in Uniform mit ihren Waffen, ein Targi torkelt auf mich zu, hält mich fest, versperrt den Ausgang, daneben entwickelt sich unter einigen Jungs aus Ghana eine Messersteche-

rei. Das Barmädchen rettet mich hinter den Tresen, lotst mich hinaus, vor dem Tor sammeln sich weitere Männer aus Ghana, die seit Wochen auf einen Lastwagen Richtung Libyen warten.
Die Freunde wollen wie ich durch die große Wüste nach Süden, nach Zinder, um von dort aus irgendwie an den Tchad-See zu kommen, also brechen wir gemeinsam auf. Am Nachmittag gibt es genug Fahrgäste, 17 Personen auf 1,50 x 1,20 m Fläche über dem ganzen Gepäck, wer außen sitzt, riskiert herabzufallen, wer innen sitzt, wird erdrückt. Mit uns fahren auch Alexander, polyglott, er hat mal in einer Baumschule in Norddeutschland gearbeitet, und Delong, beide aus Ghana, sie wollen zurück nach Zinder, ein wenig Geld verdienen, um ein zweites Mal den Weg nach Libyen zu versuchen. Alexander will mir eine Freude machen und singt stundenlang die deutsche Nationalhymne, Delong hat schon alle Enttäuschungen hinter sich, fragt ständig mit großen Augen, »how the hell this could be«. Michel, ein Tuareg-Rebell, in Libyen an den Waffen ausgebildet, erzählt mir, unser Fahrzeug sei ein Rebellenfahrzeug, er weiß genau, welcher der Zöllner und Soldaten zu den Rebellen gehört. Die alte Frau hinter mir kann ihren Körper auf der Ladefläche nicht unterbringen, bohrt ihre Knie in meinen Rücken. Sie hat nichts, ich versorge sie mit Wasser und Essen, hebe sie vom Wagen, in der Nacht ist sie dankbar für meinen Pullover.
Dreimal platzen Reifen, flicken, montieren, aufpumpen mit einer Fußpumpe, an der wir uns abwechseln, jedesmal eine Stunde Aufenthalt, wir liegen erschöpft auf der Piste, die Augen in den Sternen, die plötzlich anfangen zu kreisen. Noch ist fast Vollmond, gespenstisch sind die feinen Geräusche der Umgebung, überall huschen Springmäuse, Fenneks, ockerfarbene Hasen. Wir teilen all unser Essen, hindern uns gegenseitig am Einschlafen, um nicht zu fallen. Wir alle haben geschwollene, entzündete Augenlider, aufgeplatzte Lippen, Staubhusten. Völlig erschöpft finden wir bei der Ankunft eine Herberge im alten Haussa-Viertel.
In Zinder sind keine Fremden, in den Zimmern des Vier-Sterne-Hotels ›Damagaram‹, Haussa-Name für Zinder, stehen Sanddünen, die Haussa-Viertel mit den typischen Schmuckfassaden sind dagegen überaus lebendig, das alte Nomadenviertel Zendou hat

zahlreiche kleine Moscheen und Koranschulen. Die Kinder schreiben, an die Mauer der Moschee gelehnt, im Sand ihre Hausaufgaben auf die Holztafeln, Willkommensrufe von allen Seiten, »sanou, sanou!« Ein Jugendlicher nimmt mich hinten auf seiner mobylette über die Berge mit nach Birni, Kern des alten Damagaram der Haussa. In der großen Moschee beginnt das Freitagsgebet, aus allen Gassen strömen die Menschen, festlich gekleidet, die Matten und Gebetsteppiche unter dem Arm, still und freundlich grüßend. Neben dem Haupttor sitzen in Reihen nach Mekka ausgerichtet die in bunte Tücher gehüllten Frauen und winken mir zu, sie dürfen die Moschee nicht betreten, alle freuen sich über meine paar Brocken in ihrer Sprache. Vor dem Versammlungshaus der Männer meint ein Alter, ohne Geldgeschenk dürfe ich nicht weiter in die Lehmviertel eindringen. Ich leere meine Taschen und fördere ein Tuch und einen Schlüssel zutage, über diese Reaktion lachen auch die Würdenträger in ihrem Festtagsgewand, grüßen respektvoll und lassen mich ziehen. Auf dem Markt erzählt man mir, die Fahrt nach N'Djaména im Tchad werde hart, eine Woche für die Strecke, ohne Versorgungsmöglichkeiten. Schrecklich sind die Nachrichten aus Sierra Leone, von der Elfenbeinküste, aus Nigeria.

Am frühen Morgen mache ich mich mit meinen beiden Rucksäcken auf zur auto-gare Richtung Diffa, ein langer staubiger Weg. Als ich ankomme, meint der patron, niemals könne er das durch die ganze Stadt tragen, wir Weißen seien einfach stärker, holt ein Päckchen Gauloises heraus und raucht. In der Tat würde er damit wohl nicht viel tragen können, meine ich, und mache eine abfällige Handbewegung, tiefes, gutmütiges Lachen unter den Männern, ich kann bei ihnen bleiben. Zinder auto-gare, auch das ist eine Welt: Ich habe Muße, die Tuareg zu beobachten, die sich, ohne jeden Sous in der Tasche, nicht einmal einen Tee können sie sich leisten, von den zahllosen halbwüchsigen Händlern alle Duftwässerchen vorführen lassen, um sie dann verächtlich wegzuschicken; die Mütter mit den Kindern an der Brust, die in Kalebassen Hirsebrei vorbereiten; die Jugendlichen mit der Salatküche, als ich einen Salat bestelle, sammeln sich die Kinder um mich herum, warten auf das, was ich übriglasse; die alten Haussa, die mich über Stunden mit der Geschichte ihres Landes und ihrer Familien unterhalten; die Männer, die jedem ungefragt die Sandalen ausziehen, die Fußnägel schneiden und feilen auf diesem staubigen Platz. Wie alle hocke ich mich zum Pinkeln hin, niemand nimmt Notiz. Wo die Menschen ankommen, lassen sie sich nieder und schlafen, ich studiere ihre Gesichtsnarben, vom Mundwinkel ausgehend sieben Strahlen über die Wangen, dann Striche im rechten Winkel bis zur Stirn.

Am Nachmittag gibt es einen Wagen nach Diffa. Ich muss auf den hinteren Notsitz, der ist kaputt, hängt schräg nach unten, ist viel zu schmal und hat zwei offene Eisenspitzen, zudem blockiert eine durchgehende Eisenstange meinen rechten Arm, ein Mann sitzt noch halb auf diesem Sitz. Ich kann mich nicht bewegen und bekomme Platzangst. In der Nacht stecken wir mehrfach im Sand fest, alle 50 m müssen wir das Fahrzeug schieben, die Nacht ist hart und schön, trotz der Schinderei lachen alle. Um 2 Uhr früh kommen wir in Diffa an, der Platz ist ein vor sich hin brennender Müllhaufen, Kinder begrüßen uns und bereiten uns ein Essen. Diffa ist Grenzstation nach Nigeria, gegen Morgen hört man Schüsse ganz in der Nähe. Am Wasserhahn der Gendarmeriestation wasche ich mich und fasse 4 l Wasser für die Weiterreise.

Die Fahrt nach Nguigmi geht vorbei an Hirse- und Erdnussfeldern, statt der Esel sind hier die Rinder Zug-, Arbeits- und Reittiere. In den Dörfern treffen wir Kanuri-Frauen mit dem großen goldenen Nasenring, Bororo-Nomaden, das Gesicht mit Puder rot gefärbt. Die Landschaft wird karger, dann nur noch Wüste mit großen Dünen, neben mir sitzt ein schweigsamer junger Mann in gelbem Anzug, al-haj ‘Ali. In Nguigmi, der weißen Grenzstadt in dem sehr hellen Sand, begrüßt mich die Polizei mit Eiswasser und Handschlag. Ich darf in den Mauern der Gendarmeriestation bleiben, man will auf einen Lastwagen Richtung Tchad achten und ihn für mich festhalten.

In der Station sitzt Kato aus Kyoto, 20 Jahre alt. Er ist durch die Hölle von Bilma über den Erg nach Nguigmi gekommen, neun Tage Lastwagen. Wie unter Schock erzählt er von einem Alptraum, der Zerstörung aller Hoffnungen für die Jungs, die an der libyschen Grenze zurückgewiesen worden sind, keinerlei Res-

sourcen mehr hatten, erzählt von Wasserdiebstahl und Messerattacken, vom Hunger der Gescheiterten, neun Tage für 450 km. Heute kommt hier kein Lastwagen mehr vorbei, wir können in der Gendarmeriestation schlafen. Ich lege mich auf die Matte in den Sand neben die mit Steinen angedeutete Moschee, fühle mich behütet in diesem ›1000-Sterne‹-Hotel.
Um 5 Uhr früh weckt uns das Trompetensignal der benachbarten Armee-Einheit, dann traben, Parolen ausstoßend, Truppenteile durch die Wüstenstadt, es fehlt nur John Wayne. Kato, al-haj 'Ali und ich warten auf einen Lastwagen. 'Ali aus Abidjan, fast taub und daher sehr undeutlich sprechend, ist ein ›haj‹ auf dem Wege nach Mekka mit seinem gelben Anzug und seiner Plastiktüte mit Wäsche, er hängt sich an mich, weil ich mich bemühe ihn zu verstehen, anderen sein Problem klarmache, so dass jeder ihn tatsächlich anschreit. Er hat kein Geld, keinen Pass, wie will er bis Mekka kommen mit seinem Gang wie Charlie Chaplin, schwarze Haut, gelber Anzug, Plastiktüte, intensiver Blick, um Worte vom Munde ablesen zu können ...
Gegen Mittag soll der Pick-up eines Händlers nach Mao fahren, wir handeln einen Preis aus. Aus allen Gassen des Marktes strömen nun Reisende, stürmen die Ladefläche, wie immer ziehe ich den Kürzeren, habe wieder einen unsicheren Außenplatz, drei Stunden müssen wir in sengender Sonne auf die Abfahrt warten. Die Piste ist sehr schmal mit tiefem, weichem Sand, die Helfer werfen in vollem Lauf die Bleche unter die Reifen, fangen sie hinten wieder auf, rennen in der Hitze keuchend vor und legen sie im rechten Moment wieder unter die Vorderreifen. Einige Männer auf dem Wagen sind ungeheuer brutal. Ein verrückter Alter schlägt mich, versucht mich in der Nacht vom Wagen zu stoßen, packt plötzlich meinen Kopf und versucht mein Genick zu verdrehen. Ich kann nicht zurückschlagen, da ich tiefer sitze als er, all mein schweinisches deutsches Vokabular schreie ich ihm ins Gesicht, niemand hilft mir. Wie die Tiere verteidigen wir unseren Platz beim Ausstrecken der schmerzenden Glieder. In völlig verkrampfter Stellung verletzen wir uns bei den Stößen des Wagens auf schlechter Piste, Gepäck geht im Dunkeln verloren. Neben dem irren Alten sitzt sein Sohn, den Kopf gesenkt, Tag und Nacht

ohne Nahrung vor sich hinstierend, Beine und Arme sind vor seinem Körper mit einer Eisenkette zusammengezwungen, niemand weiß, wohin der Vater ihn bringt.
In der Nacht kann ich nicht mehr, ohne Kato, der an der hinteren Ladekante sitzt, hätte ich mich fallenlassen. Als ihm der dornige Zweig einer Akazie das Augenlid aufreißt, höre ich ihn weinen, einer seiner Rucksäcke ist verloren, so wische ich meine Tränen ab und nehme ihn in den Arm. Wie tot schlafen wir drei Stunden im Sand an der Grenzstation, dann geht es weiter. In einem Dorf hinter der Grenze steigen einige aus, ich kann nun sitzen, muss mich mit aller Kraft gegen den Absturz auf der holprigen Piste abstützen, alles schmerzt. Als ich wirklich nicht mehr kann, erreichen wir Mao, den Sitz des Sultans des alten Reiches Kanem. Ich bin unfähig abzusteigen, falle und bleibe im Sand liegen, es ist mir gleichgültig, wo mein Gepäck geblieben ist, die Glieder zittern, auf dem Gesicht hat sich eine Sandkruste gebildet, Sand im Mund, Durst.

Fortbewegungen VII

Im Grand Marché von N'Djaména zieht sich ein Mann mit Topflappen an den Händen scharrend vorwärts. Sein von einer Mine zerrissener beinloser knochiger Körper steckt in einer kleinen, am Rand eingerissenen roten Plastikwanne, Schweiß steht ihm auf der Stirn. In der Gasse hockende Gemüsehändler halten ihm einen Becher Wasser hin, er streift die Topflappen ab, stützt den schlaffen Rücken an der Wannenwand ab, legt den Kopf in den Nacken, trinkt und lacht mit den Männern.

Der Gendarme von Mao rüttelt mich an der Schulter: »Warte, ich werde den Priester holen«, und so bringt mich Anta, meinen Rucksack auf dem Rücken, durch die strahlend weiße Wüstenstadt aus Lehm hinunter zur Oase in die kleine mission catholi-

que, wo ich auf dem festgestampften Lehmboden schlafen kann. Er lädt mich zum Essen in seine Familie ein, die Schwestern haben die große boule de mil, die Hirsekugel in Hammelsauce, vorbereitet. In der Gebetsstunde für Allerseelen stellt Anta mich der Gemeinde vor, Trommelrhythmen dringen aus der Kirche, vor der Tür läuft der Generator für die Lampe über dem kleinen Altar, einem Grundschultisch. Ich werde begrüßt und in die Mitte genommen, alles strahlt mich an, beschließt, für mich in den nächsten Tagen Essen zu kochen. Überall im Ort kennt man meinen Namen, »Komm herein zu uns!«, ich gehöre jetzt zur ›grande famille‹, meint eine maman. Durch die trockenen oueds kommen hochbeladene Kamele und Esel zum morgigen Markt, nur einige übelriechende Wasserstellen sind geblieben, an einer formt man den Lehm für den Hausbau. Alle Stämme der Umgebung haben ihre Erzeugnisse gebracht, Datteln, getrocknete Gemüse, Gewürze, Bananen. Im Hof der Karawanserei des haj Ahta Saïd Al-Nadifa sitzen die Männer auf Matten um riesige Fleischplatten mit Nudeln herum und nehmen sich mit den Fingern ihren Teil, verhandeln ihre Geschäfte. Schmiede schleifen Schwerter und lange Messer, Schnitzer fertigen die Kamelsättel, aus den Fellen werden Taschen genäht, alle wollen ein Schwätzchen mit mir halten, die Frauen schenken mir Datteln. Am Abend klatscht es vor meiner Tür, ein Mädchen bringt auf einem Tablett ein Hühnchen mit Nudeln, ich bin so dankbar und teile mit Justin und Goua, die hier leben dürfen, um sich auf die Universität vorzubereiten.
Nur mit Mühe bekomme ich meinen Pass von der Sécurité zurück, erwische den letzten Platz in einem Landrover nach N'Djaména, al-haj 'Ali und Kato wollen mit einem Lastwagen nachkommen, ich sehe sie nicht wieder. Den ganzen Tag geht die Fahrt durch Wüstenlandschaft mit hohen Gräsern, Schirmakazien, leichten Dünen, vereinzelten Restgewässern des austrocknenden Tchad-Sees, hier halten wir zum Gebet. In Massaguet beginnt die Zivilisation, eine Fahrbahndecke wird hergestellt, es gibt kalte Cola am Markt, penible Kontrollen durch sehr junge Polizisten in Zivil, die die Wagen nach Rebellen aus dem Norden absuchen. Abends in N'Djaména in einem richtigen kleinen Hotel duschen,

Wäsche waschen, duschen, essen, duschen, Radio RFI, auch der Kopf ist ausgetrocknet, in einem großen weichen Bett schlafen.
Auf dem Weg zur Sécurité zwecks Anmeldung erfolgt die erste Verhaftung in diesem Land. Vor der amerikanischen Botschaft habe ich einen kopierten Stadtplan studiert, die Soldaten stürzen mit den Gewehren über die Straße auf mich zu, packen mich rüde, verdrehen mir die Arme, nehmen mir Gepäck und Papiere ab, halten mich in der Wachstube fest, beschimpfen mich als Spionin. Als ich mich verteidige, bemerke, dass gerade neben uns gar ein Mann die USA beleidigt, indem er an die Mauer der Botschaft pinkelt, deklarieren sie dies als einen Akt der Natur. Nach einer Stunde kommt der amerikanische Security Officer, erklärt mit vollendeter Höflichkeit das Sicherheitsbedürfnis seines Landes, ich profitiere von der Situation und erkundige mich nach der Lage im Sudan.
Geldwechsel im Tchad ist schwierig, ich muss Reserven zurückhalten, kann mir ein Hotel nicht mehr leisten, mache mich also mit allem Gepäck durch die ganze Stadt auf zum ›Novotel‹, von dem es heißt, es erlaube das Zelten in seinem Garten. Allen im Foyer der Reichen und Schönen ist meine Anfrage unangenehm. Mir ist schon lange nichts mehr peinlich, und so stelle ich also für den Gegenwert einer im Hotel einzunehmenden Mahlzeit pro Tag mein Moskitozelt unter Bäumen dicht am Ufer des Chari hinter Schwimmbad und Tennisplätzen auf und benutze den Durchgang für Dienstboten. Wie die Einheimischen hebe ich neben dem Tennisplatz achtlos fortgeworfene halbvolle Mineralwasserflaschen auf und sammele den Inhalt. Im Restaurant reicht mein Geld gerade für einen kleinen Salat, ich packe den Rest Brot ein, sehe an anderen Tischen Menschen in riesigen Mahlzeiten stochern, die Hälfte wird wieder abgetragen, ich möchte mich hinter die Stühle der Gäste stellen und warten, bis sie fertig sind, um dann die Reste zu essen.
Laufen laufen laufen über die großen Märkte der Stadt, als ich mir auf dem marché du mil, dem Hirsemarkt, ein soeben erworbenes gris-gris umhänge, gibt es fröhliches Gelächter, ich habe ein Amulett für die Wahrung männlicher Potenz erwischt. Am Rande des Schwimmbads im Novotel fühle ich mich deplaziert, halte

mich an die schwarzen ›Damen‹, angestellt, den weißen Männern die Nächte zu versüßen.
Da es keinerlei Verkehrsverbindung in den Norden des Landes gibt, will ich versuchen, mit einem der Transportflugzeuge der französischen Luftwaffe nach Faya-Largeaux zu kommen und laufe zur Militärbasis der ›Mission Epervier‹, um nach der Genehmigungsprozedur zu fragen. Der freundliche Armeeposten lässt mich am Schlagbaum auf Abdallah warten, der Gendarmerieposten kommt dazu, sieht sich umgangen, winkt mich in die Gendarmerie. Er ist betrunken, streitet mit dem Armeeposten, der ihm auf arabisch bedeutet, dass er hier nicht zuständig sei, wird wütend und wirft ihn aus der Gendarmerie heraus. In seiner Erregung erklärt er mich für illegal eingedrungen und hält mich in der Amtsstube fest. Diese besteht aus einem Büro mit Nebenraum, in diesem Nebenraum eine Schlafstelle, ein hochbeiniges Eisenbett, verrostet, davor verdreckte, verknickte Uniformstiefel und eine emaillierte Wasserkanne voller pockiger Rostflecken, die Wände im afrikanischen Einheitsblau, narbig ist der Putz abgeblättert, darunter Schimmelflecken, plötzlich der Eindruck, zu einer überragenden »Woyzeck«-Inszenierung zu gehören. Der nach Fusel stinkende Uniformierte versucht mich durch angestrengtes Blinzeln zu fixieren, er versteht nichts von dem, was ich sage, ist zu betrunken, zu dumm, als dass ihm jetzt sinnvolle Fragen einfielen, das Gewehr lehnt neben ihm am verkratzten Schreibtisch, also immer dasselbe, wer ich sei, was ich hier wolle. Unangenehm ist, dass ich meinen Pass nicht dabei habe, gebe meinen Studentenausweis als carte d'identité aus und rede das Blaue vom Himmel, misstrauisch beäugt er mich mit schrägem Kopf. Mich rettet der junge Armeeposten, der schimpfend in das Büro eindringt und mich am Arm aus dem Gebäude zerrt, Woyzeck behält den Studentenausweis. Alle paar Minuten landet eine französische Militärmaschine, der Armeeposten entwendet dem Gendarmerieposten den Ausweis, nun kommt auch Abdallah auf einem Motorrad angefahren und erklärt mir, ich müsse eine Genehmigung von der Militärabteilung der französischen Botschaft einholen.
Der Gärtner des ›Novotel‹ leiht mir sein Fahrrad, ich möchte in ein Töpferdorf außerhalb der Stadt, finde die Piste durch die

Elendsviertel. Kinderscharen folgen mir, bewerfen mich mit Steinen, versuchen mich festzuhalten, den Inhalt meiner Taschen zu klauen. Ich kann mich nur retten, indem ich fest antrete und Kinder hinter mir her schleife, die endlich ablassen. Verbrannt und verdurstet fahre ich durch die schlammverkrusteten Brachfelder voller brennender Müllhaufen zwischen den Hütten zurück. In einer Furche neben mir liegt eine tote Kuh auf dem Rücken, durch die Faulgase zum Platzen aufgedunsen, die Beine abgespreizt, dunkel vor dem weißlich schimmelnden Bauch sind die Zitzen obszön gereckt. Rundherum tollen Kinder mit einem aus Lumpen gerollten Ball.

Um die avenue du Général de Gaulle herum mit ihren schönen Geschäften und teuren Restaurants liegen wie eitrige Wunden die großen Kinos der Stadt, das ›Vox‹, das ›Sélect‹, das ›Etoile‹, das ›Normandie‹, zerbombt, die Trümmer sind nicht geräumt, Ziegen fressen im Müll, die Fassaden zeigen zahlreiche Einschusslöcher von Panzergeschossen. Hierher hatten sich in der Zeit der Rebellion die Menschen geflüchtet, durch die Straßen getrieben von Panzereinheiten, hier wurden sie erschossen, man erzählt mir von 20000 Toten. Der Platz ist sich treu geblieben, ein riesiges Aufmarschgelände, Kasernen rundherum, hinter den Mauern stehen auch jetzt die Panzer in Bereitschaft. Vor den Regierungsgebäuden gegenüber muss man die Straßenseite wechseln, dazwischen das Grab des Général Lamy, das Denkmal für Eboué und Leclerc, gigantisch mahnend auf dem sandigen Platz die Kathedrale, Fotografieren verboten. In der Nacht starten stundenlang Militärmaschinen von der nahegelegenen Basis, nach Norden, wie mir der Gärtner erzählt, es gebe wieder Aufstände.

Im Norden N'Djaménas liegt die gare routière der elenden Vorstadt Diguel, wo ich einen Wagen Richtung Abéché finde, der in einigen Stunden abfahren soll. Im Gespräch bittet mich ein Mann mit auffallend feinen Gesichtszügen, mir einige Fragen stellen zu dürfen: Warum die Europäer immer sagten, die Afrikaner seien große Kinder, wieso der Tchad 1.300.000 m^2 enthalte, wo doch zwischen N'Djaména und Abré an der sudanesischen Grenze nur etwas über 1000 km seien, warum wir in unserer Sprache für alles so viele Synonyme hätten, das Tchad-Arabische habe das nicht,

darum sei alles so schwierig. Die beiden letzten Fragen kann ich gut beantworten. Die Polizei hält mich fest, kontrolliert penibel, bis auch die Uniformierten mich heimlich fragen, wie man denn nach Deutschland kommen könne.
Am Nachmittag geht es wirklich los, einige Fahrgäste haben seit drei Tagen gewartet. Bis Massaguet geht es auf der einzigen Straße nach Norden, dann fast 900 km nur noch Sandpiste, die einzige Straße in den Osten des riesigen Landes. Im Wagen sind die Bänke zu klein und zu niedrig, niemand kann seine Füße auf den Boden setzen. Wir fahren die Nacht durch, bleiben nur einmal stecken, machen am nächsten Morgen Pause in der kühlen klaren Wüstenluft. Am Horizont reiten Hirten auf Pferden mit einer Herde vorüber, lange Lanzen im Arm, eine Formation von Störchen lässt sich in der Nähe nieder, vielleicht sind sie jetzt schon aus Europa gekommen. Fünf Reiter kommen mit Lanzen und langen Stöcken auf uns zu geritten, führen mit wildem Geschrei akrobatische Kunststücke auf den Pferden vor, niemand weiß so recht, was sie wollen, Wilde aus dem Grenzgebiet, Banditen vielleicht. Unser Soldat verschießt ein ganzes Magazin aus seinem Gewehr in die Luft, das feuert die Reiter nur noch mehr an, in gestrecktem Galopp springen sie vor uns von den Pferden, lachen und trillern. Wir geben ihnen zu essen, zollen ihnen Anerkennung, stolz ziehen sie ab. Hier ist es so einsam, dass Menschen, die einander von fern sehen, aufeinander zugehen müssen. Hirten mit Herden, große Kamelkarawanen, eine ganze Sippe sehen wir auf unserem Weg durch die Steppe südwärts ziehen in feuchtere Gebiete.
Als wir Ati erreichen, erwartet uns auf der Piste der betrunkene Commissaire, ein Napoleon, der schon lange auf Betätigung gewartet hat und sich nun sichtbar aufbläst. Wegen ›ungültigen Visums‹ will er mich unter Polizeibegleitung zurückbringen und des Landes verweisen, zusammen mit dem Liberianer mit Flüchtlingsausweis, der gar kein Visum braucht, und dem in Khartoum Jura studierenden Youssouf aus Brazzaville, der dem Commissaire nachweisen kann, dass er im Unrecht ist, woraufhin dieser uns alle drei zu Terroristen erklärt und Verstärkung anfordert. Nun erzähle ich ihm doch von meinem Freund, dem Generalinspekteur

des Tchad, und bitte, mit ihm telefonieren zu dürfen. Augenblicklich dürfen wir weiterfahren.

In Oum Hadjer gibt es fast nichts mehr, Tee, ein wenig Hirse, acht Menschen teilen sich ein winziges zähes Hühnchen. Überall lagern Nomaden in ihren Zelten um die Rundhütten mit Strohdächern, überall Störche. Nach 28 Stunden, die der Fahrer durchgefahren ist, kommen wir nachts in Abéché an. Djimtoloum, Joussouf und ich versuchen eine Unterkunft zu finden, ich kann auf dem Gelände von AFRICARE unter einem Baum auf meiner Strohmatte schlafen, das einzige Zimmer im einzigen Hotel der Stadt ist belegt.

Abéché ist eine großzügige Stadt, von Wüste und Gebirge umgeben, mit einem reichhaltigen Markt, ganz aus Backsteinen gebaut, und da es keinen Privatverkehr gibt, sieht man in der Stadt nur die Allrads der NGO's, dazu den in der ständig über der Stadt stehenden Staubglocke stets frisch geputzt aussehenden smarten Wagen des immer noch amtierenden Abbasiden-Sultans von Ouaddaï. Tagsüber fällt grundsätzlich der Strom aus, da das E-Werk nicht genügend Brennstoff für die Generatoren hat, abends gibt es für etwa zwei Stunden Licht in den breiten Sandstraßen. Ich treffe Djimtoloum wieder, er hat im afrikanischen Gängeviertel der Lehmhütten eine Bierkneipe entdeckt, führt mich in einen schwach beleuchteten Hintereingang, drinnen ein Dutzend Männer, eine Frau serviert, dazwischen ihr etwa dreijähriges Kind, mit vor Unterernährung ballonartig aufgedunsenem Bauch zwischen den Tischen herumtorkelnd. An einem der Tische trinkt es den Rest Bier aus einem Glas, ein dicker Mann daneben lacht, gießt alle Reste in ein Glas und stellt es vor das Kind, das zugreift und hastig trinkt. Die Frau läuft auf das Kind zu, schreit, schlägt es hart, alle Männer lachen, das Kind wimmert, schwankt, die Männer lachen lauter, ein junges Mädchen erscheint, greift das stolpernde Kind, bringt es aus der Kneipe, die Männer lachen immer noch.

Am dritten Tag fährt ein Kleinlaster nach Biltine am Fuße des Ennedi-Gebirges. Große sandige Ebenen mit Akazien öffnen sich vor bizarren Bergformationen, Herden laufen auf winzige Hüttensiedlungen zu, ocker- und olivfarben ist die Landschaft. Die Piste ist erst seit kurzem wieder passierbar, die Regenzeit hat vieles weggespült, betonierte oued-Querungen sind gerissen. In Biltine, einem Militärposten mit großem Viehmarkt, hoffe ich einen Lastwagen nach Fada oder Faya-Largeaux zu finden und schlafe an der Karawanserei neben dem Chauffeur auf der Matte unter dem Wagen. Die Männer sitzen um die Feuer herum unter dem Sternenhimmel, hinter ihnen die Kamele und Schafe, im Licht des Halbmonds die hellen sheshs, die wehenden Gewänder der Vorübergehenden, das Gebrummel der Kamele, Gelächter, langsam wird es still, es ist sehr kalt. Im Morgengrauen knien die Männer in Reihen und beten, der Vorbeter rezitiert eine Sure.

In der Militärstation höre ich, dass es nur ganz selten Transporte in den hohen Norden gibt, die Gegend ist immer noch stark vermint, Lastwagen brauchen bis zu einer Woche nach Faya, die tchadischen Fluggesellschaften sind alle in Liquidation begriffen. Ich will noch einen Tag warten, erlaufe die Umgebung. Viel Armee und Gendarmerie, eine neue Schule, ein kleines Krankenhaus, eine große neue Moschee, von den Saudis gebaut, die Wohnviertel in glatter sudanesischer Lehmbauweise. Ich folge den Spuren der Herden durch die Gassen in die Ebene, auf die Berge zu, der Ort ergibt sich übergangslos der Wüste, fügt sich ein. Heute ist Markttag in Biltine, da kommen früh aus allen Richtungen in langen Reihen die Frauen auf hoch beladenen Eseln geritten, in farbige Tücher gehüllt, wild stehen ihre Haare zu Berge. Sie sind neugierig, bleiben stehen und grüßen, ich kann sie nicht verstehen. In der Mitte des Marktplatzes predigt ekstatisch ein Marabou, viele hören ganz versunken zu.

Am Rande des Platzes wird jetzt ein großer Lastwagen beladen, daneben warten wieder viele Jungs, die diesen gefährlichen Weg durch die Minenfelder Richtung Libyen nehmen wollen. Ich frage nach einem Platz und dem Preis, der Fahrer will mich nicht, es gebe keinen Platz, er verlangt eine unbezahlbare Summe, vielleicht ist es besser so. In den kleinen Garküchen bereiten 10-jährige Jungen das Essen zu, sie müssen sich ihr Leben selbst verdienen. Als die Menschen mich hier sehen, springen sie auf, Kinder schreien und weichen zurück, ein großer Junge rennt in Panik davon, ein Alter lacht gutmütig.

Am Nachmittag fährt der Wagen nach Abéché zurück. In der Hitze flimmernd taucht der kleine Markt von Foundou am Rande der Piste auf, rechts die bunten Frauen mit Gemüse und Gewürzen, links die Männer mit Fleisch, Fellen, Handwerk, winzig alles, so bunt, lebendig, freundlich, vieles gelingt mir schon im Tchad-Arabischen. Für meine Mitreisenden bin ich ›unsere nassara‹, alles muss ich probieren, die saure Milch, die Erdnüsse.
Nach dem Gebet geht es weiter, da passiert es, der Fahrer nimmt eine Erdspalte vor einer oued-Überquerung zu schnell, ein schrecklicher Stoß erfasst uns alle, der Wagen schlägt heftig auf, Geschrei, ein Junge ist in hohem Bogen auf ein Betonstück geschlagen, der Wagen, wie üblich ohne funktionierende Bremse, kommt erst nach 200 m zum Stehen. Der Junge ist schwer verletzt, ich renne meinen Medizinkasten aus dem Rucksack zu holen, schreie die hilflosen Männer an, den Jungen auf den Boden zu legen und auszuziehen, verbinde fünf blutende Wunden, die Hüfte ist ausgerenkt, vielleicht gebrochen, der Fuß verdreht, der Kopf hängt herunter. Wir legen den etwa 15-Jährigen flach auf das Gepäck, ich rufe dem Fahrer zu, er solle sofort ins Krankenhaus nach Abéché fahren, er ist sehr erschrocken. Aber da treffen wir auf einen Kollegen mit einer Panne, also anhalten, eine Stunde helfen, ich dränge, aber nein, eine halbe Stunde beten, der Junge stöhnt, nur ich habe noch Wasser. Die alten Männer wollen mir die Wasserflasche wegreißen, ihnen gebührt der Respekt, ich muss kämpfen und um mich schlagen. Bei der Einfahrt in die Stadt beschwöre ich den Fahrer, zuerst zum Krankenhaus zu fahren, nein, er will erst zur gare routière, damit die Alten ihr Gepäck bekommen und gehen können. Rüde wird der Junge gepackt und neben den Fahrer gesetzt, er ist ohnmächtig. Ich drehe durch und schreie die Leute an, niemand hört mir zu, da nehme ich meine Sachen und gehe in das kleine Hotel zu Abdullahi, jetzt ist das Zimmer frei. Ich weiß, ich habe mit meinem Verhalten, mit meiner Sprache bei den Männern höchste Anerkennung erworben, Zuneigung und Respekt, weiß, dass Verweilen und Fortkommen von meinem Verhalten abhängen.
Bei Abdullahi, der wunderbar kocht, schreiben im kleinen Innenhof unter den Arkaden, nicht vergessen den kleinen Alten in Bil-

tine, mein Bild von Nathan, den ich auf der Straße respektvoll in seiner Sprache gegrüßt habe und der mit seinem Stock kichernd losgerannt ist in alle Gehöfte, laut rufend »Sie hat mich gegrüßt, sie hat mich gegrüßt!«; nicht vergessen meinen kleinen Freund Youssouf, der mein Gepäck getragen und mich dann überall strahlend wiedergefunden hat, den coolen 12-jährigen Profi, der mir beim Kauf des Gebetsteppichs geholfen, mich immer wieder gesucht hat, eine treue Seele voller Hunger; den Kleinen an der gare routière, vielleicht 8 Jahre alt, der den ganzen Tag Säcke und Metallteile geschleppt, nichts dafür bekommen hat und bei beginnender Dämmerung dem patron sagt: »Je n'ai pas mangé«, ich habe nicht gegessen. Da erst bekommt er ein paar Münzen für den Tag zugeworfen und trollt sich. Wie oft habe ich diesen Satz gehört und erst hier verstanden, ›ich habe nicht gegessen‹, und schäme mich für so vieles, für mein Verhalten in Bobo-Dioulasso dem jungen Kleiderverkäufer gegenüber, der mich bat, ich möge doch auch bei ihm etwas kaufen, und ich habe ihm geantwortet, ich hätte schon alles, ich bräuchte nichts mehr, ich bin gegangen, er hinter mir her, »maman, je n'ai pas mangé«, ich fand ihn lästig und habe mich abgewandt. In dem kleinen Zimmer am Rande des Hofes schlafe ich wie ein Stein, die Sterne leuchten durch die Öffnung im Lehmdach.

Ich muss den Jungen im Krankenhaus finden, frage an der Rezeption, an der ein großes Schild hängt, dass man keine Gewehre hereinbringen dürfe, nach einem etwa 15-jährigen Jungen, niemand hat Ahnung. Ich frage mich durch alle Abteilungen, treffe zwei junge Ärzte, schaue mit ihnen in jeden Saal, in jedes Bett, bestehe darauf, den Jungen zu finden. Ich bin schockiert über den Zustand dieses noch neuen Hauses, zwischen den Krankenzimmern der Abteilungen verlaufen Rinnen in der Mitte, in denen wie in den städtischen Kanälen der Unrat steht und stinkt, die Betten sind in unwürdigem Zustand, oft nur Metallflächen ohne Matratzen, keine Bettwäsche, nur wenige Betten haben ein Moskitonetz, die Kranken haben ihre Straßenkleidung an, haben Jacken als Kissen unter den Kopf gestopft, auch hier fällt ständig der Strom aus. Auf dem Betonboden sitzen auf Strohmatten die Angehörigen vor den Betten, untätig wartend. Um das Gebäude herum Betonflächen

mit großen Matten, auf denen still ganze Sippen mit Kochgeschirren hocken. Die Räume sind staubig, das Hilfspersonal schmutzig wie Straßenarbeiter, weiße Kittel haben nur die Assistenzärzte, jemand fegt den Staub auf die Kranken zu.
Verdeckt unter einem Moskitonetz finde ich ihn schließlich, er sieht gequält aus, jemand hat ihn gestern dahin gelegt, bis jetzt hat sich noch niemand um ihn gekümmert, er hat nichts gegessen, der Chauffeur hat immerhin seine Familie gefunden und hierher gebracht. Mutter, Schwester und zwei Brüder sitzen apathisch auf der Matte. Ich schildere dem Arzt den Unfall, der Junge hat die ganze Nacht in qualvoller Stellung schlaflos verbracht, zum ersten Mal fühlt jetzt ein Arzt die Knochen ab, begutachtet die Verletzungen, die sauber und gut aussehen. Ich bin heilfroh, fordere eine Röntgenaufnahme, frage nach der Ernährung. Die Familie ist mittellos, Bauern aus der Umgebung, ich gebe der Mutter Geld, der Arzt erklärt der Frau, wie sie Nahrung zubereiten solle. Auf die Frage, wie eine Anzeige gegen den Fahrer gehandhabt werde, schließlich müsse doch jemand verantwortlich gemacht werden, zuckt er die Schultern. Ich streichele den Jungen, tröste ihn auf arabisch, er spricht lächelnd meine französischen Sätze nach, wispert »merci«, die Mutter küsst mir die Hände. Ich gehe zum Markt Essen kaufen und sauberes Wasser holen. Als ich zurückkomme, liegt der Junge nicht mehr in seinem Bett, wieder gehe ich auf die Suche, die Kranken freuen sich über Bananen. Ich finde ihn in der Chirurgie, die Aufnahme ist gemacht, das Becken muss eingerenkt werden. Der Junge schläft jetzt, ich lege ihm Bananen und Wasser auf das Bett, seine Familie hat keine Kochutensilien mitgebracht. Ich kann nicht mehr tun, Kranke küssen mir die Hände, die Ärzte bedanken sich, der Chauffeur, selbst ein armes Schwein, wird nicht zur Rechenschaft gezogen. Jeder muss für sich überleben.
Bunt bemalt ist der ausgebaute Viehtransporter, der nach N'Djaména zurückfährt. Wir müssen wie die Hühner auf der Stange sitzen, überall sind Träger eingeschweißt, an denen man sich sticht oder stößt, die Seiten sind offen, eingeschweißte Stangen lassen wie durch Gefängnisfenster blicken. Nach dem Gebet um sicheren Weg fahren wir im Schritttempo durchs Land, errei-

chen um Mitternacht nach sieben Stunden quälenden Schlingerns durch tiefen Sand Oum Hadjer, schlafen auf der Kreuzung, die Frauen auf den winzigen Sitzbänken, 20 x 60 cm für einen geschundenen Körper, die Männer im Sand unter dem Wagen. Es ist unglaublich dreckig, alles voller Müll, Ratten huschen um uns herum, Wasser gibt es nicht.
Im Morgengrauen kommen die Irren des Dorfes auf den Platz, den Rond Point de la Démocratie, ich kann meinen Lachreiz kaum unterdrücken. Die Zwei kratzen im Sand, stoßen immer dieselben Sätze aus, niemand nimmt Notiz von ihnen. Sie klatschen in die Hände, krächzen religiöse Formeln, recken die Glieder in die Luft und verharren reglos, eine absurde Choreografie in dieser Arena, beängstigend nah. Gottlob geht jetzt die Sonne auf, die morgendliche Tee-Szene entwickelt sich um den Platz, Feuerchen überall, von den Irren nun Tierlaute, Hunde, Gorillas, Löwen, Vögel, gerade jetzt zieht verrückterweise eine Formation Wildgänse über den Ort hinweg. Ich versuche der Szene zu entkommen, einer folgt mir auf dem Fuß, reibt sich mit Sand ab, völlig zerlumpt, erdfarben verkrustet, er spuckt und schreit immerzu »fameux les fous, fameux les fous«, großartig die Verrückten, er hat Schleifen aus Stofffetzen um seine zerschlissenen Schuhe gebunden, verneigt sich vor allen Teeständen und bettelt grunzend um Essen.
Dies alles lässt mich völlig gleichmütig, ich gehöre dazu, es muss mir gleichgültig sein, sonst wird mir übel vor mir selbst, sonst werde ich nicht die Kraft haben, hier wieder herauszukommen.
Die Frauen hinter mir haben mehrere Hühner und einen Hahn gekauft, die Tiere laufen tagelang zwischen unseren Beinen hindurch, stinken, picken in die Waden, machen alles voll. Da sie nichts zu fressen und zu trinken bekommen, schreien sie ständig. Am Motor ist etwas nicht in Ordnung, gottergebenes Warten, wir schneiden uns Zuckerrohrstangen, kauen, spucken und lachen. Etwa alle zwei Stunden hat der Wagen eine Panne, rot geht in der Savanne die Sonne unter, gegen Mitternacht legen wir uns in Asnet in die leeren Marktstände, den Müll sehen wir erst am nächsten Morgen. Der Ort ist praktisch ohne Wasser, 25 m tief ist der Brunnen, mühsam zieht ein Esel das Seil über eine eingekerbte Holz-

rolle, zutage kommt ein Ziegenledersack mit nicht einmal 10 l Inhalt.
Um 4 Uhr weckt uns der Muezzin, aus der kleinen Moschee dringt Gemurmel, das erste Feuer wird entfacht, ein Junge bringt Tee, alles Essbare wird geteilt. Die Hühner im Wagen sind in Panik, zentimeterhoch liegt der Dreck, die flatternden Tiere wirbeln alles auf. Die Kinder freuen sich über mein aus Papier gefaltetes Spielzeug, stundenlang können sie mit den Schiffchen im Sand spielen, zwei von ihnen haben Malaria. Die Glieder schmerzen vom Scheuern gegen das Metall, die Haut ist grau von Staub, der Körper beginnt sich gegen die Anstrengung zu wehren. Schon jetzt, Ende November, ist das Land vertrocknet, der Boden zeigt die ersten Risse. Die Hirten ziehen fort mit den Herden, den Stock quer über die Schultern gelegt, die Arme darüber gehängt. Uns begegnen französische gepanzerte Armeefahrzeuge, begleitet von Jeeps mit Maschinengewehr darauf, wir treffen auf die ersten Tiergerippe, Kamele, 58° in der Sonne. In den Dörfern gibt es etwas warme säuerliche Milch, der Darm rebelliert.
Kurz vor Massaguet platzt ein Reifen, der Chauffeur hat kein richtiges Werkzeug, keinen Ersatzreifen, also improvisierte Reparatur, drei Stunden im heißen Sand warten. Wir versuchen N'Djaména in der Nacht zu erreichen, ich habe heute nur eine Yams-Knolle gegessen. Am Kontrollposten in Djermaya platzt der zweite Reifen, wir müssen hier übernachten, die Frauen können im Wagen bleiben, wir legen uns zwischen die Reihen auf den dreckigen Boden, ich habe Hunger und friere, neben mir sterben die Hühner. Im Morgengrauen wird der Reifen repariert, nach drei Stunden fahren wir weiter, das Rad eiert, also alles noch einmal, ich ergebe mich. Die Bremse des Wagens ist völlig abgeschliffen, eine Handbremse gibt es nicht, all die Tage ist Helfer Mohammed mit einem großen Stein abgesprungen, neben dem Wagen hergelaufen, hat ihn im rechten Moment vor ein Hinterrad geworfen. Ab Massaguet kennen mich die Kontrollposten schon, wollen alles wissen, halten uns fest, HungerHungerHunger. Gegen Mittag kommen wir nach 5 Tagen für 900 km mit schlingernden Reifen in Diguel an, al-hamdu li-llah, liebevoll ist der Abschied von den

Mitreisenden. Wir haben Schmerzen, Essen, Wasser, den Schlafplatz, Krankheit, Sorgen, Lachen geteilt.
In N'Djaména muss ich essen und essen, trinken, sehe zum ersten Mal an mir herunter. Ich bin völlig ausgewildert, verdreckt, zerlumpt, habe mit den schmutzigen Händen des Hungernden in das Essen gegriffen, ich stinke, der Schweiß läuft mir den Rücken hinunter. In einer Ecke des kleinen Restaurants ist eine Spiegelscherbe an der Wand befestigt. Nach Monaten sehe ich mir ins Gesicht und bin erschrocken: Ich bin eine Weiße.
Im ›L'Hirondelle‹ am Grand Marché finde ich meinen Ruhepunkt, ein Zimmerchen auf dem Dach des Hauses gegenüber der Freitagsmoschee, neben mir Ousmane aus Dakar, gegenüber eine Ecke zum Duschen, ein Waschbecken für die Wäsche, unten ein kleines afrikanisches Restaurant, rundherum der Obst- und Gemüsemarkt, ein sauberes Bett, erst später identifiziere ich die zahllosen juckenden Stellen als Flohstiche. Ich bin an meine Grenze gegangen, also Ruhe, Wäsche waschen, die Strohmatte schrubben, nähen, alles Lebenswichtige ist noch da. Laufen am Chari entlang, am Ufer hegen Kleinbauern ihre Gemüsebeete, im Schilf stehen die Piroguen, an all den kleinen Flussarmen sieht man Angler, Lehmhüttendörfer am anderen Ufer, das ist schon Kamerun. *Ich habe meine Mutter vor Augen, es kommt mir vor, als hätte ich mit der Grenzerfahrung der letzten Wochen den Anfang meines Lebens wieder eingefangen, der aus Flucht und Not der Nachkriegszeit bestand, plötzlich die Vision, ich würde meine Mutter eines Tages doch wiedersehen.* Ich dringe in die Tiefen des Grand Marché ein, hierher kommen keine Weißen. Zunächst werde ich misstrauisch beäugt. Als ich beim Tee, beim Essen, beim Einkauf mit den Leuten in ihrer Sprache rede, schmilzt das Eis, »du sollst wiederkommen!«
Ich folge einer Einladung meines Freundes, des höchsten Verwaltungsbeamten dieses Landes, vor dem die Geschäftsleute zittern, und seiner italienischen Frau, einige Tage an der Mündung des Chari in den Tchad-See im ›Safari-Club Douguia‹ zu verbringen, Treffpunkt der im Lande arbeitenden Franzosen und pensionierten Kolonialbeamten, der Armeeangehörigen. Im Restaurant lassen amerikanische Gäste die Mineralwasserflasche aus Libyen zu-

rückgehen. Da mich meine Freunde, bevor sie zurückfahren, zu einem grandiosen Menu einladen, muss ich einen Singvogelsalat essen. Ich darf unter einem Baum voller großer Fledermäuse mein Moskitozelt aufbauen und lasse in den unberührten Mangrovenwäldern, zwischen den schwimmenden Inseln, in den Fischerdörfern die Seele baumeln. Begleitet von Schakalen in beruhigender Entfernung laufe ich durch die Savanne voller Palmen ins Nachbardorf. Hier ist Markt, die Kleinen laufen weinend vor mir davon. Mit Piroguen kommen die Kotoko aus dem gegenüberliegenden Kamerun gefahren und bringen ihre Waren. Der Fischer al-haj Namnou, dessen kranker Frau ich Schmerztabletten geben kann, nimmt mich mit auf seine Fahrt, die großen bunten Vögel am Fluss sind ohne Furcht. In einem Dorf in Kamerun tauschen wir seinen Fisch gegen Hirsebier, die Menschen am Ufer winken und lachen. Nach kalten Nächten begrüßen mich vor dem Zelt kleine Affen, die mich auszulachen scheinen, große Warane springen vor Schreck in den Fluss zurück, Raubvögel erheben sich langsam. In einigen Tagen läuft mein schon einmal verlängertes Visum endgültig ab.

Zurück in N'Djaména höre ich im Radio, dass die Regierung endlich den Ausbruch der Unruhen im Norden zugegeben hat, im Tibesti und in Ouaddaï nahe Abéché soll es 200 Tote gegeben haben, daher die zahlreichen militärischen Aktivitäten. Ich nehme befriedigt zur Kenntnis, dass die abschließende Stichwahl in der Republik Niger friedlich verlaufen ist. Aus der großen König-Faisal-Moschee am Grand Marché im quartier Am-Bassatna klingt am heutigen Freitag monoton 30 Minuten lang lauter und immer lauter der vielstimmige Chor der Männer, la allah illa allah, es gibt keinen Gott außer Gott.

Auf meinem Dach gegenüber zwischen der flatternden Wäsche genieße ich dieses Land, das mich eingewoben hat, sehe die Männer in ihren festlichen Gewändern aus der Moschee treten. Ousmane kommt vorbei und fragt, ob ich einen Gaskocher hätte, er habe den Kaffee dazu. Unter den Kindern in der Gasse sind viele vertraute kleine Freunde geworden, vermissen werde ich die wilden Hundebanden, die in der Mittagshitze im Sand wie die Menschen auf festen Plätzen schlafen, sich abends mit Gebell auf den großen Plätzen versammeln und spielen, mit den Menschen im Müll nach Essbarem suchen, ihr Fell ist von Fliegenschwärmen eitrig zerfressen. Welch ein nächtliches Leben und Lachen in den Straßen von Kabalaye mit seinen Musikbars! Ich höre den Ton gutmütigen Spotts untereinander, sehe das Zusammenleben der Völker, der Religionen, der Armen, Kranken und Behinderten, der entstellten Minenopfer, der Polio-Krüppel, der Verrückten, bisweilen ein Bild des Hieronymus Bosch, wären da nicht diese Selbstverständlichkeit des Lebens zwischen den stinkenden Kanälen, Müllhaufen, Marktständen, den zahllosen im Namen Allahs singenden Bettlern, diese strahlende Freude über Ansprache, Anteilnahme, Zusammensein, der Kampf ums Überleben, um den kleinen Vorteil, der zum nächsten Essen verhilft, »Maman, tu ne veux pas des bananes? Taxi, ma sœur? Donne-moi un cadeau, nassara!« Allzu schnell gewöhnt sich das Auge an die Präsenz von Polizei und Militär, an die Einschusslöcher rund um das ›Feld der Märtyrer‹, an die Oberkommandos aller Truppenteile rund um die Kathedrale, an die Räumpanzer. Gegenüber unternimmt das in der Kolonialzeit eingerichtete Nationalmuseum seine Umwandlung in einen Ort der lebendigen Traditionen der Völker dieses Landes.

Fortbewegungen VIII

Khartoum, Sudan
Laufen II
Eroberung im Gleichmaß der Schritte
Sich spüren bis zur Schwerelosigkeit
Der Nase nach, die Hände frei und frei der Blick
Niemals weglaufen, nicht vorbeifahren
Auf jeden zugehen
Frei

Oberägypten, Rotes Meer, Kairo, ein Monat ist vorübergezogen in einer Welt, die nicht mehr Afrika ist, mich mit ihrer Dezemberkälte überfallen hat. Wie leicht war Fortbewegung hier! Gibt man

Geld, steht alles zur Verfügung, ein pünktliches Fahrzeug, eine Brücke über den Fluss, Essen, ein Hotel, die Servilität von Angestellten, die darauf bestehen, Englisch zu sprechen, kein Arabisch hören wollen, der intensive Begleitschutz für Touristen durch Polizei und Militär. Hier erscheint man in Gruppen, lässt sich führen und belehren. In diese Sicherheit habe ich mich fallen lassen, auf den schmerzenden Körper hören können, mich aber auf diese Gefüge des Tourismus nur mit größtem Widerwillen eingelassen und war glücklich, alles wieder allein machen, mich laufend nur auf mich selbst verlassen zu müssen.

Der Blick hat sich geschärft. Da die Händler glaubten, ich könne ihre Preise nicht verstehen, sind die Summen schnell verdoppelt. Schamröte ist noch in den braunen Gesichtern auszumachen, als ich auf arabisch frage, ob sie denn ihre eigenen Preistafeln nicht lesen könnten. In Kairo stelle ich einem charmanten Filou für den Einkauf von ungeheuren Mengen Whisky im Hotel ›Semiramis‹ meinen Pass zur Verfügung: »Ja, ich bin Muslim, ja, ich trinke Alkohol, wo ist das Problem?« In Luqsur bekomme ich ab 17 Uhr auf der Straße drastische Sex-Angebote, »I'm a very strong boy, you know!« – was für eine Welt, wo sind die Maßstäbe der Gemeinschaft geblieben? Was bleibt von den Wochen in Assuan, Abu Simbel, Koum Ombo, Edfu, Luqsur, im Tal der Könige, in Karnak, Denderah, Giza, Kairo, meiner zweiten Heimat?

Mein Freund der Schneider etwa, 13 Jahre alt, den ich auf der Feluka von Elefantine getroffen habe, breit steht der Fährmann im wehenden Gewand in dem alten Holzboot, hinter sich das große, nach hinten geneigte Segel. Pfiffig ist der Junge wie ein Alter. Durch die viel zu schwere Last der Stoffballen für die Galabiyyas, mühsam abgestützt durch das hölzerne Metermaß, ist er körperlich zurückgeblieben. Er bringt die Stoffe in den suq, den Handwerkermarkt, lässt sich ächzend auf jede Bank fallen. Wenn ich sie ihm abnehmen will, meint er, das dürfe ich nicht, er sei sehr stark. Jeden Tag treffe ich ihn, im suq essen wir zusammen Falafel, trinken Tee, erzählen. Er ist ein tapferer, lieber Kerl, hat keine Eltern mehr, geht nicht zur Schule, arbeitet den ganzen Tag, singt und lacht, die gewünschte Wasserpfeife verweigere ich ihm aber doch;

dann die mehrtägige Fahrt mit Hamads Feluka den Nil abwärts, die Stille, das sanfte Gleiten, das Kreuzen vor dem schwachen Wind, die Oasen, die Musik der Nubier an den Ufern, die eiskalten Nächte auf dem Boot unter den Sternen. Auch der Beginn des Ramadan im laternengeschmückten Luqsur, die Gebete von den Minaretten, mit Böllerschüssen jeden Abend die Einleitung des Fastenbrechens, an langen flachen Tischen auf den Straßen essen wir die typischen Speisen gemeinsam, die Tempel in Luqsur und Karnak bei Nacht;
und der lange Weg zum Tempel nach Denderah, singend überquere ich die geschwungene Nilbrücke, gerate auf dem anderen Ufer in eine Militärkontrolle, es ist Fremden wegen der früheren Attentate verboten, allein zu den Kulturstätten zu gehen. Der Offizier funkt seine Dienststelle an, hier sei eine Deutsche, die zu Fuß nach Denderah wolle, Schweigen im Gerät, dann die Maßgabe, man solle mich in ein Auto setzen und hinfahren lassen, man könne meine Sicherheit nicht garantieren. Da wird ein Kleinhändler angehalten und rüde angewiesen, mich vor den Tempeleingang zu bringen, wortlos gehorcht er. Unterwegs gelingt es mir, ihn durch meine Geschichte aufzuheitern, wir scheiden als Freunde, dann der Tag ganz allein in der Tempelanlage;
schließlich meine Familie in Kairo, bei der ich vor Jahren gelebt habe, als ich mein Studium des Arabischen begann, die wunderbaren Nächte des Ramadan in dieser so reichen Stadt, Sufi-Gesänge und Lieder von Umm Kalthum bis 4 Uhr früh, die Wanderungen durch das alte Kairo südlich des koptischen Viertels, die zahllosen Kinder im Müll, Feuchtigkeit schlägt aus den Haustüren, Ungeziefer überall, welch eine Freundlichkeit der Bewohner, überrascht, eine Fremde zu sehen, gerührt über mein Arabisch. Eine Gruppe Frauen bringt mich durch das Gewirr der engen Gassen zurück zum Markt von Mar Girgis. Über ein Schuttfeld hinter der Synagoge Ben Ezra holt mich ein Alter auf das verbliebene Dachteil seines eingestürzten Hauses, weit geht der Blick über die Friedhöfe bis zu den Pyramiden von Giza. Auf der Seite des Hauses sieht man noch auf Englisch und Hebräisch das ›Refuge Ben Ezra‹ für verarmte jüdische Familien;

von Giza aus eine lange Wanderung in die Wüste, hier sind nur noch Beduinen auf Pferden und Kamelherden, im großen Bogen allein zurück zu den Pyramiden, der Sphinx, welch ein Glück.
Khartoum ist Ende Januar schon sehr warm. Das ›Fanadiq al-haramein‹ liegt im quirligen Markt an der Freitags-Moschee, wie immer ist es billig, schmutzig, auf der Liegefläche des Bettes fehlen Bretter. Ich schichte die restlichen so, dass ich nicht durchbreche, schüttele die Kakerlaken ab. Toilette und Dusche gegenüber sind unwürdig. In Kairo habe ich einen Roman von Batya Gur in der Ecke eines Lokals gefunden und mitgehen lassen. Während ich die zweite Hälfte noch lese, muss ich die vorderen Seiten schon für die Toilette herausreißen.
In den suqs rundherum ist am frühen Abend, wenn es kühler wird, kaum noch ein Durchkommen, jeder hat rufend und singend etwas zu verkaufen, seien es auch nur ein Eimer Mangos, ein Hemd, ein Paar Schuhe, ein paar Feuerzeuge. Vor der Tür Teestuben, Saftbuden, die vielen Garküchen, die schon früh das ›futur‹ anbieten, Bohnen mit Zwiebeln, Tomaten, Salat und Brot, für viele die einzige Mahlzeit des Tages. Auch ich habe nun Becher und Teller aus Blech, esse lustvoll mit den Fingern, keine Mücken, keine Fliegen auf der Mahlzeit.
Aufreibend ist die Anmeldung beim Aliens Registration Office, es dauert Tage, bis die Fotografiererlaubnis und die Reisegenehmigungen für alle Landesteile, für jeden Ort einzeln, beisammen sind, ›We are here for you‹, heißt es am Eingang, ich habe Ausländer resignieren sehen. Für die Genehmigung der Fahrten in den Südwesten und Südosten des Landes verbringe ich drei Tage in den Büros der Geheimpolizei und der Military Intelligence Head Quarters, untergebracht im Gebäude der ›Humanitary Aid Commission‹ in Amarat, tatsächlich läuft auch ein Arzt von ›Médecins sans frontières‹ über den Flur. Da es in Kriegsgebiete und Sicherheitszonen geht, gibt es lange Verhöre, der Staat zeigt in Gestalt seiner Offiziere kräftige Zähne, hält viele Stempel und offene Hände bereit, verbietet die Reise in den tiefen Süden. Auf dem Weg zu den vielen Dienststellen komme ich immer wieder an der Friedrich-Ebert-Stiftung vorbei, an der ›Sudanesisch-Deutschen Kulturgesellschaft‹ mit schöner Bibliothek. Ich nehme staunend

ein Gefühl von Wärme wahr, nicht von Stolz, eher von Zugehörigkeit.
Doch suche ich die Nile und ihren Zusammenfluss, laufe Stunden und Tage an ihren Ufern bis nach Umdurman, finde hier meinen Rhythmus wieder, den ich in Ägypten fast verloren hätte. Gemächlich, breit und still fließt der Blaue Nil. Am Ufer liegt der alte Raddampfer vertäut, es gibt in diesem Krieg keine Fahrten mehr nach Juba. Nur das Pochen der alten Pumpen hört man, die das Flusswasser über den meterhohen getrockneten Nilschlamm in die Bohnenfelder drücken. Kleine Pontons kreuzen den Fluss, an seinen Ufern ist auf großen hölzernen Tafeln kilometerweit der globale Verteilungskampf von Coca Cola und Pepsi Cola dokumentiert, absurdes Signal in archaischer Landschaft. Die Brücke hoch über dem Zusammenfluss beider Nile am Stadteingang von Umdurman lässt trotz des starken Verkehrs innehalten. Mit ungeheurer Strömung trifft der Weiße Nil auf seinen Zwilling, drückt seine Wassermassen in den Blauen Nil hinein. Unten im Schwemmland sieht man Bauern auf den kleinen Beeten arbeiten, Fischer stehen reglos am Ufer, Herden grasen.
Ich suche die Spuren des Mahdi in Umdurman, finde sein Grabmal, gegenüber den alten Lehmpalast des Khalifa, in dessen Winkeln sich noch die Kammern für die geheimen Treffen mit den Rebellen finden, die Waffen, Messer, Kanonen. Mich treffen die Fotos aus der Zeit der Kämpfe um die Mahdia wie die aus deutschen KZs, Verhaftung und Erschießung Osman Dignes und des Abdulahi etwa, beide noch heute verehrt, triumphierend stehen die britischen Offiziere im Blut. Nachdem er sich vergewissert hat, dass ich keine Britin bin, erklärt mir der alte Wächter jedes Bild.
Umdurman ist eine afrikanische Stadt, vielleicht wegen der Lehmviertel in den ausgetrockneten oueds, wegen der zahlreichen, so unterschiedlichen suqs. Khartoum gibt sich weltmännisch, wunderbar ist das Nationalmuseum mit seinen meroitischen Exponaten und den aus den aufgestauten Fluten des Assuan-Staudamms im Distrikt von Halfa geretteten christlichen Wandgemälden des 8.-11. Jahrhunderts. Der gewaltigen Buschtrommel in Form eines Wasserbüffels im Ethnologischen Museum kann man ganz unglaubliche Basstöne entlocken. Ich verfolge die Geschichte der

Kämpfe in diesem Land, treffe auf eigentümliche Verarbeitung von Vergangenheit. Kitchener's Kanonenboot, im Nil auf Grund gesetzt, dient jetzt der besseren Gesellschaft als Clubhaus für den ›Blue Nile Sailing Club‹. Der ›Commenwealth War Cemetery‹ birgt Hunderte von Gräbern von Neunzehnjährigen in seinen Mauern, von Engländern, Polen, Juden, Indern, gefallen zwischen 1880 und 1945. Nicht ohne einen Unterton von Begeisterung schildert eine Tafel das Geschehen in Nord- und Ostafrika aus britischer Sicht.

Alle Katarakte des Nils will ich erlaufen, die Ausgrabungsstätten meroitischer Kultur, die nubischen Dörfer, also geht eine erste Fahrt durch das Land nach Norden, den Nil entlang nach Shendi, zu den Ruinen von Musawwarat und Naqa. In Shendi findet sich am Nilufer noch unverändert das Gebäude der ›Akademie der Wissenschaften DDR Berlin-Leipzigerstraße‹. Im suq stehen viele Männer vor mir auf und salutieren in Hab-Acht-Stellung. Als ich ein Foto machen möchte und meine amtliche Genehmigung vorweise, die ein lesekundiger junger Mann laut vorliest, gruppiert sich alles in Form eines Armeezugs und steht stramm. Erst jetzt fällt mir auf, dass ich eine alte Bluse mit quasi Tarnmuster anhabe, dazu meine Wüstenweste. In mein Lachen fallen alle ein, wie ein Lauffeuer verbreitet sich der Irrtum, alles strömt zusammen, lacht und tanzt um mich herum, einige spielen eine Militärpantomime. Am Abend werfe ich die Bluse weg, sehe noch, wie ein Junge sie packt und glücklich davonläuft.

Jeden Tag fahre ich mit dem Ponton über den Nil, begleite Bauern auf die Felder, laufe über die Dörfer in die Wüste, zurück über den Nil mit den Tieren, neben mir steht ein riesiger Bulle mit hängendem Kopf, er pisst an mein Bein.

Boksi, kleine Pritschenwagen, fahren Richtung Kabushiyya, bis zum Dorf Baqrawiyya in der Wüste bringt mich der Fahrer, hier ist der Kern des alten Reiches Meroe, am Horizont sieht man die Spitzen der Pyramiden vor der schwarzen Gebirgswand. Qassem al-Bari und seine Söhne führen die ›Kafteria‹ an der Straße, eine Unterkunft mit überdachter Terrasse, im Restaurant gibt es Hammel und fussuliya, das Bohnengericht, geflochtene Betten stehen bereit, Anlaufstelle für alle vorüberfahrenden Lastwagen. Für einen ersten Marsch gibt mir Qassem al-Bari seinen langen Hirtenstab gegen die Schakale mit, Stunden durch die flache Wüste, der Horizont kommt kaum näher, der Boden ist voller Eisenschlacke und mit Wüstenlack überzogenen Brocken. Dann stehe ich in der Nekropole der Könige auf dem Berg unter 40 Pyramiden, etwas unterhalb stehen die der Noblen, in der Ebene die der Beamten. Niemand ist hier. An der Seite einer Pyramide ist in eckigen Buchstaben der Name von Fürst Pückler-Muskau eingeritzt, 1828 ist er hiergewesen. Im ständigen leisen Wind erobert sich der Sand wieder die Eingänge zu den Schätzen, Adler kreisen über der Stätte. Hart wird der Rückweg, ich hänge wie die Hirten meine Arme über den Stab, erreiche erst bei einbrechender Dunkelheit die ›Kafteria‹, wo sich schon die männliche Dorfbevölkerung vor einem alten Fernseher versammelt hat, köstlich ist die fussuliya.

Da es nachts im Freien eiskalt wird, lädt mich Qassem al-Bari in sein Haus im Dorf ein, und so gehen wir gegen Mitternacht unter den Sternen, die so nahe sind, dass man sich unter ihnen wähnt, durch die Wüste ins Dorf, ich, da ich am Boden nichts erkennen kann, hinter ihm, »amshi warrak, la ara«, da gibt er mir das Ende seines Stocks und führt mich durch die Finsternis zu seinem Haus, eine Stunde vollendeten Glücks. Meine Ankunft löst einen nächtlichen Aufruhr aus, die Nachbarn strömen ins Zimmer der alten Eltern, in dem ich schlafen kann, dafür geht eine Tochter zu ihrer Schwester ins Bett. Die ganze Familie hockt staunend um mich herum, wir erzählen und lachen beim Schein einer kleinen Petroleumlampe, der alte Vater rührt sich auf seinem Bett, wacht auf und strahlt zahnlos. Das Zimmer ist an seinen Lehmwänden verkleidet mit Teppichen voller Katzen, Pferde und europäischer Landschaften Typ ›Alpengipfel im Schnee‹, davor steht eine Anrichte mit Kaffee- und Teegeschirr, den Prunkstücken des Hauses, die mir sogleich vorgeführt werden. Der alte Vater wird nun von den Töchtern liebevoll gewaschen, schnell identifiziere ich später im Dunkeln das klöternde Geräusch im Raum, der Alte pinkelt ständig durch die Flechtmaschen des Bettes hindurch in eine große Schüssel auf dem Boden. Am Morgen stellt die Tochter eine Schale mit schwelendem Amber zur Lüftung unter das Bett. In der Nacht

irre ich durch das große Lehmgehöft, um eine Toilette zu finden, die fussuliya droht mich zu zerreißen.
Mit einem Glas Milch versammelt sich am Morgen die ganze Familie an meinem Bett. Tochter und Schwager sind Lehrer im Dorf, sie laden mich ein, die Schulen zu besuchen. Mit Hala gehe ich zunächst zur Mädchenschule. Die 50, 60 Kinder in den großen kahlen Klassenräumen stehen auf, singen mir ein Lied im Chor, sprechen einen Segenswunsch, alle wollen fotografiert werden. Die von den Briten angelegte Eisenbahnlinie nach Port Sudan führt durch das Dorf, und so wandere ich auf den Schienen nach Norden zur Königsstadt Meroe, vorbei an Tempelruinen. Hier gibt es noch alles zu entdecken, vor meinen Füßen huschen die Schlangen hinter die Felsen. Auf dem Rückweg zur Jungenschule ist die Zeit für die Schulmahlzeit gekommen, begeistert werde ich von Lehrern und Schülern zur Bohnensuppe eingeladen. Die große Glocke auf dem Hof wird angeschlagen, Brot und Tee werden zubereitet, Lehrer und Lehrerinnen, die von der Mädchenschule herübergekommen sind, essen in bester Stimmung in getrennten Räumen.
Am Abend erklärt mir Qassem al-Bari in der ›Kafteria‹ das Leben in der Dorfgemeinschaft: Die Kinder gehen von morgens 6 Uhr bis zum Nachmittag zur Schule, die Jungen arbeiten dann auf den Feldern, die Mädchen helfen im Hause. Im Dorf werden Ernte und Geld gesammelt und unter die Familien gleichmäßig aufgeteilt. Nur schwer gelingt es mir, Ähnliches von meiner Gesellschaft zu berichten.
Die Schatten werden länger, die Wüste beginnt rötlich zu leuchten, allein mache ich mich auf den Weg nach Baqrawiyya, finde das Gehöft wieder, ruhe mich im Hof auf dem geflochtenen Bett aus. Auf dem Gestell neben mir liegt der Alte und scheißt knallend durch das Geflecht, kotzt vor das Bett, die Tochter kommt, schüttet einen Eimer Wasser unter sein Hemd, er schreit auf und meckert Unverständliches, ein Kind streut Sand vom Hof unter das Bett.
In den ersten wärmenden Sonnenstrahlen laufen Qassem al-Bari und ich zur ›Kafteria‹, im Sand meine Spuren vom Vorabend. Er zeigt mir, wie ich wilde Wüstenerbsen finden kann, sie sind wunderbar süß. Der Abschied von der Familie war schwer, laut hat die

betagte Ummu geweint, strahlend hat der Alte auf seinem Bett gesessen. Wann immer ich in Schwierigkeiten sei, solle ich zurückkommen, dürfe nicht die Taschenlampe für die Schwester vergessen, nicht das Buch, nicht die Fotos, ich verlasse ein Paradies und kann mich nicht losreißen. Qassem al-Bari stellt sich mit mir an die Straße. Wie viele sudanesische Männer hat er das Kinn ausgebeult von dem vor dem Unterkiefer festgeklebten Tabak. Nach einer halben Stunde kommt ein Wagen Richtung Atbara vorbei.
Am Nilufer soll es bei Atbara eine Stelle geben, an der die Lastwagen übersetzen, um durch die Bayuda-Wüste Richtung Karima zu fahren, ein junger Mann bringt mich auf seinem Motorrad auf abenteuerlichen Wegen an den Anleger mit der schrottreifen Fähre, daneben liegt schon eine auf Grund. Von der nahen Kaserne dringt martialisches Geschrei herüber, der Rhythmus des Drills wird unterwandert durch das Pochen der Flusspumpen. Nach Stunden kommt tatsächlich ein Lorry, halb hoch mit Zement beladen, darüber ein Dutzend Männer, ich kann auf dem Beifahrersitz mitfahren. Kleine Steinhaufen markieren den Weg, kein Dorf, kein Tier, kein Mensch. Nach zwei Stunden bricht der Bügel der Welle unter dem Wagen, sie liegt auseinandergebrochen im Sand, das ist schwere Arbeit. Al-Kubashi geht voraus, um die beste Strecke durch die Treibsände zu finden, dennoch stecken wir mehrfach fest.
Gegen Mitternacht taucht eine windgeschützte Palmstrohhütte auf, wir legen uns hinein, rücken eng zusammen, ich friere schrecklich unter all meinen Sachen. Ahmed rüttelt mich an der Schulter und bringt mir frischen Tee, ein wenig erwärmt versuche ich zu schlafen, da berührt mich wieder jemand und gibt mir im Dunkeln ein Stück Brot. Im Morgengrauen muss der Laster aus einer Sandsenke geschoben werden, die Batterie ist zu schwach. Nach einigen Stunden erreichen wir die Oase Merowe am Nilufer, der alte Bedford-Laster quält sich den steilen Abhang durch den schwarzen Staub des getrockneten Nilschlamms hinunter auf den Ponton, Dattelpalmen säumen das Flussufer. Gegenüber liegt al-Kurru am Berg, in der Ferne flussaufwärts der Jebel Barkal, an seinem Fuße die Pyramiden, Tempel und Paläste von Karima, wie ein Hauch im Dunst dahinter der Berg von Nuri. Diese Berge fast

identischer Form bilden die geheime Achse des alten Reiches Meroe, die Felsen reichen bis ans Ufer.
Mein Zimmernachbar im Hotel ›an-Nasser‹ in Karima ist Issa, zwei Meter groß, Arzt mit Ausbildung in Moskau. Er lässt mich am Abend in seiner Praxis am Krankenhaus zuschauen, nimmt mich am folgenden Tag mit in die Dörfer, überall wird er gebraucht. In seinem Zimmer ein Bett, ein kleiner Schrank mit etwas Kleidung, ein Stuhl, ein Metalltisch, eine ‘Ud, auf der er abends für mich seine Lieder begleitet. Auf dem sandigen Platz vor dem nahen suq werden die zehnjährigen Jungen von Unteroffizieren gedrillt, barfuß und mit Brettern als Gewehrimitationen halten sie begeistert die Stellung.
Die Königsgräber von al-Kurru, die Ausgrabungen am Jebel Barkal sind ein Arbeitsfeld für Generationen. Hier treffe ich zwei italienische Archäologen, die eben Grundlinien eines vermuteten Palastes vermessen, zeichnen und mit der Grabung beginnen, ich darf helfen und finde selig im Sand die Schmuckleiste eines Kapitells aus bemaltem Gips. Auf dem viele Kilometer langen Rückweg von al-Kurru überholt in der Wüste in einem fabelhaften Jeep eine saudische Jagdgesellschaft. Sie kommen von der Arabischen Halbinsel herüber, um Niederwild zu jagen, zeigen mir eine große Tasche mit blutenden Rebhühnern. Sie sind sehr freundlich, doch mit dem herrischen Gebahren der Überlegenen, verstehen mein Verhalten nicht, schenken mir Schmerzmittel und Antibiotika, ›für alle Fälle‹. Als sie mich ein Stück mitnehmen, muss ich ihre Gewehre zwischen meine Beine nehmen.
Einige Kilometer flussaufwärts kennen die Kinder eine Furt, ich vermute am Fuße des gegenüberliegenden einzelnen Berges die Pyramiden von Nuri und lasse mich von einem jungen Fischer übersetzen. Mitten im Fluss steigt er aus und zieht das Boot durch das nur kniehohe Wasser an das andere Ufer. Durch die Palmenhaine der Oase, durch die mit Motorpumpen bewässerten Gärten voller großer Mangobäume mit reifen gelben Früchten um kleine Siedlungen herum laufe ich in die Wüste zu den schwarzen Pyramiden der Totenstadt der Könige. In großer Hitze nimmt mich ein Eselskarren mit zum kleinen lebhaften Markt der Oase, gegen einige reife Guaven setzt mich das Motorboot über den Fluss.

Da an dem kleinen Platz in der Nähe des Hotels mit Strom versorgte Straßenlaternen stehen, findet sich hier das einzige Fleckchen Nachtleben in kleinen Restaurants. Wie immer winkt und ruft mir alles zu, mittendrin 2 m hoch Issa, der tabib, lautstark und lustig. Als ich am nächsten Tag abreise, tönt es denn auch hier von allen Seiten »rihla saida«, glückliche Reise! Mit einer 'arabiyya, einem offenen Pritschenwagen, geht es durch die Wüste, wir rasen wie ein Surfbrett auf den Dünenkämmen entlang, es ist eng, aber fröhlich zwischen all der Ladung.

In Dongola setzen wir am Abend über den Fluss. Eine billige Bleibe gibt es im Ort nicht mehr, da nimmt mich eine Familie noch mit in ihr Zimmer. Das wird eine lebhafte Nacht, Mutter und Tochter probieren alle meine Cremes aus, waschen sich dann nicht mehr und kriechen mit der gesamten Kleidung unter die Wolldecke, schaudern, als ich noch kalt duschen gehe. Nachdem ein Schneider im suq Flicken auf meine zerrissene Hose gesetzt hat, mache ich mich auf den Weg zum Napata-Tempel von Kawa auf der anderen Seite des Flusses. Nach einem eiskalten Morgen ist dies ein heißer langer einsamer Weg über Dünen, nur mit dem Kompass. Am Boden Scherben über Scherben, die mich vorantreiben, aber kein Tempel. Ich will schon aufgeben, da sehe ich am Horizont eine dunkle Gestalt in den Grundmauern eines riesigen Tempelgeländes auf und ab gehen, ein Jeep steht in der Nähe, sechs Archäologen arbeiten hier für das British Museum, beginnen Stadt und Friedhof auszugraben. Völlig erschöpft komme ich wieder zurück, der Koch hat für mich Kartoffeln in scharfer Sauce gekocht.

Eine 'arabiyya fährt durch die Dörfer mit den weiß, rot und gelb bemalten Häusern, den geschmückten Toren nordwärts nach Kerma, hier beginnt Nubien. Es gibt eine einzige kleine Lehmunterkunft ohne Licht, ohne Wasser, alle Betten stehen in einem einzigen Zimmer, in einem Eimer hole ich mir Nilwasser. Der Inhaber liegt fiebrig von Malaria in einer Ecke des kleinen Hofes. Es ist nicht weit zur Nekropole in dem alten napatäischen Handelszentrum. Auch hier gibt es einen Ponton am Ufer, im Fluss liegt die Insel Argo mit ihren Tempelanlagen, ein Eldorado mit Bohnen und Getreide im Überfluss.

Schwer ist die Strecke am 3. Katarakt durch Felsschluchten und Kieselwüste nach Delgo, eiskalt ist es auf der 'arabiyya im Fahrtwind. In Delgo eskortieren mich einige Männer zu ihrer istiraha, das Dorf ist stolz, in einem herrschaftlichen nubischen Haus Gäste empfangen zu können. Ein alter Mann, der aus der Oase den Schlüssel holt, weigert sich, Geld für die Übernachtung anzunehmen, man lädt mich zum futur ein, zum Tee, unterwegs haben Männer meinen Fahrpreis in den Wagen übernehmen wollen, »Fremde sind unsere Gäste!« Delgo ist eine herrliche kleine Oase, es gibt, wie üblich, nichts außer Bohnen, Tomaten und Zwiebeln. Die Männer liegen am kleinen suq im Sand und spielen Domino, schauen nach mir, holen mir Wasser aus dem Brunnen vor der Moschee. Der Ponton liegt an einer großen Sandbank im Nil fest, gegenüber die befestigte Ruinenstadt Sese auf einem Berg, an seinem Fuß ein alter nubischer Ort. Die umfriedeten Gehöfte sind mit türkisfarbenem Steinmehl bemalt, hinter dem Berg liegt der Tempelbezirk mit den drei großen Säulen. Alle Kinder des Dorfes begleiten mich springend und schreiend, probieren an mir ihre ersten Englischkenntnisse aus, »this is a donkey«. Der Blick von oben über den großen Nilbogen läßt das Herz überfließen, der Wind aus der Wüste streichelt die Haut, ich schaue den Bauern zu, sehe die Frauen in den Höfen arbeiten, in der Ferne quert eine kleine Feluka den Fluss, Hunderte von Reibesteinen und Mahlschalen liegen um mich herum.

Vor der istiraha schenkt mir ein Bauer drei Melonen. In der Nacht knistert das alte Haus, unter dem geflochtenen Bett ist ein Quietschen und Huschen, die alten Türen bewegen sich im Zugwind, kein Wasser, kein Strom, nur Geräusche, ich bin froh, mein kleines Weltradio bei mir zu haben. Morgens packt mich ein Schrecken, der Raum ist voller kleiner Vögel.

Drei Tage muss ich warten, bis ein Fahrzeug durch den Ort kommt. Haltestelle ist der Polizeiposten, hier betreibt Sallim eine kleine Küche, er kocht mir Tee, stampft die Salzbrocken mit einem Wagenheber in einem kleinen Eisengefäß, viele kommen auf ein Schwätzchen vorbei. Mittags kann man aufgeben, dann kommt kein Wagen mehr, also wandere ich in weit entfernte nubische

Dörfer, komme so nach Gorgod, einen sehr alten Ort mit großen Lehmburgen.
Im Namen seines kranken Vaters lädt mich ein Junge in sein Haus ein, er hat extra einen englischen Satz auf einen Spickzettel geschrieben. Der Vater war als Englischlehrer in Ibb im Yemen, kann jetzt nicht mehr laufen, freut sich, mit jemandem englisch reden zu können. Ibb kennen wir beide, er hat viel Witz, das Teetrinken wird sehr vergnüglich. Die ganze Familie sitzt um uns herum, durch die Fenster schauen alle Nachbarn herein, die Söhne freuen sich rührend über die Freude des Vaters, »I will question you!«, ich solle mich als Familienmitglied betrachten und wiederkommen. Bis ich am Horizont verschwunden bin, winken die Söhne mir nach, im Sonnenuntergang über den Nil zurück, wie werde ich leben ohne die täglichen Fahrten über diesen Fluss?
Am nächsten Morgen gibt mir Sallim an der Haltestelle Essen und Tee, »Fremde sind unsere Gäste, daran darfst du nichts ändern!« Neben uns hat der katib, der Dorfschreiber, seinen winzigen Blechkiosk aufgeschlagen und wartet, würdig mit seinem weißen Turban im Sand hockend, auf Aufträge. Hinter uns ist die Gerichtsbarkeit von Delgo, und von ihm lassen sich die Dorfbewohner ihre Eingaben, Briefe, Klagen an den Richter schreiben. Gegen Mittag kommt ein großer, starker Rover mit einigen britischen Touristen durch, sie wollen zum Tempel von Sulp, ich frage, ob ich oben auf dem Dach mitfahren könne, missgelaunt lehnen sie ab, auch das ist eine gute Lektion. So klettere ich am Nachmittag im Katarakt herum, Felseninseln sperren den Flusslauf, bilden Stromschnellen, bin froh, nicht mit den Touristen gefahren zu sein, eine Übung in Muße und Gelassenheit. Ein Bauer gibt mir Tomaten und Zwiebeln, ich ziehe mir Wasser aus dem Brunnen.
Als ich am dritten Morgen bei Sallim warte, kommt ein Wagen vorgefahren, ein vornehmer Mann in wehendem weißen Gewand steigt aus, ehrerbietig weichen die Dorfbewohner zurück. Das ist der Qadi, der Richter von Delgo. Er bittet mich herein, lässt Tee kommen, erklärt mir die Form der Verhandlungen, die Art der Konflikte in diesem Distrikt. Hinter ihm in dem großen Gerichtssaal liegen einige Akten, vor ihm auf dem großen Tisch nur der Qur'an, seine goldgefasste Brille, ein Schreibgerät.

Da hören wir draußen mit lautem Getröte den Bus von Khartoum herankommen, er ist überfüllt, halb sitze ich auf einem Sack, halb auf einem Platz, Essen wird geteilt und nach hinten durchgereicht. Auf der schwierigen Strecke durch das Kataraktgelände fegt ein scharfer Sandsturm durch den fensterlosen Wagen, auf dem Gesicht bildet sich eine Sandkruste. Plötzlich taucht am anderen Ufer in voller Pracht der Tempelbau von Sulp auf, na also. In den nubischen Dörfern werden wir enthusiastisch begrüßt, die Frauen trillern, alles stürzt aus den Gehöften. Ein Händler hat aus Khartoum einen Packen Zeitungen mitgebracht, sie werden ihm aus der Hand gerissen, einmal in der Woche kommt der Bus.
In Abri landen auch die beiden jungen deutschen Archäologinnen aus Karima, Friederike und Katharina, wir beschließen, zusammen zur Insel Saï zu fahren und dann eine 'arabiyya nach Wadi Halfa zu mieten. Bei Sonnenaufgang fährt uns Khuyali zum Ponton, der sitzt fest, weil er kein Benzin mehr hat. Flussaufwärts liegt am Ufer vertäut eine alte Feluka mit zerrissenem Segel, mit einem Stein muss erst die Eisenkette um den Mast gesprengt werden, dann setzt uns der ›Fliegende Holländer‹ über. Wie in Ekstase erleben wir den Tag auf der Insel, wandern über die Berge mit den Scherben der Kulturen, pharaonisch, meroitisch, römisch, christlich, islamisch, vom Gipfel des Berges in der Mitte erkennt man die runden Kerma-Gräber. Als wir vom Bischofssitz mit den vier koptischen Säulen zum Ponton zurückkehren, hat dieser wieder kein Benzin mehr, der Bootsführer verschwindet mit einem Eimer, kommt nach eineinhalb Stunden, die wir nach der Anstrengung unter einem Baum verschlafen, mit einigen Litern zurück.
Fünf Stunden dauert die Fahrt mit Khuyali nach Wadi Halfa. Weit geht der Blick in die schroffen Felsen am Katarakt von al-Kusha in tief eingeschnittene Wadis mit einzelnen Schirmakazien, in der Ferne beginnt sich der gestaute Fluss zum See aufzuweiten, die Ufer sind von Palmen gesäumt. Wir haben nur Schafskäse und Marmelade zu essen, stundenlang verklebt uns die Mischung den Magen. In den Bergen von Atiri laufen Gazellen vor uns her, hier gibt es Hyänen, ein Motorfahrer ist nachts im Schlaf gerissen worden. Auf der schweren Piste verlieren wir einen Reifen und die Stoßstange.

Plötzlich der große blaue See, die Südspitze des Lake Nasser, die Fähre nach Assuan wartet, morgen fährt der Zug von Wadi Halfa nach Khartoum zurück. Der ›Funduq Wadi al-Nil‹ ist Sammelpunkt der von Ägypten einreisenden Traveller, schnell wird uns der Rummel zuviel. In der sternklaren Nacht pilgere ich zum abseits gelegenen Wüstenbahnhof von Halfa. Gebäude ragen aus dem Wasser, Teile der alten Stadt sind im Stausee versunken, die neue ist noch ein künstliches Areal, aber jetzt im Vollmond glänzt der lange Zug verheißungsvoll silbrig-blau in der Wüste, auch dies eine Szene aus meinen Kinderträumen. Nach einer eisigen Nacht in einer dünnen, hellhörigen Wellblechbude beginnt mit dem Abschied von Katharina und Friederike ein neuer Abschnitt.
Im Frauenabteil des Zuges sind wir fünf Frauen trotz des für mich schwierigen nubischen Arabisch bester Stimmung, Zeinab, ‘Amal, Tahany und Nisrin nehmen mich sofort in ihre Familie auf. Der Zug bewegt sich auf den alten, von der Hitze verbogenen Schienen bald wie eine Wiege, bald wie ein Schiff durch die baumlose Wüste, der Gang zur Toilette über all die Leiber hinweg ist gefährlich, sie hat keinen Boden, ich kralle mich am Rand fest, unter mir die Wüste. Im Sand neben der Strecke liegen Achsen und andere Teile gestrandeter Züge. Im Morgenlicht sind wir schon am Nilufer, Zeinab legt das Kinn auf die Fensterbrüstung und singt, mit großer Gelassenheit zieht der Zug am 5. Katarakt vorbei, der fehlte mir noch, eine osmanische Festung bewacht ihn. Wir sind müde, schmutzig und glücklich, parfümieren uns mit allem, was wir haben, und verbreiten einen Schwall süßlicher arabischer Düfte.
Bei der Ankunft in Khartoum verlangen Männer Geld für das Ausladen des Gepäcks, »haramy!«, schreien die Frauen und ich stimme ein, Diebe seid ihr! Die altbekannten Bewohner des ›Fanadiq al-haramein‹ begrüßen mich wie eine Schwester. Mit Wonne laufe ich noch einmal nach Umdurman, suche einen Lastwagen Richtung al-Fasher im Westen des Landes, man schickt mich von einem suq zum anderen. Hier ist das Marktzentrum des Sudan, das Getümmel ist undurchdringlich. Im suq ash-shabi reizt besonders die Gasse mit Hunderten von ›Singer‹-Nähmaschinen, liebevoll mit alten Ersatzteilen restauriert.

Heute ist Freitag, Mohammed bringt mich mit seinem Kabinenroller zur Moschee Hamad an-Nil, das Volk strömt über den riesigen Friedhof zum Versammlungsplatz hinter der Moschee. Junge Männer küssen den alten Sheikhs die beringte Hand, ein Sheikh geht im Innenkreis umher und rezitiert Qur'an-Verse, die Umstehenden antworten. Von weitem ziehen die Muslim-Bruderschaften mit grün-roten Fahnen und Trommeln heran, gehen singend und sich wiegend in die Moschee, kommen Verse skandierend wieder heraus, formieren sich im Innern des Kreises zum Tanz. Absonderliche Heilige sind darunter mit langen verfilzten Haaren, Einsiedler aus der Wüste, behängt mit zahlreichen Gebetsschnüren, Peitschen in den Händen, manche haben bunte Schellenkappen auf und Flickenkostüme an. Die Trommeln werden geschlagen, die umstehenden Männer singen mit rhythmischen Verschiebungen monotone Formeln, dazu feuern Vorsänger die Tänzer an, die Derwische in der Mitte stampfen, springen und drehen sich wirbelnd, die Umstehenden bewegen sich vor und zurück, auf und ab. Gruppen junger Männer schreiten in Reihen in den Innenkreis hinein, skandieren immer dieselben Sätze, immer lauter, immer schneller, innen wirbeln Einzelne wie rasend über die Sandfläche, einer fällt und bleibt lange liegen, keuchend ist sein Atem. Die große Bewegung im Kreis wird aufgefangen durch das Auf und Ab der Umstehenden. Am Rande des Geschehens ist blitzartig ein kleiner suq entstanden, ein Medizinmann preist seine Geheimnisse an, führt die Wirkung seiner Pulver, Rinden und Kräuter mit drastischen Körperbewegungen vor. Die Frauen haben ihre Kinder mitgebracht, diese tanzen im Kreis mit. Als es dunkelt und der Vollmond über Khartoum steht, fahre ich zur Großen Moschee zurück.

Ich gehe den unterwegs neu gewonnenen Freundschaften nach, besuche Abdul Aziz Kininga aus Kamerun, der wie Youssouf an der Afrikanischen Universität Theologie studiert. Er schildert mir seine Verzweiflung, ohne Hilfe kann er nicht mehr studieren. Seine Familie in Kamerun stammt aus katholischer Tradition, ist zum Islam übergetreten, um dem Sohn diesen Studienplatz in Khartoum zu ermöglichen, das bedeutet ein Bett im Studentenwohnheim und ein Essen am Tag. Samia lädt mich in ihr großes

Haus ein, ich werde mit einem weißen Mercedes vom lumpigen ›Fanadiq al-haramein‹ abgeholt. Sie ist nubisch-türkischer Abstammung, entsprechend hellhäutig, hier herrscht osmanische Hofhaltung, ich finde mich in den Kulissen zur ›Entführung aus dem Serail‹ wieder, der Pasha stößt zu uns, auch hier muss ich wiederkommen.
Sand, Schafe, Kamele, Akazien, schnell sind wir aus Khartoum heraus wieder in der Wüste auf dem Weg nach al-Obeyd im Kordofan, überqueren den Weißen Nil durch Sumpfgelände mit bunten Vögeln und Blumen. Ich muss mir mit dubiosem Essen eine Vergiftung zugezogen haben, übergebe mich durch das Seitenfenster des Wagens, der Bus sieht aus wie durch Hamburger Schlagregen gefahren. In al-Obeyd angekommen ist mir so elend, dass ich den Rucksack nicht mehr auf den Rücken bekomme, in der einfachen Lokanda mit schönem Innenhof voller Zitronenbäume verzweifelt alles in Schwällen von mir gebe. Da in der Nacht der Hof voller schlafender Männer ist, weiß ich nicht wohin, kann nur unter die Bäume gehen, grauenvolle Durchfälle mit hohem Wasserverlust, wenn ich vor Erschöpfung einschlafe, wache ich in Erbrochenem wieder auf. Nicht einmal Flüssigkeit kann ich bei mir behalten, mörderisch in dieser Hitze. Unter dem großen Baum vor der Lokanda spielt sich das Leben des Viertels ab, die Frauen bemühen sich rührend mir zu helfen, sprechen von Christa, einer deutschen Ärztin nebenan. Sie ist ein echtes DDR-Gewächs, arbeitet hier seit vielen Jahren unter schwierigsten Bedingungen. Ich will nicht aufgeben, in all meiner Schwäche finde ich für den nächsten Abend einen Platz im Kofferraum eines Rovers nach ad-Da'ein in der Provinz Darfur. Unter dem großen Baum gibt es Tee und Kaffee, »Komm, du bist unsere Nachbarin!«, schon unter diesem Baum sieht man die Vielfalt der Stämme, die der Krieg hierher getrieben hat, die Nuba, die Dinka, Araber verschiedener Herkunft. Auch sie müssen Sätze wiederholen und übersetzen, um einander zu verstehen, auf den Märkten von al-Obeyd besticht die Fülle der Sprachen. Plötzlich läuft eine große schwarz-weiße Spinne mein Bein hoch, lange bekomme ich sie nicht von mir weg. Mit größter Disziplin mache ich mich trotz körperlicher Schwäche auf den Weg zum Sammelplatz für die Fahrzeuge nach Süden. Erst

am späten Abend sind genug Passagiere beisammen. Durch Dornbuschsavanne geht es nach Südwesten, wilde Hunde folgen unserem Wagen mit unglaublicher Geschwindigkeit, hier gibt es wieder vereinzelt Affenbrotbäume. Kimo aus Nyala sitzt neben mir, er ist gerade aus dem Krieg im Süden zurückgekehrt und schildert die Gefahren, ist froh, lebend nach Hause zurückzukehren, weiß nicht, wie das Leben nun weitergehen soll. Er hat sich aus dem Süden eine Kappe aus Leopardenfell mitgebracht. In der Nacht bei den einladenden Feuern in den Dörfern warten wie schon so häufig Kranke auf einen Wagen in die Stadt. Einer schreit vor Schmerzen, seine Leute versuchen, ihn mit anderen zusammen auf einem Lastwagen zu einem Arzt zu bringen, wie lange mögen sie schon warten, wie elend wird die Fahrt sein, ich wage nicht, ihm ein Schmerzmittel zu geben, die Leute sagen, es sei der Magen. Nur wie im Nebel nehme ich wahr, wie qualvoll diese Nacht inmitten des nicht mehr zuzuordnenden Gepäcks vergeht. Als ich die Stöße auf die immer gleichen Stellen nicht mehr ertragen kann, erreichen wir den suq von ad-Da'ein. 22 Stunden lang sind wir kreuz und quer durch die Steppe gefahren, durch einen riesigen Heuschreckenschwarm hindurch, der in den fensterlosen Wagen eindrang wie ein Gottesurteil. Um uns schlagend in dem sirrenden Geräusch haben wir versucht, die großen Tiere am Rücken zu packen und aus dem Wagen zu schleudern, die Akazien draußen sind kahlgefressen.
Den Preis für ein Zimmer in der Lokanda kann ich um die Hälfte drücken, wohlwollend lacht der mudir, als ich ihm in fließendem Arabisch mehrere Gründe aufzähle. Die Frauen und Kinder im suq lachen mir über alles für sie Fremdartige ungehemmt ins Gesicht, verfolgen mich mit einigem Abstand wie junge Tiere. Eine Frau lässt, als sie mich erblickt, in Panik den vollen Milcheimer fallen und stürzt davon. Fünf Tage habe ich nicht gegessen, hier gibt es gebratene Hühnchen. Beim Essen stehen alle dicht um meinen Teller herum und warten, ihr Lachen ist laut und roh.
An der Haltestelle liegt auf dem Schreibtisch die Post für Nyala, ein paar Luftpostbriefe ohne Marken, lose Zettel mit gekritzelten Nachrichten darauf, einige sorgfältig gefaltete und mit Nägeln verschlossene Heftseiten. Wir warten im Wind, der sofort auf Sand

kauen lässt und das Gesicht verkrustet, auf dem Boden sitzen wie überall auf Resten von Pappe armselige Frauen in zerrissenen und verdreckten Tüchern, neben sich in der kalten Morgenluft die mit dem Tuch ein wenig geschützten kleinen Töchter, zitternd, mit rotzverschmierten Wangen und Mündern, die tränenden, halb geschlossenen Augen eitrig verquollen, ein Stück Brot in der kleinen Faust. Neben der Haltestelle steht das alte Postamt wie eine Western-Kulisse, die Schalter außen zur Straße hin, mit kleinen Eisengittern gesichert, ein Schalter ist der ›telegraph‹, aus dem Inneren hört man das Morsegerät ticken, dahinter ›SudaTel‹ mit Sonnenkollektoren und großer Satellitenschüssel.
Der Bus sucht mühsam seinen Weg durch die Steppe nach Westen, den langen Dornen an den Akazien müssen wir ausweichen. Nyala am Abend erweist sich als überaus lebendiges Zentrum der Provinz Süd-Darfur, die Universität von Juba tief im durch den Krieg gelähmten Süden ist hierher ausgelagert worden. Reich sind die Märkte, liebevoll haben die Frauen Zwiebeln und Früchte zu Türmen aufgeschichtet, ich kann wieder die Fülle genießen. Auf dem Platz predigt ein junger Fakir mit einem Megaphon, er will die Rettung der Seele demonstrieren. Auf dem Boden liegt zusammengekrümmt unter Tüchern ein Junge, der Weise zerschneidet ihn gestenreich in Stücke, bespricht ihn, beschwört sein Auditorium mit leiser, verführerischer Stimme, der Junge steht auf und geht. Am Boden sitzen etwa 200 Menschen mit offenen Mündern, hingegeben. Rundherum verkaufen Frauen in Öl geröstete große Stabheuschrecken. Junge Männer haben Stapel von Postern zum Verkauf ausgebreitet, neben den Ansichten der Kaaba und berühmter Moscheen finden sich die Traumwelten eines Wüstenbewohners, Collagen von englischen Parks mit schwedischen Holzhäusern, vor denen junge Böcke ihre Geweihe erproben, im Hintergrund Neuschwanstein, die Blumen auf der Insel Mainau, Eichenwälder mit flockigen weißen Wölkchen darüber, eine spanische Villa mit einem Wasserfall, dazu Mädchen in langen Kleidchen, blonde Mädchen Elfen gleich, mit blonden Püppchen im Arm und Schoßhündchen. Die Restaurants im suq haben ihre Wände mit solchen Postern geschmückt. *Es geht mir gut, ich habe*

alles aufgegessen, meine Mutter hätte sich jetzt große Sorgen gemacht, ich vermisse sie und kann sie noch nicht gehen lassen.

Um in das Gebiet des Jebel Marra zu fahren, bedarf es einer Sondergenehmigung, das kostet wieder Stunden in der Stadtkommandantur. Mir gegenüber vor einer grünen Wand mit abgefallenem Putz ein rostiger Metallschreibtisch, darauf nur die gekreuzten feisten Arme mit zu Fäusten geballten Händen eines unförmigen Wachhabenden im sudanesischen Polizeidunkelgrün, ein unbewegter Koloss, die casquette wie ein Topfdeckel, die Schweinsäuglein geradeaus gerichtet, lebendig nur das Fleckchen Weiß in den Augen. Neben ihm sitzt der Offizier, der meinen Antrag bearbeitet, freundlich und offen, er freut sich über die deutsche Vereinigung und stellt trocken fest, Hitler sei ein Mörder gewesen. Gemeinsam finden wir zu seinem Gaudi Vokabeln für einen Verbrecher. Ich bin überrascht, bisher haben mich Männer häufig begrüßt mit den Worten »Du bist Deutsche? Ah, Hitler tamam, ganz ausgezeichnet!«

Den Bus nach Nartiti am Jebel Marra, dem höchsten Massiv im Grenzdreieck zwischen Tchad, Zentralafrikanischer Republik und Sudan, begleiten, da hier Überfälle rebellierender Stämme vorkommen, bewaffnete Soldaten, die Schnellfeuerwaffen mit Gummibändern und Heftpflaster zusammengehalten. Aggressiv sind die Straßenkontrollen, Armee, Geheimdienst und Polizei verhören mich in getrennten Hütten, teilnahmsvoll warten die Businsassen, immer dieselben Fragen, die Situation ist sehr angespannt, viele Eintragungen in viele große Bücher, ich sitze mit geballten Fäusten. In der Ecke dröhnt das Radio, plötzlich erkenne ich eine Art von Musik, erfasse einen Text, traue meinen Sinnen nicht, Radio Khartoum überträgt eine Sendung aus dem »Karnaval min Kuluniya«.

Im Sonnenuntergang fahren wir auf den Jebel Marra zu, für einen Augenblick steht der orange Ball auf einer Bergspitze, schwarz davor die Schirmakazien in der Ebene. Am suq von Nartiti treffe ich gegen Mitternacht auf der Suche nach einer Bleibe auf eine dicke Marktfrau am Feuer, Fatna, die mir jetzt noch Reis kocht. Sofort werde ich in die suq-Gemeinschaft aufgenommen, darf in Fatnas Stand auf einer Matte am Boden schlafen. Später kuscheln sich noch einige Menschen an mich, die auf den morgigen Lastwagen warten. Wie immer steht Orion über uns, das Schwert am Gürtel.

Schimpfend und schnaufend bringt mich Fatna am nächsten Morgen durch die ganze Oase zur Herberge, ich trete ein in den Garten Eden, vorbei an den Schulen, am kleinen suq entlang über die Flüsschen durch die Orangen-, Zitronen-, Mango- und Papayahaine an den Fuß des Berges. Es gibt in einer jetzt heruntergekommenen Erholungsstätte für Soldaten ein Bett mit Matratze, einen Sessel auf der Terrasse mit Blick auf den schmalen Fluss, der die Obstplantagen bewässert, ein Tischchen, ein Esel holt in großen Gummitaschen Wasser aus dem Fluss, das ich in Eimer umfülle. Frauen bringen mit strahlendem Gesicht Orangen, Papayas, Zwiebelgemüse, dreschen Erdnüsse im Sand. Begegne ich jemandem in der Oase, teilt er seine Früchte mit mir, Streifenhörnchen springen zwischen den Bäumen, grüne und blaue Vögel mit langen Schwänzen kreischen, dramatisch ächzen die Esel, nachts höre ich die Hyänen und die wilden Hunde in der Ebene. Tagelang wandere ich auf den Eselspfaden in die Berge, entdecke winzige Dörfer im Angesicht des Gipfels, steige ab in Schluchten und finde Paradiese von Wasserfällen, Orangenhainen, murmelnden Bächen mit Wasserminze, Wasserrosen, mit Libellen, Reihern und Ibissen am Ufer, klettere in schroffe Felsregionen. Der schmale Pfad führt nach Stunden in ein kleines Dorf aus Strohhütten, das ganze Bergmassiv liegt vor mir. Reiter auf Eseln kommen aus der Ferne auf mich zu, sie sind unterwegs zum Markt in Nartiti. Ihre Anrede für mich ist ›mistera‹ mit der weiblichen arabischen Endung an das englische mister, so verwundert sind sie. Füße und Beine sind vom harten Gras zerschnitten, es ist heiß, dankbar treffe ich manchmal unter Bäumen auf mit kühlem Wasser gefüllte Tonkrüge, Hirten haben sie aufgestellt. Die Familien in den Hainen stopfen mir den Rucksack voll mit Früchten, welch ein Genuss am Abend auf meiner kleinen Terrasse am Fluss, ›Ich hatte eine Farm in Afrika...‹

Die letzte Nacht verbringe ich in Fatnas Hütte, um den ersten Bus nach Nyala zu erreichen, wieder kocht sie für mich, besteht darauf, dass ich auf einem geflochtenen Bett schlafe, das allerdings in der Mitte ein großes Loch hat und viel zu kurz ist. Die Frauen versammeln sich, lange erzählen wir im roten Abendlicht, am nächtlichen Feuer in kalter Nacht. Im Bus muss ich stundenlang verkrümmt im Mittelgang stehen, kann mich nicht wehren *meine Mutter, vielleicht muss ich es einfach annehmen, meine Mutter stirbt nie, sie stirbt erst mit mir.* Ob ich es schaffen werde wiederzukommen? Ich habe es der weinenden Fatna und allen anderen versprochen.

Die letzte für Passagiere nutzbare Bahnlinie des einst ausgedehnten sudanesischen Bahnnetzes führt von Nyala nach ar-Rahad am Weißen Nil, einmal in der Woche geht der Zug. In Nyala höre ich, es gebe keine Fahrkarten mehr, ich solle später noch einmal zum Direktor kommen. Als ich mit meinem ablaufenden Visum argumentiere, schiebt er mir unter dem Tisch eine Fahrkarte dritter Klasse zum regulären Preis zu, Valentino Dio, mein Freund aus der Südprovinz Bahr al-Ghazal, hat im Schwarzhandel auch noch zwei tickets bekommen, allerdings zum doppelten Preis. Bewaffnete Soldaten führen Gepäckkontrollen durch, sorgen mit schrillem Pfeifen für Disziplin, die Schnellfeuerwaffen ständig im Anschlag. Die Strecke gilt als sehr unsicher, man scheint die Täter der Zugüberfälle nicht genau zu kennen, die einen halten sie für Stämme aus dem Darfur, die anderen meinen, sie kämen aus dem Tchad. Die Abfahrt verzögert sich um Stunden, die Lok ist offenbar beschädigt. Erst in der Nacht bewegt sich der Zug schaukelnd wie ein Schiff im Sturm voran, droht aus den Schienen zu springen, an der Strecke liegen umgestürzte, zerbeulte, ausgebrannte Waggons.

Im Morgengrauen hält der Zug plötzlich und bleibt bis in den Vormittag an einem winzigen Wüstenbahnhof stehen, die Strecke vor uns sei blockiert durch umgestürzte Wagen, sie müsse erst durch einen Kranwagen befreit werden, das könne dauern, also warten. Aus dem Nichts kommen Frauen mit Teegeschirr, Holzkohleöfen und Hirsebreitöpfen, die Passagiere haben sich in Grüppchen über die Wüste verteilt und diskutieren, lachen, spielen, beten, die Soldaten sondieren das Gelände. Mit Dinka-Studenten der Khartoumer Juba-Universität, die ein wenig von Deutschland wissen, gelingen Gespräche über Studienmöglichkeiten, über Fremdenfeindlichkeit. Nach Stunden taucht am Horizont eine Lok mit Kranaufbau auf, die den Rest des Güterzuges schleppt. Die Strecke ist frei, johlend wird der Zug begrüßt, dann zuckeln auch wir wieder dahin, die Stimmung im Wagen ist gelassen und fröhlich. Wegen der Verzögerungen sind wir müde, hungrig und durstig. Als wir in ad-Da'ein ankommen, bringen Kinder Wasser, Frauen Tomaten, Zwiebeln und Eier, wie immer wird alles geteilt. Nach meinen Kompassberechnungen haben wir erst ein Drittel der Strecke geschafft.

An einer Wüstenhaltestelle kommt ein seltsamer Heiliger auf mich zu, zieht mich in den Kreis seiner zahlreichen Zuhörer, »allahu akbar, la allah illa allah«, er sei Adam und ich Eva, zwischen Allah und Gott sei kein Unterschied, dazu reibt er mit typisch afrikanischer Geste die Zeigefinger aneinander. Ein gewandter Prediger ist er, und ich bestätige ihn gern, dann aber: »Amrikya downdowndown!«, im Chor wiederholt das Publikum. Auf meine Frage, was dann mit den vielen Muslimen in den USA geschehen solle, »Amrikya nicht downdowndown!« Der Kreis öffnet sich mir Eva respektvoll.

Die zweite Nacht im Zug bricht an, mein Banknachbar hat sich einen Platz auf dem grausig schmutzigen Mittelgang gesucht und einen Sack untergelegt, ich bin dankbar und kann mich ein wenig strecken, 25 x 80 cm auf der Bank. Der dritte Tag im Zug bringt ständige Pannen, anhalten, aussteigen, sich strecken, diskutieren, hoffen, dass es weitergeht, für alle eine Strapaze, immer die Angst beim Lösen der Bremsen: zieht er oder zieht er nicht? Wenn er denn zieht, knallt es laut, Menschen und Gepäck fallen übereinander, zieht er nicht, bewegen wir uns nur ein paar Hundert Meter, erneute Pause. Leidenschaftlich deklamierend wandert unser Heiliger durch den Zug, jedesmal bleibt er neben mir stehen, seit Adam und Eva seien Weiße und Schwarze gleich, vielleicht würde ich ja eines Tages Muslima werden. Die Männer um mich herum diskutieren die Mannschaftsaufstellung von Borussia Dortmund und die Qualitäten von Ali Daei.

In Abu Zabad gibt es wieder zu essen und Wasser, ein Waggon muss ausgesondert werden, er ist kaputt, es wird noch einmal enger, noch einmal fällt in der Wüste die Lok aus, noch eine Nacht

im Zug, alle sind von stoischer Gelassenheit, es gibt genug zu essen, mein Nachbar gleitet wieder auf den Boden.
Um 3 Uhr früh der endgültige Stop, ar-Rahad ist erreicht, schlaftrunken beginnt das Entladen. Ich folge der Menge im Dunkeln, weiß nicht wohin, träume von einem seidenen Bett in einer Luxussuite, die meisten rollen ihre Matte unter dem Dach des Bahnhofs aus. Aus dem Dunkel kommen einige Busse herangefahren, über Kosti am Weißen Nil geht es durch die Provinz al-Gezira, eine riesige Kornkammer zwischen den beiden Nilen, die größte Farm der Welt, heißt es, flach bis an den Horizont mit von einer deutschen Firma eingedämmten Kanälen. Die Ernte ist eingebracht zwischen den felsigen Bergmassiven der Blue Nile-Provinz. Am Mittag erreichen wir Wad Medani am Blauen Nil, ich bin zum Sterben erschöpft, pflege mich in einem richtigen Hotel. Die Stadt ist wunderschön mit ihren Villenvierteln am Nil, ihren Parks und Gärten voller Bougainvilleen, über die Sandbänke kommen die Herden zum Trinken an den Fluss, quirlig und reichhaltig sind die Märkte. Nie geben Armee, Security oder Polizei Belege für die Anmeldung aus, sagt man aber bei einer der Straßenkontrollen, man sei bei der shurta gewesen, so wird dies vertrauensvoll geglaubt.
Um 6 Uhr früh soll es einen Wagen nach Kassala in der Südost-Provinz geben. Im Dunkeln mache ich mich auf den Weg zur mahatta, ein paar leere Viehtransporter kommen vorbei, einer hält an, »irkab!« Wie sehr werde ich die Tee-Stände am nächtlichen Feuer vermissen, die die ruhelosen, ihr Leben suchenden Menschen halten, Trost und Zuneigung geben, Hilfe und Halt auch für mich, für die Kinder mit den leeren Schüsseln, für die alten Bettler, die, von Knaben geführt, Segenswünsche für die Reise singen, für die vielen Mädchen und Jungen, die aus Kartons Kleinkram an die Reisenden verkaufen.
Durch fruchtbare Ebene geht die Fahrt weiter, die Zuckerrohrfelder sind wie aufgestört durch wütige Auswürfe der Erde, graue Felsen, die in der flirrenden Hitze wie Inseln auf Seen schweben, einsam neben der schnurgeraden Asphaltstraße die Reihe der Strommasten. Der alte Mercedes-Bus mit der zersplitterten, durch Klebestreifen zusammengehaltenen Windschutzscheibe hat über

dem Fahrer noch das deutsche Schild ›Während der Fahrt bitte nicht mit dem Wagenführer sprechen‹. In Gedaref ist die Grenze nach Äthiopien erreicht, wir überqueren den Atbara-Fluss, treffen auf Kamelherden und Nomadenzelte, die Gehöftformen wandeln sich. Kassala ist von zwei Seiten begrenzt von seltsamen dickfingrigen Felsen, der Jebel Toteel sticht hervor. An der letzten Kreuzung vor der Stadteinfahrt gibt es rüde Kontrollen, viel Militär fährt jetzt mit, die Stadt an der Grenze nach Eritrea ist unruhig, voller Flüchtlinge.

Am suq von Kassala finde ich den ›Funduq Toteel‹, will mich eintragen, da beginnt eine Odyssee, die die ganze Nacht anhält, mich wütend macht, zu hohntriefenden Formulierungen beflügelt, die mich stolz, jede Vorsicht vor möglichen Konsequenzen aber zunichte machen. Im Funduq heißt es, es gebe keine Unterkunft ohne polizeiliche Genehmigung, ich müsse jetzt in der Nacht noch zur Polizei. Also frage ich mich eine Stunde lang durch den suq hindurch, den Weg durch die vielen Gassen kann ich mir nicht merken, arbeite mich durch alle Abteilungen der shurta hindurch. Man ist unverschämt grob, mein Arabisch ärgert sie, sie sprechen absichtlich schnellen Dialekt, drehen mir das Wort im Munde herum. Also spreche ich nur noch englisch, so müssen sie sich anstrengen, sind verunsichert, also wieder arabisch, in ihren Verhören wissen sie offensichtlich nicht genau, was sie tun sollen, verlieren irgendwann die Lust, khalas, ich kann gehen. Mittlerweile ist es stockfinster geworden, die Lampen sind gelöscht, es sind kaum noch Leute auf den Straßen, erst nach langer Zeit finde ich den Funduq wieder. Immerhin bekomme ich mit meiner Bescheinigung ein Zimmer. Jetzt soll ich aber die Formulare ausfüllen und im suq Passkopien machen lassen, das verweigere ich, das habe Zeit bis morgen. Halb verhungert finde ich irgendwo noch etwas zu essen, da zupft mich um Mitternacht jemand an der Schulter, jetzt müssten wir die Pass-Kopien machen. In einem Stoffgeschäft gibt es auch ein Kopiergerät, zurück im Funduq heißt es, jetzt müsse ich die Formulare ausfüllen. Ich lasse ihn stehen, ich müsse jetzt schlafen. In meinem Traum schlägt jemand mit einem Hammer auf Metall, immer näher, jemand schlägt an meine blecherne Zimmertür, Polizisten der Passbehörde stehen vor der Tür, neh-

men mich im Schlafanzug im Morgengrauen mit zu ihrer Dienststelle am anderen Ende der Stadt, alle Verhöre noch einmal, meine arabische Ironie, über die ich mich diebisch freuen kann, verstehen sie nicht, zum dritten Mal das Formular, khalas.
Im Foyer des ›Funduq Toteel‹ stehen vor meiner Zimmertür flache Tische und Sessel, auf den Tischen, auf den Sesseln, auf dem Boden, einfach überall das Schlachtfest eines Obstgelages, wie mit den allgegenwärtigen Maschinenpistolen zerschossen sind zahlreiche Wassermelonen verspritzt, der Saft, in Pfützen auf dem Boden, rinnt, als ich komme, noch von den Sesseln. Ein Mann liegt in den triefenden Resten, hat sich eben aus der Kühltruhe ein weiteres großes Stück Melone geholt und reißt nun mit beiden Händen Stücke heraus, fordert mich, »faddal!«, zum Mitmachen auf, gibt seinen Trieben auch in seiner Neugier Nahrung, stößt schmatzend und sabbernd die elementaren Fragen aus: »Min weyn? Mash weyn? Shenou?«, woher kommst du, wohin gehst du, was machst du hier?, dreht dabei mit typischem Schwung die Handgelenke nach außen. Stücke von Melone fliegen aus seinem Mund in meine Richtung, sein weißes Hemd ist rosa getränkt, er krönt, die staunenden Augen groß auf mich gerichtet, seine Anteilnahme mit einem ungeheuren Rülpser in mein Gesicht. Ich bin seit langem die einzige Fremde in der Stadt. Im suq sind die Menschen erstaunt, bisweilen erschrocken, mich zu sehen, wenn ich mit ihnen spreche, strahlen sie. Als ich in andere Viertel laufe, sagen die Leute, sie hätten mich schon erwartet. Einige Alte kritisieren meinen Turban, alles an mir sei gut, aber der Turban sei den Männern vorbehalten, das sei ein Verstoß gegen die Regeln. Andere Männer schätzen meine Aufmachung, heben den Daumen: »Tamam!«
Der ›Funduq Toteel‹ befindet sich an der Ecke des Kornmarktes, der Reichtum der Provinz an Hirse, Mais, Sorghum, Zuckerrohr wird hier in Säcke gefüllt, von kleingekrümmten Männern auf Eselskarren gehoben, für den Straßenverkauf in flache Körbe gefüllt, dazwischen immer wieder Säcke mit US-Flour und US-Corn, eine pralle Szene, durch die man sich kaum hindurchschlängeln kann. Seit ich hier wohne, sehe ich an der Ecke eine Bettlerin auf dem Boden hocken, meist in der sengenden Sonne, ganz klein, schmal, die Wirbelsäule verbogen, die nach innen verdrehten Füße

mit den wulstigen Fersen und den wie Krallen nach außen stehenden Zehen stecken in Resten von aufgeschnittenen Kinderschuhen. Tiefe Falten durchziehen die vom Staub grau verkrustete Haut. Eine Hand ragt aus dem die ganze Gestalt verhüllenden braunen Tuch, rechtwinklig nach hinten gekrümmt, die abgespreizten Finger können die Handfläche nicht umschließen. Der verhüllte Kopf ist gesenkt, kein Laut dringt aus dieser Gestalt, niemand trägt sie in den Schatten. Jedesmal, wenn ich vorbeikomme, dieselbe Stellung, jedesmal stelle ich mir die Gestalt darunter vor, eine alte Frau, was heißt hier schon alt, von Hunger und Lähmung verdorrt, blicklos. Jedesmal lege ich eine Münze, die beim Teetrinken übriggeblieben ist, auf die kleine Handfläche, jedesmal zuckt der faltige kleine Finger zur Handfläche hin, um die Münze festzuhalten, kein Laut. Am nächsten Tag das Gleiche, mehrmals. Gegen Abend ist plötzlich der Schleier vor dem Gesicht geöffnet, ich sehe in das Gesicht eines sehr schönen Mädchens, eines Kindes noch, das gleichmütig vor sich hin starrt. Vor Entsetzen flüchte ich.

Die hier stationierten Soldaten müssen sich selbst versorgen, sie laufen in Gruppen, die Waffe über der Schulter, durch die suqs, tote Hühner in beiden Händen. Die Bewachung der wichtigen Brücke über den Atbara besteht aus eingerissenen Zelten, die Gewehre davor wie ein Indianerzelt aufgestellt, um die Zelte herum behelfsmäßige Leinen, auf denen die Wäsche der Soldaten flattert, ein Bild des Elends. Ein Soldat erzählt mir, für Männer im Sudan gebe es praktisch nur die Möglichkeit, zur Polizei oder zur Armee zu gehen, das Gehalt sei so gering, dass es am 10. Tag des Monats aufgebraucht sei, so müsse man versuchen, mit Handel ein wenig Geld zu verdienen. Die etwa 800 m lange shar'a ash-shurta, die ›Straße der Polizei‹, besteht nur aus Polizeidienststellen.

Um den Jebel Toteel zu besteigen, laufe ich aus der Stadt heraus, immer an einem ausgetrockneten oued entlang bis zur Moschee von Khatmiyya, steige in die gewaltigen rundgewaschenen Felsen, bis ich beginne zu rutschen, in der Ferne die Oase von Kassala, unter mir das Dorf. Hinter den Bergen liegt Eritrea, in den runden Hütten wohnen Flüchtlinge. Wunderschön sind die Frauen mit den Schmucknarben im Gesicht, den Nasenringen mit kleinen bunten Perlen, schwarzen Halbschleiern unter den Augen. Unverschleiert sind die schwarzen Locken, geschminkt die Augen, bunt die Gewänder. Sie fertigen Palmstroharbeiten, Körbe, Matten, Gurte und Fächer. Alle wollen mir die bedeutende alte Moschee mit der offenen Kuppel zeigen, auf dem Vorplatz ist die steinerne Gebetstreppe für den Imam gen Mekka gerichtet.

Die Grenzen sind gesperrt, es ist nicht mehr möglich, mit einem Wagen nach Eritrea zu fahren, ich wollte über Djibouti mit einem Boot nach Aden übersetzen. Als ich Kassala nach einigen Tagen verlasse, ist die Stadt an ihrer Westseite von Panzern umstellt, die Kanonen sind auf die Stadt gerichtet. Im Bus sitzt neben mir ein Hirte, Kochgeschirr und Hirtenstab sind an unseren Füßen eingeklemmt. Er hat sich zum ersten Mal in seinem Leben ein großes geflochtenes Bett gekauft, das mühsam auf dem Dach des Wagens verzurrt werden musste. Seine Aufregung ist Quelle anhaltender Heiterkeit um uns herum. Ich bin froh über meine paar Habseligkeiten, von denen jede jetzt lebensnotwendig ist, bin glücklich, ohne Ballast eine wirkliche Mobilie, ein ›bewegliches Gut‹ zu sein, mich an jedem Ort zugehörig fühlen zu können.

Auch an beiden Brückenenden über den Atbara stehen Panzer, niemand weiß, was passiert ist. Alle müssen aussteigen, der Bus wird auseinandergenommen, selbst die dünnen Polster auf den Bänken werden durchstochen.

Noch einmal Khartoum, ›Fanadiq al-haramein‹, die suqs, ein bisschen Deutsche Welle, schlafen. Bei der letzten Wanderung den Blauen Nil abwärts gibt es mir einen Stich, am Himmel plötzlich ein großes Geschrei, Schwärme von großen Vögeln, Störche ziehen nordwärts, hinterlassen mir eine große schwarze Feder mit schmalem weißen Rand, im November habe ich sie im Tchad ankommen sehen.

Mir bleibt der Flug nach Sana‘a. Da wegen des tabaski-Festes alles geschlossen ist, muss ich den Leiter der Fluggesellschaft aufstöbern. Mr. Shantilah Gandhi ist ein würdiger Abschluss meines Aufenthalts im Sudan. Stundenlang diskutieren wir über dieses Land aus der Sicht eines indischen Geschäftsmannes, dem, in Juba ansässig und mit 22 Geschäften überall vertreten, alles bis zum Autoschlüssel genommen wurde, dessen Familie sich einer Gehirnwäsche, einer Zwangsislamisierung unterziehen musste, dessen Töchter Heiratsverbot mit Andersgläubigen hinzunehmen hatten. Er erzählt von der Rolle des Militärs und der Polizei, die im Süden am ›point of no return‹ angelangt seien, auf alles schössen, was sich bewegt. Wenn sie ihr Gehalt von 3 £ in der Hand hätten, würden sie in den Urwald laufen, die Uniform an einen Baum hängen und die Zeit mit Arrak und Frauen verbringen; wenn das Geld aufgebraucht sei, würden sie zum Dienst zurückkehren. Die vielen Äußerungen von Widerstand überall im Land fallen mir ein, an George Grosz erinnernde Kohlezeichnungen auf weiß gekalkten Mauern von Kasernen oder Ministerien, Szenen mit Panzern, schlagenden Uniformierten, großen Köpfen mit entsetzten Augen, an deren Schläfen Pistolen gedrückt werden.

In der Wartehalle des Flughafens stehen riesige Fernseher mit saudischem TV-Programm, keiner der wenigen Passagiere für die 727-200 der ›Yemenia‹ schaut hin, doch alle Angestellten des Flughafens sitzen in Reih' und Glied davor, die Arbeit ruht. Zu meiner Überraschung gibt es eine Zwischenlandung in Asmara, so komme ich doch noch nach Eritrea, harter Aufprall, wir sind in einen Einschusstrichter gefahren, ein Reifen ist geplatzt. Neben mir sitzt Fawzia, eine dicke sudanesische Mammy, Analphabetin, die mit ihren paar Plastiktüten zu ihren Kindern nach Sana'a übersiedeln will. Ich helfe ihr tragen, schließe ihren Gurt, fülle ihr die Einreiseformulare aus, da lädt sie mich in ihre Familie ein. Am Ausgang in Sana'a nimmt mich eine fröhliche Großfamilie mit viel Geschrei in Empfang, in der schönen Wohnung schlafen Fawzia und ich in einem Zimmer, die ganze Nacht wird erzählt und gelacht. Acht Jahre hat man sich nicht gesehen, zehn Kinder bieten mir unentwegt yemenitische Süßigkeiten an, irgendwann gegen Morgen falle ich einfach um.

Fortbewegungen IX

Im suq von Adens Stadtteil Crater hockt am Straßenrand, ganz in Schwarz gekleidet, eine junge Bettlerin am Boden, der Umhang ist zurückgeschlagen und stellt die Beine zur Schau, dürre Stengel, offensichtlich Polio. Beide Unterschenkel sind je innen und außen geschient, als Schienen dienen abgesägte Gewehrläufe, untereinander mit Draht verbunden. Als wir einander am nächsten Tag zum zweiten Mal begegnen, geht sie an aus Leisten grob gezimmerten Holzkrücken, die Beine stehen nach auswärts, die metallenen Gewehrläufe schleifen klirrend auf dem steinigen Boden, mühsam zieht sie sich voran. Sie strahlt mich an.

Die muslimische Welt feiert aid al-adha, die Pilgerzeit hat begonnen. Auf dem meidan at-tahrir, dem Hauptplatz vor den Toren der Altstadt, erscheinen die Männer und Knaben zum Neujahrsfest geschmückt mit weißen Tüchern, die gambiya am goldenen Gürtel, die Kinder werden auf mit Blumen geschmückte Pferde gehoben und fotografiert, auch junge Männer posieren, den Krummdolch in der pathetisch erhobenen Hand. Für die Knaben gibt es natürlich Gewehrschießen auf dem Platz, junge Männer tanzen die rituellen Dolchtänze zum Rhythmus der von kleinen Jungen geschlagenen Trommeln. Traditionelle Süßigkeiten werden verteilt, auf dem Platz blühen die Bäume fliederfarben. In den ›Arab News‹ lese ich von der Verlängerung der Notstandsgesetze im Sudan, heiter und gelöst wirkt dagegen die Welt der Yemeniten, von kultivierter Leichtigkeit, in Bewegung und Entwicklung. Vom Dach des Hotels ›Taj Tahal‹ aus ist die renovierte Altstadt von Sana'a eine der schönsten Städte der Welt. Fußballspielen mit den kleinen Jungs am Salz-suq, die Mädchen freuen sich, mir die Auswege aus den winzigen Sackgassen zeigen zu können, ich entdecke die Orte wieder, an denen ich schon vor 25 Jahren gestanden habe. Im kleinen festungsartigen Palast des einfachen Hotels ›Manakha‹ gibt es warmes Wasser und ein Zimmerchen auf den Zinnen, graubraune Brühe von Staub und Sand spüle ich aus meiner Wäsche. Auch Ron lebt für eine Weile hier, ein Mensch, der sein ganzes

Leben mit Rucksack auf Reisen verbracht hat, irgendwo gibt es immer ein wenig wenn auch verbotene Arbeit für ihn. Sein Pass und all seine Schecks sind gestohlen, er fürchtet, von der amerikanischen Botschaft keinen länger gültigen Ausweis mehr zu bekommen. Ein verrückter, lieber, kluger Mensch, einsam und versponnen treffe ich ihn manchmal in den kleinen Lokalen um den suq. In den Goldgeschäften gegenüber beugen sich den ganzen Abend lang schwarz verschleierte junge Frauen über die goldenen Ringe, Ketten und Armreifen. Nur der Vollmond beleuchtet die Altstadt mit ihren Wohntürmen, aus den weiß verputzten Rundbögen der Fenster in den oberen Etagen mit ihren bunt verglasten Ornamenten dringt vielfarbiger Schimmer nach außen, so stand ich schon als Kind verzückt vor dem Adventskalender, dessen schon geöffnete Türchen durch den Schein der Kerze dahinter Welten öffneten. Die Gemüsehändler preisen ihr letztes Angebot, die Alten in den Hauseingängen zanken sich, die eine Backe grotesk aufgebläht, laut um die letzten billigen qat-Tüten minderer Qualität. Bevor ich in den Süden fahre, um das Wadi Hadhramaut entlangzulaufen, besorge ich mir die Visa für Oman und die Emirate, bin schon vorab beeindruckt von der Botschaft der UAE, gesichert wie eine Festung, ein Marmorpalast in einem Park voller blühender Rosen, das Staatsemblem groß wie ein Haus, erwirke durch meine sprachliche Gewandtheit, die den Konsularbeamten entzückt, auf der Stelle das für Einzelreisende nur selten erteilte Visum. Gegenüber liegt die Trutzburg der Kaserne, Kommandant ist der Bruder des Staatspräsidenten, raunen die Männer auf der Straße mir zu, durch die vergitterten Fenstern schauen Soldaten mir nach.

Die Fahrt nach Süden führt auf hochgelegene Passstraßen, an den Hängen wird qat auf den Terrassen angebaut. Noch immer liegt bei Ibb der ägyptische Panzer im Abgrund. Die Landschaft wird rauer, erscheint fast unbewohnt. Die alte Grenze zum Süd-Yemen ist deutlich erkennbar, immer noch stehen Panzer hier. Die Berge werden flacher, münden in ausgedehnte Dünenmeere.

Umtriebig ist Aden mit seinen weitläufigen Hafenanlagen in den Buchten. Crater, der älteste Stadtteil, im Kessel des Vulkangesteins am Meer gelegen, ist nur über den langen schmalen Damm erreichbar, neben dem Hunderte von Flamingos ihre Nahrung suchen. Das heruntergekommene, billige ›Red Sea Hotel‹ zeigt noch Reste alter Pracht der englisch bestimmten Jahrhundertwende. Drei Brüder, 13, 19 und 22, führen das Hotel, »passport!«, knarzt der Jüngste, »money!«, ich reiße die Hände hoch und stehe stramm. Sie lachen, wir tauschen Früchte und Schokolade. Auf einem Bett neben einem alten Schreibtisch und auf dem Boden dahinter verbringen die Drei ihr Leben, essen, schlafen bei Neonlicht in dem deprimierenden kleinen Foyer, in dem ihre Kleidungsstücke, Schuhe und Essenreste herumliegen. Nach dem Aufwachen, gewöhnlich steige ich morgens aus meinem Zimmer über sie hinweg, wird der flackernde Fernseher eingeschaltet, der dann den ganzen Tag, die halbe Nacht läuft, der Jüngste geht in einem Topf ein einfaches Essen aus dem suq holen, der Älteste besorgt die qat-Tüte. Am Nachmittag sieht man den Kleinen eine Weile ratlos über einem Schulheft brüten, fernsehen, irgendwann auf dem zerschlissenen Teppichboden einschlafen. Im Restaurant ›Reem‹ nebenan gibt es gutes billiges Essen, ich kann nicht mehr richtig mit einer Gabel umgehen, alles rutscht weg. Auch hier sind die meisten Frauen ganz in Schwarz gekleidet, aber doch mit offenem Gesicht, viele mit rot geschminkten Lippen.

Es riecht nach Meer, von der Arabischen See weht eine kräftige Brise, von Osten drückt starke Brandung in die flache Bucht. Lange schaue ich den Jungen am Strand von Fisherman's bay beim Zerlegen der großen Thunfische zu, Haie gibt es und wunderschöne grün-golden schillernde kleine Fische. Am Ende der Bucht steht wie durch ein Machtwort bezwungen steil die erkaltete Lava, oben das englische Fort mit den großen Kanonen kontrolliert die Einfahrt in das Rote Meer..

Auf der anderen Seite der Bucht lösen die himyaritischen Zisternen in den Bergen, ein frühgeschichtliches Reservoir für 45 Millionen Liter Wasser, Bewunderung aus. Die schroffen Bergspalten, von denen das Wasser nutzlos herunterschoss, sind verschlossen von den sanften Rundungen der bis an den Fuß des Berges ineinandergreifenden Sammelbecken. Der Direktor mag das kleine Museum heute nicht öffnen, er liegt mit dicker qat-Backe unter einem Baum, vielleicht übermorgen, meint er souverän. Umso mehr belustigt das schön renovierte Haus von Rimbaud, ein Hotel, eine Apotheke und ein Restaurant sind hier eingezogen, werben mit großen beleuchteten Schildern. Auf Arabisch ist der Name angemessen wiedergegeben, auf Englisch erscheint in riesigen Lettern schlicht ›Rambo‹ und erinnert so vielleicht an die dubiosen Waffengeschäfte des sensiblen Poeten.

Das Immigration Office am Steamer's Point in at-Tawahi hat etwas von Ellis Island, die Ankunftshalle sieht noch aus wie zu Beginn des 19. Jahrhunderts, vor der Anlegestelle dümpelt die ›Sea Quest‹, Freitagsruhe, in der Ferne singt ein muezzin. In der großen Bucht liegen die Frachter auf Reede, umschlossen von den Kraterfelsen. Auf dem Weg die Küstenstraße entlang nach Gold Mohur mit seinen am Feiertag belebten Stränden nimmt mich ein chinesischer Arzt im weißen offenen Sportwagen mit und bringt mich in den blumenübersäten Innenhof des ›Elefant Bay Beach Resort Club‹, ›entry for members only‹, am Strand im Schatten, die Beine hoch, den Blick auf die stille blaue Bucht gerichtet, kneife ich mich und kann es nicht glauben. Ein großer Frachter fährt aus dem Indischen Ozean ins Rote Meer ein, auf den Vulkanbergen rundherum drohen die alten englischen Befestigungen, von hier stammen meine Kinderträume von Piraten aus dem Indischen Ozean.

Der Südyemen hat sich nach der Wiedervereinigung viel Autonomie bewahrt, hat eigene Polizei- und Militärgewalt, eigene Verwaltung, und verlangt von Reisenden einen permit für jeden Ort, ohne den man keine Überlandbusse benutzen darf. Allerdings kann auch niemand genau sagen, wo man dieses permit bekommt, also noch einmal at-Tawahi. Heute morgen hat die ›MS Deutschland‹ am Steamer's Point festgemacht. Ich frage mich durch die Polizeibehörde und treffe auf Gamil, ohne den ich es nicht mehr geschafft hätte. Die Polizei schickt zu uns zur ʻamaliyya, wir werden durch alle Abteilungen des komplizierten Baus gejagt, finden das richtige Büro, doch ist nun gegen Mittag der Abteilungsleiter nicht mehr bereit, einen Stempel herauszurücken. Gamil redet mit großen Augen, ich zirze, schließlich wird doch in dreifacher Ausfertigung ein Formular ausgefüllt, die Reiseroute detailliert mit Datumsangaben festgelegt, zwischen Seʼyun und Sanaʻa kann ich

den Weg offen lassen. Gamil rennt los den Stempel zu besorgen, dann noch die Unterschrift des mudir.
Gamil hat sich ein gutes Mittagessen verdient, er bringt uns in ein mata'am im suq, hier wird mit beiden Händen Hähnchen mit Reis vertilgt, geschmatzt, gelacht, geschrien, die Knochen fliegen in alle Richtungen, jeder probiert von jedem Teller die verschiedenen Soßen, herrlich. Auf die Frage, ob auch er qat kaue, meint er, wenn er Geld habe, gern, und so sponsere ich zum ersten und letzten Mal eine Droge, Gamil ist glücklich, setzt mich noch in den richtigen Minibus und ruft hinter mir her, ich solle immer vorsichtig sein.
Gegen Abend erschließt sich der ganze Zauber Adens. Im gleißenden Mittagslicht der schwülen Hitze sind die Berge hart und undurchdringlich, nachmittags warm orange, in den Schatten werden die schroffen Spalten im Vulkan sichtbar, im Abendlicht aber hebt sich das Gebirge zart wie Wolken, unwirklich wie ein entschwindender Traum, noch einmal laufe ich ans Meer und hoch zu den Zisternen. Beim letzten Besuch im ›Reem‹ gebe ich den Köchen und Kellnern eine Lektion in lateinischer Schrift, Groß- und Kleinschreibung. Alle stehen fasziniert um den Tisch herum und üben auf kleinen Zetteln.
Die Fahrt an der Küste entlang nach Osten Richtung al-Mukalla ist von außerordentlicher Schönheit, ganz unberührt ist dieses Gebiet, dann biegt die Straße ab ins Gebirge, taucht ein in schwärzliches Vulkangestein. Dies ist altes Rebellengebiet, aufständische Stämme haben hier ihre Hochburgen. Alle paar Hundert Meter stehen Straßensperren, jedesmal wird von Militär und Polizei das Reisepermit argwöhnisch geprüft. Schroff und karg sind die Berge, in die Felsen haben sich Wadis eingeschnitten, in dieser Wildnis gibt es nur wenige Dörfer, aus Felsgestein gebaut. Umm Qulaytah ist wild wie seine Umgebung, jeder Mann, jeder Knabe trägt ein Gewehr, eine Schnellfeuerwaffe, auf Geländewagen sind Maschinengewehre montiert. Als ich mich vom Bus entferne, da ich nicht essen möchte, und mich umsehe, werde ich von jungen Männern umringt, ihre Waffen machen sie kühn und angriffslustig. Als ich arabisch kontere und mir nichts gefallen lasse, lachen sie gutmütig, die Spannung ist vorüber. Sie nehmen mich mit an einen Steilhang,

an dem sie ihre Schießübungen machen, Melonen auf Felsen sind ihre Ziele, und so stehe ich an einem Abgrund von schwarzem Geröll wie am Anbeginn der Welt und mache mit einem Gewehr Zielübungen, als Erinnerung schenken mir die Männer einige Patronen. Der Älteste erzählt, gewöhnlich würden die Wagen von Militärjeeps durch dieses Gebiet geleitet, mit mir habe wohl niemand gerechnet.

Durch Dünenmeere führt die Straße wieder zur Küste hinunter in eine schwarze Steinwüste. Das Bus-Video zeigt grauslich verzerrt einen Bud Spencer-Film ohne Ton. Einsam ist die Küstenstraße, vor der Stadt nehmen die Straßenkontrollen zu, ein Soldat will mein permit behalten, das kostet einen rabiaten Streit, der sich in der Unterkunft in Mukalla die ganze Nacht fortsetzt. Ständig trommelt die Polizei an meine Zimmertür, Passkontrolle, permit-Kontrolle, Terror. Die weiße Stadt an der Bucht schmiegt sich in den schmalen Streifen zwischen Felswand und Meer, das Wadi aus dem Hadhramaut teilt den Ort in der Mitte, hoch in den Felsen liegen die alten Befestigungsanlagen. In der türkisfarbenen Bucht recken etliche versunkene Frachter ihre Aufbauten wie verrenkte Glieder in die flimmernde Luft.

Von Haj Uktubar aus fahren kleine Wagen ins Wadi Hadhramaut hoch. Die neue Asphaltstraße führt durch schwarze Geröllwüste auf eine von gewaltigen Canyons durchschnittene Hochebene und mündet in das Wadi Dau'an mit seinen bizarr erodierten schwarzbeigen Sandsteinwänden. Tief unten sieht man die Ausgrabungen von Raybun und wie Trutzburgen an die Felsen geschmiegte Dörfer liegen, in den Tälern Palmenoasen, al-Hajarayn mit seiner typischen Hadhrami-Architektur. Der Anblick von Shibam, ein sandfarbener Ozeanriese im jetzt trockenen Wadi Hadhramaut, lässt auch meine einheimischen Mitreisenden verstummen.

Im suq von Seiy'un findet sich der ideale funduq als Ausgangspunkt für meine Wanderungen durch das ganze Wadi Hadhramaut. Viele Tipps und Laufereien führen zu einem lokalen permit, mit ihm wird es möglich sein, durch die einst gesperrten ramlat as-Sab'atayn, die ›Wüste der zwei Paradiese‹ am Rande des ›Leeren Viertels‹, in das Ma'rib der Königin von Saba zu fahren.

Das Museum von Seiy'un befindet sich im Palast des Sultans, einer gewaltigen Demonstration von Macht mit einer Terrasse hoch über dem Ort, 180 Fenster und 120 Türen enthält das qasr, weit ist der Blick über das Wadi auf die schroffen senkrechten Wände. Der Palast wird renoviert, doch die Maurer lassen mich ein, erzählen von ihrer Arbeit, nur Stroh, Lehm, Kalk und Holz werden für den Bau verwendet. Ein Alter kommt in der Uniform des britischen Hadhrami-Offiziers, dekoriert mit der Ehrenmedaille der jungen Elisabeth II, und bringt den großen alten Schlüssel, dann darf ich mir ganz allein die exquisite Sammlung der Funde aus sowjetisch-yemenitischer Grabungszeit in Raybun ansehen, den Blick durch die Fenster genießen. Der Offizier Ihrer Majestät wirft sich in Positur, unbedingt soll ich ihm das Photo schicken.
Laufen laufen laufen die lange Strecke nach Shibam auf halber Höhe der Felswände, durch al-Ghurfa mit seinen trutzigen, jetzt verfallenden Wohnburgen aus Lehm, in Form und Farbe verwachsen mit dem Berg, ausgewaschen in den Jahrhunderten. Atemberaubend und erschreckend zugleich ist der Weg auf Shibam zu, die Insel mit der Silhouette Manhattans nur einige Meter über dem Wasserspiegel der Regenzeit, stark gefährdet in der dann reißenden Strömung, wunderschön die geschmückten metallbewehrten Türen der Wohntürme mit den komplizierten Schlössern. Kühler ist der Rückweg durch die Palmengärten des gegenüberliegenden Ufers.
Der Weg nach Tarim führt über die Pilgerstätte am Grabmal des Prophetenabkömmlings Sayyed Ahmad ibn Isa al-Muhajir, weiß liegt sie im dunklen Geröll, magisch zieht der Kuppelbau an, ganz allein bin ich hier. Tarim ist die Stadt der Paläste, viele Händler aus dem Hadhramaut sind, da das Tal nicht alle ernähren konnte, in den letzten 200 Jahren ausgezogen in die Welt, um Glück und Reichtum zu suchen. Sayyed 'Umar bin sheikh al-Qaf hat Firmen und Hotels in Asien besessen, ist mit seinem Reichtum zurückgekehrt in seine Heimat, der typische Hadhrami-Remigrant hinterließ einen großen, reich ausgestatteten Palast, der viele asiatische Stilelemente in die yemenitische Bauweise integriert hat. Prachtvoll sind die Glasfenster, die Bäder, mit viel Aufwand wird dem Verfall Einhalt geboten, überall im Ort liegen die Strohbündel, die

Lehmpfannen und die Kalksäcke. Silhouette und Farbgebung der Paläste von Tarim fügen sich den Formen und Farben der Gebirgswände, einen Akzent setzt nur das quadratische Minarett der al-Muhdar-Moschee.

Einmal noch die Altstadt von Seiy'un, die Gasse wird immer steiler, die letzten Häuser kleben mit langen Treppen im Hang. Drei vollkommen schwarz verschleierte junge Frauen steigen die sehr lange, steile, schneeweiß gekalkte Treppe zum letzten, festungsgleichen Haus am Berg hinauf. Hinter dem letzten Wegstück, bis zu dem ein riesiger Felsblock gerollt ist, steige ich in den immer steiler werdenden Hang voller glatter Kiesel, die Kinder unten rufen mir nach, ich bin hoch über dem Ort und stehe atemlos vor dem ungeheuren Ausblick in das urzeitliche Canyon, die Kinder sind nun wie Stecknadelköpfe. Jetzt erst nehme ich ein von den Felsen widerhallendes Geräusch wahr, etwa 20 Meter vor und über mir steht ein Rudel Wölfe, die Schnauzen gereckt, heulend, ein Tier, die Vorderpfoten auf einem Felsblock, blickt stumm auf mich herab. Ich nehme Steine in beide Hände und beginne rückwärts tastend den Rückzug auf dem glatten Boden, immer gewärtig zu fallen und angegriffen zu werden. Nur kurz folgen mir die Tiere, ziehen sich zwischen die Felsen zurück. Im Morgengrauen wache ich vom Geheule der Tiere in der Stadt auf, streitlustig bellen die wilden Stadthunde, verteidigen ihre Müllplätze gegen die Eindringlinge aus den Bergen. Nacheinander von Osten her, dann im großen Chor übertönen die Muezzine die wilden Tiere, als wäre das Frühgebet das Zeichen zum Rückzug in die Berge. Ich packe für die Fahrt nach Ma'rib.

Die Fahrt führt zurück an den Anfang des Wadi Hadhramaut, noch einmal al-Ghurfa, Handwerker verstärken eine eingefallene Lehmmauer mit alten Konservendosen, noch einmal das trutzige Shibam, unnahbar, schmucklos, auf den Feldern dreschen die schwarzen Frauen mit den hohen runden Strohhüten. Im Bus-Video läuft das Leben von Mohammed, ein Monumentalwerk, passend unterlegt mit dramatischer europäischer Sinfonik, die meisten Mitreisenden schlafen. Die Tafelberge des Hadhramaut treten zurück, die Wüste öffnet sich, nach Nord-Westen führt eine neue Straße. Die Straßensperren sind hochgerüstet, Panzer, eine Rake-

tenstellung, Maschinengewehre, befestigte Felsunterstände, dann nichts mehr, nur Hitze, die ockerfarbenen Sandmeere der ramlat as-Sab'atayn, ein paar sehr dunkle Kamele, vor Ma'rib die ersten Beduinenzelte, fruchtbares Land, freundliche Dörfer, dann der Tempel des Al-maqah, das alte Ma'rib der Dämme.
Auf der Suche nach einer billigen Bleibe zeigt sich das ›Brothers Hotel‹ merkwürdig unzugänglich, angeblich ist es mamnou', verboten. Als ich dem dicken Besitzer die Angabe im ›Lonely Planet‹ zeige, führt er mich verschwörerisch über eine rückwärtige Eisentreppe hoch in eine Art Lagerschuppen. Die Halle ist mit Gebetsteppichen ausgelegt, darauf hocken jetzt Dutzende qat kauender und nargila rauchender Männer, in der Mitte der Fernseher, ich sähe ja, alles besetzt, meint der Dicke, aber ich könne abends wiederkommen und mich dann auf den Teppich legen.
Die Taxis nach Sana'a müssen an jeder der zahlreichen gegen die Rebellen in den Bergen gerichteten Geschützstellungen anhalten, die kontrollierenden Soldaten sind sehr besorgt um mich, verpflichten die zwei Männer neben mir, mich zu beschützen, dann lassen sie mich weiterziehen, Reisende dürfen nicht allein durch dieses Gebiet. Die Straße führt steil hinauf auf den Pass in 3500 m Höhe, schwindelerregend sind die Ausblicke. Auf der Passhöhe gibt das Taxi, das nur stotternd den Anstieg geschafft hatte, seinen Geist auf, mit Hilfe meines Messers kriegt der Fahrer das nach einer Stunde wieder hin. In Sana'a treffe ich am Tahrir den jungen Mann, der mit mir in Aden in die himyaritischen Zisternen geklettert ist, im ›Funduq Manakha‹ sitzt ein zerknirschter, aber ungebrochener Ron, der wirklich nur einen Pass für drei Monate bekommen hat und damit nicht mehr weiterreisen kann, der gläubige Weltbürger, aus jeder Gesellschaft herausgefallen nach 26 Jahren Fortbewegung durch die Welt. »Sicherlich sehen wir uns irgendwo wieder«, meint er.
Einmal noch besuche ich Fawzia und Aziza in der shar'a Amman, die vier Töchter sind anwesend, auf ihren Schulgang wird nicht geachtet. Als ich nachfrage, mahnt Aziza die Mädchen, jetzt endlich die Schulmappen zu packen, um halb eins gehen sie los, um 1 Uhr ist die Schule zuende. Durch die Stadt fahren am Abend in schneller Folge Armeelaster, die Wagen sind mit Stoffplanen abge-

deckt, durch deren zahlreiche Löcher neugierige Köpfe mit roten Kasquetten herausschauen. Gegen Morgen schwebt von Osten wie ein Klangteppich der Gebetsruf der Muezzine aus zahllosen Moscheen ins Stadtzentrum heran, klingt eine Weile vielstimmig wie ein Neutönerakkord und verhallt nach Westen.

Fortbewegungen X

Masqat/Oman, Mutrah suq, muqaha-l-ahli – Das alte Kaffehaus serviert heute Säfte und fast food-Burger, ist Domäne der Touristen und omanischer Yuppies mit mobiles und Freisprechanlage. Dominant ist die amerikanische Radiostation mit überlauter country music. Von den Wänden strahlen die beleuchteten Bilder der Burger- und Sandwich-Teller, der Ketchup- und Hot Sauce-Flaschen. Dazwischen steht auf einem Regalbrett ein Fernsehgerät, gezeigt werden traditionelle omanische Schwerttänze. Weißgekleidete Männer bewegen sich in gemessenen Wechselschritten und lassen langsam ihre Waffen kreisen. Ein wenig abgesetzt hängt die Reproduktion eines Gemäldes seiner Hoheit Sultan Qaboos, er lächelt aus einem italienischen Renaissanceinterieur. Der Ton des Fernsehgeräts ist abgestellt, tonangebend ist der 4/4-Takt von Gitarre und Schlagzeug aus dem Radio –
albern die Tänze stümperhaftes Gehopse
erwachsener Männer in seltsamer Verkleidung
offensichtlich aus dem Takt geraten
deplaziert lächerlich peinlich
Plötzlich Stille im Raum
al-Asr, der Gebetsruf aus dem Fernseher füllt den Raum
eine Qur'an-Sure, das Standbild einer Moschee
Stille, auch im Kaffeehaus
nur der Kühlschrank surrt

Im Norden der vom Mutterland abgetrennten Halbinsel Musandam an der Straße von Hormuz liegt der kleine Hafen von Khasab. In einer eingezäunten Bucht warten die speed boats der iranischen Schmuggler, sie bringen lebende Tiere und kaufen Zigaretten, TV-Geräte, Wohlstandsgüter aller Art. Die Boote sind grau wie das tiefe Wasser, schneller als jedes iranische Zollboot, die Waren werden in graue Plastiksäcke verpackt, eine halbe Stunde dauert die Überfahrt nach Bander-é Abbas nur. Die Schmuggler tragen die nassen, verängstigt blökenden Schafe über die Felsen an Land, laut hört man die Preisdiskussionen am Strand, dann werden die Tiere in die bereitstehenden Lastwagen gehoben und in die Emirate nach Dubai verfrachtet. Hinter dem Militärgelände von Khasab geht die Piste steil bergauf, grandios ist der Blick aus großer Höhe auf den Fjord Khor Nadj, winzig unten ein paar Hütten und Fischerboote. Noch höher geht es durch kleine Dörfer mit Häusern aus Felsgestein, wo Quellen entspringen, überraschen in dieser steinernen Einöde junge grüne Bäume. Die schwarzbraunen Gebirgsverwerfungen sind gewaltig, die Einschnitte steil und schroff, die Straße schwindelerregend. Hier überleben nur Ziegen und Akazien, zart gelb blühen einige alte Bäume. Die Küstenstraße entlang geht es hoch nach Tawi, in der Dorfmitte steht ein sehr alter Brunnen. Die neolithischen Gravuren von Kamelen und Kriegern auf einem herabgestürzten Felsbrocken stammen wahrscheinlich aus einer zusammengestürzten Höhle im Berg. Im senkrechten Steilhang hängen wie Bilder an der Wand zwei von oben herabgestürzte Autos. Hoch auf dem Kap dann der Rundblick über das Meer, die Felseninseln, die Fjorde. Diesig ist der Horizont, die iranische Küste nicht zu erkennen, unter mir ein Traum von Bucht, unzugänglich vom Land aus, Domäne der großen Schildkröten und der jungen Haie, die im klaren türkisfarbenen Wasser nach Beute suchen.
Hier oben ist Abstand genug, um nachzudenken über die Irritation der letzten Wochen, die ich, aus der Wildnis des Yemen kommend, durch die sieben Emirate und Oman gezogen bin, angezogen wie abgestoßen, befremdet. Ich habe doch zumindest versucht, diese Welt der gläsernen und marmornen, 24 Stunden lang geöffneten Einkaufspaläste von Dubai mit meinen Wüstenlatschen

schreitend zu betreten, habe mit viel Mühe im Zentrum ein billiges Hotel gefunden, das Zimmer so klein, dass ich meinen Rucksack darin nicht mehr unterbringen kann. Kaum hört man Arabisch auf den Straßen, Englisch, Urdu, Russisch, die Menschen laufen in erstaunlich freizügiger westlicher Kleidung aneinander vorbei, höchste Aufmerksamkeit verlangt der dichte Verkehr mit den frisch geputzten Wagen höherer Preisklassen, obwohl die moderne Architektur der Stadt den Blick nach oben zieht.
Wirklich lebendig ist Dubai an der creek-Promenade, Hunderte von hölzernen Lastendhaus aller Größen liegen hier, fassen Ladung, lustig sind die Gespräche mit den pakistanischen und persischen Seeleuten. Den creek abwärts Richtung Golf-Küste fahren die vielen alten hölzernen Fährboote, die abras, zu den Märkten von Bor Dubai. Vom Wasser aus ist Dubai am schönsten, ein Hauch von Venedig mit wohlproportioniertem Manhattan, elegant die geschwungenen Bauwerke in der Ferne, die ineinandergreifenden Türme des Trade Center, die aus jeder Perspektive in Farbe und Form verschieden aussehen. Blumenmeere überraschen auf zartgrünen Rasenflächen, öffentliche Toiletten wie Mausoleen gebaut, die weißen Jachten vor dem Sheraton-Hotel, darauf die weißen Sheikhs, davor auf der Promenade ihre dunkelgetönten Limousinen. Hingerissen bin ich von dem Reederei-Kontor am Hafen in doppelter Schiffsform, ganz aus Aluminium, nachts violett angestrahlt, ein Schiff auf hoher See. Auf dem Rückweg durch die Markt-Viertel erschreckt der Gold-suq, die Auslagen blenden, die Masse macht gewöhnlich. Die vielen Russen fallen auf, sie wühlen in den dicken Geschmeiden, zahlen mit Rollen von Bargeld, jetzt fällt mir auf, dass auf die Fassaden etlicher hoher Gebäude die aktuellen Gold-Kurse projiziert sind. Hier flüchte ich, finde das ›Café Mozart‹ mit deutscher Speisekarte, Apfelstrudel mit Sahne, dazu ein Capuccino, Wiener Einrichtung, ich darf unter den zahlreichen Mozart-CDs wählen.
Die verbliebenen traditionellen Lehmbauten in Dubai sind sorgfältig restauriert, Windtürme, Wachtürme, ein altes Fort, hier ist das Museum untergebracht. Es gibt nichts Rechtes zu sehen, das aber in Marmor, mit täuschend echten Videodarstellungen von Tänzen, von Handwerkerszenen, von Marktleben mit quadro-

phoner Geräuschkulisse. Die perfekte Täuschung ist das Eingeständnis des Verlustes, die Emirate bemühen sich um die Erhaltung des kulturellen Erbes der 50-er Jahre, der Zeit ›vor dem Öl‹. Wirklich aufregend ist die archäologische Abteilung der Funde von Hatta, Umm Suqaim, al-Qusais, Jumeirah, und so mache ich mich auf, die Grabungsstätten zu entdecken, die seit kurzem erst die alte Mittlerkultur zwischen Mesopotamien und Asien freilegen. Die Fahrt nach Jumeirah führt an der Küste des Persischen Golfs entlang durch eine endlos scheinende Reihe von weißen Villen mit Bougainvilleen auf eine 20 km weit leuchtende Landmarke zu, das ›Borg al-arab‹ in Form eines riesigen Segels und die weite Meereswelle des ›Jumeirah Beach Hotel‹, sie gelten als die teuersten Hotels der Welt. Das Areal ist hermetisch abgeriegelt, die aufgerichtete Schwelle von Verbotsschildern überwinde selbst ich nicht, Fußgänger sind außer mir nicht zu sehen. Ankommende Limousinen verschwinden in einem ausgehöhlten Berg, die kühne Architektur erscheint leblos wie eine zynische Abwehr gegen den Rest der Welt. Oh, dies ist eine schlimme Erfahrung, ich mache mich davon, bis ich ein McDonald's finde und mir burger, pommes und diet coke reinziehen kann. Niemand kennt die Ausgrabungsstätte, nur mit Kompass und Kombinationsgabe finde ich das eingezäunte und ungepflegte Gelände.
Die mehrspurige Ausfallstraße nach Osten führt in das al-Hagar-Gebirge. Den Übergang zwischen den Emiraten bemerkt man nicht, plötzlich sehr weitläufig Sharjah, wieder ein internationaler Flughafen, 10 Minuten entfernt von dem in Dubai, dann Wüste. Zum Schutz der wenigen Kamele ist die Autobahn abgezäunt, dunkel und kahl das Gebirge, überall wird hier im Tagebau Kupfer abgebaut, daher auch die vielen Grabungsstätten aus der Bronzezeit. Über den Gebirgskamm führt die Straße hinunter an den Golf von Oman in das winzige Emirat al-Fujairah. Weit außerhalb gibt es tatsächlich eine kleine Jugendherberge, niemand ist hier, also kann ich bleiben. Wenn Männer anwesend sind, werden allein reisende Frauen weggeschickt. An diesem Ort, der nur mit schnellen Autos zu bewältigen ist, packt mich die Lauflust, an den schwarzen Sandstränden finden sich die merkwürdigsten Muscheln, ein enormer Rochen ist gestrandet. Drei junge Emiratis im

weißen Gewand haben einen schneeweißen neuen Honda-Sportwagen mit allrad-Automatik so tief in den schwarzen Sand gefahren, dass sie mich um Rat bitten. Trotz untergelegter Pappen und Bretter rührt sich der ›intelligent 4 wheel‹ nicht, also ziehen sie beleidigt los, einen Abschleppwagen zu holen. In der rush hour fahren zehn Autos mit 100 km/h auf den riesigen Roundabout zu, al-Fujairah ist eine enorm dimensionierte, fast leblos wirkende weiße, blumenumrankte Villensiedlung an der Wüstenküste. In der Mitte lebt ärmlich gepfercht in Wohnsiedlungen das Personal für diesen Aufwand, Inder und Pakistani, hier hört man Urdu. Die Hotelgäste im vornehmen ›Hilton‹ oder ›Beach Motel‹ sind überwiegend Russen. Die Überreste der alten Lehmstadt am Fort oben am Hang und die Funde von Bithna und Qidfa entschädigen für den mühsamen, heißen Weg.
Angesichts der astronomischen Hotelpreise in den Emiraten fahre ich nach Dubai zurück in mein kleines Zimmerchen und erschließe die übrigen Emirate von hier aus. In Ras al-Khaimah sieht man an dem schmalen Dünenstreifen die tiefen Spuren des hiesigen Lieblingssports mit Allrad-Buggies. Glatt ist der gelbe Sand an der Küste des Persischen Golfs, türkisfarben die Bucht, Austernfischer picken im flachen Wasser. Die sandigen Wandelgänge der kleinen Altstadt sind mit Teppichen ausgelegt. Das Museum im Fort hat hervorragende Exponate aus den Gräbern von Shimal. Autobahnen führen über den creek zum Hafen, hier ist der Fußgänger verloren, also auf zur Sammelstelle und mit dem Taxi in das Emirat Umm al-Qaiwain. Dort werde ich an der Hauptstraße einfach ausgesetzt, am diesigen Horizont glänzt die Stadt mit ihrer riesigen Moschee, also laufen in einer ganz unerträglich schwülen Hitze, bis mich endlich jemand mitnimmt, ein Armee-Offizier, völlig verblüfft über meine Route. Das bringt ein vergnügliches arabisches Gespräch, er fährt mich bis zum sorgfältig restaurierten alten Fort am Khor. Schnell finden sich auch hier genügend Fahrgäste für ein Sammeltaxi in das Emirat Ajman, vorbei an Ferienanlagen der Luxusklasse. Auch hier gibt es ein kleines, aber feines Museum im alten Fort, einen abweisend monströsen Palast des Emirs, ein suq am kleinen Hafen, das ist Ajman.

Das Emirat Sharjah verlangt mehr Aufmerksamkeit, ist Dubai das Handelszentrum, so gilt Sharjah als kultureller Mittelpunkt der Emirate, leistet es sich doch mit seinem ›Heritage Square‹ eine bedeutende Sammlung von Museen, Theaterhochschule und Nationaltheater, den rekonstruierten suq, einige Bibliotheken, das Islamische Museum, alles kostenlos und freundlich betreut zu besichtigen. Der ›Arts Square‹ umrundet das Gelände, ich bin begeistert, dass sich ein Emirat ein ›House of Poetry‹ leistet, in dem nicht nur Kongresse der hiesigen Schriftstellervereinigung stattfinden, sondern auch Lesungen von Volksliteratur aller Formen. Ganz in der Nähe steht trutzig das alte Fort, ein Koloss vergangener Macht, eingerahmt, fast erdrückt von den Kolossen der neuen Macht, den Banken. Vorbei an den Hafenanlagen mit den vielen Dhaus, an denen die kleinen billigen Geschäfte der Pakistani liegen, gelangt man zu eleganten Galerien nach Mailänder Vorbild wie den Majarra suq, durch die Stadt erreicht man den Central Market, eine arabisierte ›Mailänder‹ Doppelgalerie mit Windtürmen, das ist schon spannende Stadtarchitektur. Den Höhepunkt bildet das Archeological Museum am Cultural Square hinter dem Midan al-Kitab, einem Platz von ungeheurem Ausmaß. Eine Stunde brauche ich, um ihn zu umrunden, in der Mitte der enorme marmorne Qur'an. Unter Nutzung aller neuen Medien entwickelt das kostbar eingerichtete Museum eine beeindruckende Rekonstruktion der alten Kulturen.

Das Emirat Abu Dhabi liegt am Rande des ›Leeren Viertels‹, heute erschlossen von den Erdölgesellschaften, durchschnitten von der Autobahn nach al-Ain, deren Spuren getrennt sind durch einen Grünstreifen mit Blumen, angeschlossen an ein Berieselungssystem, mitten durch die Wüste mit ihren hohen rötlichen Dünen und winzigen Palmenoasen. Al-Ain ist eine moderne Oase, großzügig angelegt sind die parkartigen Wohnanlagen mit den weißen Villen, der Hili Archeological Park zeigt Gräber der Umm an-Nar-Kultur. Datteln bilden noch heute die Lebensgrundlage der Bevölkerung, neben der Oase stehen das alte Fort und das Museum, das neben den Speckstein-Gefäßen der alten Kulturen eine gute ethnologische Sammlung hat, darunter eine Fülle lederner Gesichtsmasken für die Frauen.

Al-Ain ist die Grenzstation zum Sultanat Oman. Im omanischen Buraimi, das von al-Ains ›Coffeepot Roundabout‹ aus zu Fuß erreichbar ist, ist die Unterkunft sehr viel billiger. Fremde hat man hier so noch nicht gesehen, die Männer sitzen in Gruppen am Straßenrand, warten auf Gelegenheitsarbeit im Emirat, starren mich an mit offenen Mündern. Hier geht es einfacher zu, Welten liegen zwischen dem Geschäftszentrum des Emirats und der omanischen Oase. Ich wandere auch hier zum restaurierten großen Fort, erklettere alle Türme. Ein Alter legt seine faltige Hand auf meine Schulter und führt mich durch die Gassen der alten Oasenstadt abseits der Asphaltstraße. Nun geht es also aus den Emiraten, wo an jedem größeren Roundabout von hohen Tafeln die Köpfe der sieben Emire auf die Autos niederblicken, in das Sultanat Oman. Im Fernsehen in Buraimi sieht man täglich einen würdigen, freundlich dreinblickenden Sultan in den Nachrichten.
Der Bus nach Masqat ist ein Luxusexemplar, das Rauchverbot wird strikt durchgesetzt, nirgendwo liegt ein Krümchen Abfall. Nach einer Fahrt durch grün-graue Steinwüste, über Geröllkuppen und durch kahle Felsen aus mit dunkelroten und grünen Streifen durchsetztem Gestein, tief eingeschnitten durch Wadis mit kleinen Palmengürteln, erscheint weiß und grün am Meer mit kräftiger Brandung as-Sohar, sehr gepflegt mit seinen weißen Häusern im traditionellen Stil, die Straßen sind geschmückt, alle 100 m ein Bild des Sultans. An der Küste entlang geht es nach Masqat mit seinen vielen weitläufigen, hellen Stadtteilen, auffallend die vielen grünen Parks, überall sind junge Leute bei Sport und Spiel.
Mich zieht es nach Mutrah an den alten Hafen mit seiner Festung hoch über der Bucht und dem alten suq, ich kann an der Corniche am Fischmarkt unterkommen, habe die ganze Küste bis nach al-Bustan vor mir. Fische gibt es in ungeheuren Mengen, Jungen transportieren sie mit Schubkarren aus den an der Mole dümpelnden Kuttern in den Markt, große schillernde Fische, die ich noch nie gesehen habe, auch Haie. Im Hafen von Mutrah liegen Frachtschiffe, Marineeinheiten und die glänzende Jacht ihrer Hoheit Sultan Qaboos, das Wasser brodelt, wenn Fischschwärme durch die Bucht ziehen, Riesenschildkröten kommen bis an die Kaimauer.

Die Wanderung nach Masqat mit den zwei Forts und dem Palast des Sultans führt in großer Hitze am Wasser entlang von einer kleinen Bucht zur nächsten. Durch ein Stadttor betritt man den Palastbereich und geht, vorbei an Ministerien und am Privatpalast des Sultans, bis zur Bucht, die nur zwei enge Ausgänge zum Meer hat und durch mehrere moderne Geschütze verteidigt wird. Beeindruckend sind die wehrhaften Forts an der Küste, in den strengen weißen Neubauten verbinden sich Tradition und Zweckmäßigkeit, spektakulärer Ausdruck von Macht wird vermieden, britisches Understatement herrscht vor. An der kleinen, durch Felsen geschützten Nachbarbucht mit alten Wehrtürmen liegt das Fischerstädtchen Sidab, die Fischer sitzen im Sand, flicken die Netze. Auf dem Rückweg sehe ich auf einem der Gipfel neben mir im Abendlicht zwei Wölfe, einer reckt die Schnauze und heult, das Echo bringt mir den Schrecken aus dem Hadhramaut zurück.

Der suq von Mutrah ist überaus lebhaft, hier wird noch arabisch gesprochen, Touristen glauben hier den alten Oman zu finden. Rundherum aber wird das Leben von indisch-pakistanischer Kultur beherrscht, omanisch sind nur die Süßigkeiten. Klänge, Farben, Stoffe, Gerüche, Speisen, Haushaltswaren, alles ist indisch, die Mischung der Sprachen bisweilen verwirrend. Arabisch ist kaum zu hören, englisch meist nur rudimentär, Urdu und Hindi herrschen vor, die Menschen übersetzen oft untereinander oder sagen gleich alles zweimal in zwei Sprachen. Nachts kühlt die Luft wunderbar ab, alle Menschen treffen sich auf der Corniche, Fort und Jacht sind beleuchtet, Schlepper ziehen einen Frachter in die Bucht, eine Dhau verlässt den Hafen. Es ist fast Vollmond, die Lichter der Moschee spiegeln sich in der Bucht, lange wandern die Menschen in die Nacht hinein.

Eingedenk der Schwierigkeit, im Iran einen Friseur für Frauen zu finden, profitiere ich von omanischer Aufgeschlossenheit und gehe um die Ecke zum indischen ›Barber Shop‹ neben der kleinen Moschee. Der Besitzer hat sich die Haare und den stattlichen Bart wie viele Männer mit Henna orange-rot gefärbt, die Hälfte ist schon wieder grau nachgewachsen, was ihm das Aussehen eines Pavian-Männchens verleiht. Auf meine Frage beginnt sein Bart zu zittern, er reißt die Augen auf und stößt barsch einige unverständliche

Worte aus, ich habe verstanden und gehe. Der nächste Barbier hört sich meine Bitte an, holt aus dem Nebenraum einen Kollegen, sie diskutieren in Hindi, zwei Kunden mischen sich erregt ein, sie beschließen, mir nicht die Haare zu schneiden. An der Straße hinter dem suq treffe ich auf einen pakistanischen ›Barber Shop‹, ein junger Mann hat einen Landsmann eingeschäumt und rasiert ihn. Auf meine Frage bedeutet er mir, ich solle mich hinter die Gardine setzen und warten. Als der Kunde fertig ist und geht, zieht der barber die Gardinen fast völlig zu und beginnt den Haarschnitt, findet zusehends Spaß, in einem weiblichen Schopf zu wühlen, und genießt seine Arbeit sichtlich. Heraus kommt ein pakistanischer Männerkopf, es wächst ja nach, und bei der Hitze, und ich trage ja auch das Kopftuch, schließlich lädt mich der Barbier zu einer Pepsi in den coffee shop nebenan ein, und ob ich heute abend bei ihm zuhause essen wolle, aber da ziehen wir doch besser die Gardine wieder auf.

Von Ruwi aus fahren Busse in den Westen und Süden des Landes, ich besuche das touristische Nizwa mit seinem mächtigen Fort, von dort aus heißt es ein Sammeltaxi ins Landesinnere finden, um nach Jabrin zu kommen. Hier liegt eines der schönsten und gewaltigsten Forts des Oman, von dessen Zinnen der Blick auf die Oase und die bläuliche Gebirgskette unübertroffen ist. Auf dem langen, heißen Rückweg zur Hauptstraße nehmen mich ein paar junge Leute mit nach Bahla. Der alte Oasenort, ein Lehmdorf mit alten Brunnen und einem falaj, der typischen Oasenbewässerung, liegt hinter dem restaurierten Fort an den Hängen zum Palmengarten. Still sind in der sengenden Mittagshitze die Gassen mit den Bogendurchgängen durch die alten Häuser. In einem offenen Wohnraum sitzen einige Frauen zusammen und schwatzen, laden mich zum Kaffee ein. Sie sind noch traditionell gekleidet mit Pluderhosen voller Goldstickerei, mit handtellergroßem Silberschmuck auf der Brust, Tuch oder Turban auf dem Kopf, schönen bunten Webtuchen um die Schultern, einige tragen die schwarzen oder goldverzierten Ledermasken vor dem Gesicht, nur Mund und Augen schauen durch kleine Löcher heraus. Erschreckend befremdlich wie unter Folter wirken die Frauen hinter diesen Masken, aber sie sind so lustig und herzlich, so neugierig, schen-

ken mir eine Halbmaske, die ich fürderhin in den Oasen trage und so immer Zugang zu den Hütten bekomme.
Tanouf, am Austritt des Wadi in die Ebene gelegen, ist eine wirkliche Herausforderung. Lange muss ich durch eine palmengesäumte Schlucht laufen, dann liegt an einem falaj mit köstlich frischem Wasser die mittelalterliche Ruinenstadt vor mir, umgeben von einer Stadtmauer, erhöht und verstärkt gegen das Wasser des jetzt trockenen Flussbettes. Ich durchquere Stadt und Wadi, das in einem Bogen die Gebirgsschwelle durchbrochen hat, und steige in die gewaltigen Felsen, unter mir das Wadi, vor mir bläulich-schwarz eine zweite, höhere Bergreihe, nur wenige kleine Akazien halten sich hier. Ganz unten treibt ein Junge einige Ziegen durch das Flussbett, das sich hellgrau zwischen den blauen Wänden der Schlucht windet. Am Horizont verläuft die Straße, mit dem frischen Wasser aus dem falaj bin ich guten Mutes, aber die Kilometer werden hart und lang, schließlich kommt ein Minibus vorbei und nimmt mich mit, der Fahrer kann es nicht fassen und strahlt.
Die ganze Nacht hindurch fährt der Bus an den ramlat al-wahibah vorbei durch die jiddat al-harasis nach Süden, der fahle Schein des Vollmonds verleiht der Einöde dieser flachen Sandwüste einen kalten Zauber. Gegen Morgen geht es durch die Gebirgswand des Dhofar steil hinunter an die Küste, verheißungsvoll leuchten in großer Entfernung die Lichter von Salala. Was tun um 4 Uhr früh? Einige Männer auf der Straße wollen mir helfen, eine Unterkunft zu finden, gehen mit mir in ein stockfinsteres Haus, dort oben gebe es ein Zimmer, ein Mann vor mir, ein Mann hinter mir, ich mit dem Messer in der Hand dazwischen, auf heftiges Klopfen öffnet sich die Tür einen Spalt. Von dem Moment an bin ich in den liebevollen Armen einer indischen mammy mit Tochter. Da eine Freundin ein Baby erwartet, sticken wir in den folgenden Tagen comic-Figuren auf rosa Tücher, der Kühlschrank steht in meinem Zimmer.
Salala wird beherrscht vom Palast des Sultans, seinem Sommersitz mit einer Big Ben-Variante am Eingang, und den dazugehörigen Obstplantagen. Wann immer ich dort Papaya, Bananen oder Kokosnüsse kaufe, heißt es stolz: »Vom Sultan!«, alles wird in der Wohnung schwesterlich geteilt. Im alten Teil der Stadt am weiten

weißen Sandstrand laufen selbst die jungen Frauen mit Pluderhosen, Gesichtsmasken und schwarzen Schleiern durch die Straßen. Diesig vor Hitze ist der Weg den Strand entlang zu den nördlich von Salala gelegenen Ruinen der mittelalterlichen Stadt al-Balid, ich bin allein mit den zahllosen großen Krabben, die vor mir in ihre Sandlöcher flüchten.

In den Goldgeschäften des suqs von Salala stehen immer viele junge Männer über die Auslagen gebeugt, um sich Schmuck auszusuchen. In einem Geschäft für Sport- und Trimmgeräte, einer wahren Folterkammer, beugen sich drei völlig schwarz verschleierte Frauen über ein Bodybuilder-Gerät gegen Bauchspeck. Wie jeden Abend beobachte ich auf dem Platz die Gruppen von Mühle-Spielern. Sie haben Vertiefungen in die Gehwegplatten gekratzt und spielen mit schwarzen und weißen Steinen oder verschiedenfarbigen Schraubdeckeln von Flaschen. Alle Umstehenden schlagen sich lautstark einem der Spieler zu, die Schuhe liegen durcheinander, einer stampft vor Aufregung ständig mit seinem Gewehrkolben auf den Boden, alle Passanten bleiben eine Weile stehen und schauen zu, rundherum der lebhafte Autoverkehr.

Das Grab des Propheten Hiob, die muslimische Pilgerstätte Naby Ayoub, erreicht man nach schwindelerregender Fahrt in die Höhen des Jebel Qarra, das alte Kampfgebiet aufständischer Stämme des Oman und des Yemen. Stille herrscht hier oben, die Pilgerstatt strahlt große Würde aus. Stunden laufe ich von hier aus auf Bauernwegen und Tierpfaden auf die Gebirgskante zu, treffe auf eine Gruppe vermummter Frauen mit Ledermasken, gemeinsam gehen wir gemächlich schwatzend ins nächste Dorf. Sie staunen, weshalb ich hier laufe, woher ich komme, haben von Europa noch nicht gehört. Steil bricht der Berg ab, aus über 1000 m Höhe geht der Blick die ganze Küste entlang auf die schmale Ebene, den weißen Sandstreifen, das hellblaue Meer. Einsam ist diese Küste, Taqah, Khor Rury, Mirbat, ich klettere in die Befestigungsanlagen, in die rauen Klippen der einsamen Buchten, finde noch eine Ausgrabungsstätte. Fein ist der Sand, nur Vögel sind hier.

Im Museum von Salala sind die Funde von al-Balid und Khor Rury, dem alten Weihrauchhafen, ausgestellt. Das Foyer zeigt Ausstellungen, jetzt Fotos von Wilfred Thesiger, die seine Reisen

1949-50 mit den Rashid ins ›Leere Viertel‹ dokumentieren. Diese Bilder versetzen mir einen Stich wie das Kaffeehaus im suq von Mutrah auch, die Würde der mit der Wüste lebenden Araber, die Größe dieser Landschaft sind verletzt, verbaut, verloren.
Die Fahrt zurück nach Masqat führt an den Royal Stables vorbei, mitten in der Wüste liegen grüne Weiden mit enormen Berieselungsanlagen, Renn- und Springpferde werden hier gezüchtet und trainiert. In den kargen Bergen auf der Höhe gibt es kein Gras, Rinder, Kamele, wilde Esel streifen durch Felsen. Im weichen Abendlicht gehen die seltsamen kleinen Bergformen der Hanoon Ranges in die flache, baumlose Wüste über. Im Bus-Video gibt es wieder eine dieser sehr freizügigen indischen Show-Episoden, Mutter und Tochter neben mir, tief verschleiert, schauen sich das kommentarlos an. Mich trifft allerdings ein missbilligender Blick, als ich meinen Schleier abnehme. Nach dem indischen Film kommt ein sülziger arabischer Pseudo-Krimi, dann einer der grausig primitiven amerikanischen Kung-Fu-Filme, die Parität ist gewahrt.
In Masqat kann ich endlich nach dreiwöchiger Mühe ständiger Korrekturen an Reiseroute und -daten mein Visum für den Iran abholen, ohne die Hilfe omanischer Freunde mit Kontakt zu den Botschaften wäre das nicht gelungen, dafür habe ich das bestmögliche Visum bekommen, einen Monat mit zwei Verlängerungsmöglichkeiten. Wir sind allein, der Beamte in der Botschaft fragt mich nach meiner Arbeit, zieht mich in eine Diskussion über theologische Grundfragen, warum es einen Sinn haben könne, dass Gott einen Sohn hat. Wir sind beide verblüfft über unsere Ernsthaftigkeit am Schalter der Botschaft der Islamischen Republik Iran, ich kann einige europäische Wertvorstellungen erklären, der Mann nimmt sein Wort vom ›gottlosen Europäer‹ zurück.
Durch das Viertel der Botschaften, Ministerien, der weißen Villen und der Supermärkte für höchste Ansprüche gelangt man an den Strand der Wildnis um ›Qurm Nature Reserve‹ mit ausgedehnten Sandstränden und ausgewaschenen kleinen Buchten, Fischerjungen schaben mit Messern Muscheln von den Felsen. Rosenparks umgeben die Villen, »Funworld« lockt die Kinder, die Straßen sind gesäumt von Palmen und Bougainvilleen, ich laufe mit den

asiatischen Hausangestellten zum Bus. Die Hauptstraßen sind gesperrt, der Rat der GCC-Staaten ist zuende, die Emire fahren zum Flughafen zurück, fünf Mal lassen wir das Défilé der weißen Limousinen, Motorräder, Panzerwagen, Krankenwagen, Abschleppwagen und Polizeiwagen mit großem Getöse vorüberziehen, dann werden die Straßen wieder freigegeben.
Meine Freunde wollen mir zum Abschied die Schönheiten der Küste südlich von Masqat zeigen. Der herrliche Tag endet im ›al-Bustan Palace‹, gebaut für die Konferenzen der GCC-Staaten, jetzt ein Luxushotel in kühner und kostbarer neuomanischer Architektur, unter Palmen ein Drink am Strand, viele Reiche, durchaus nicht Schöne, abstoßend das herablassende Gebahren.
Wie anders ist Musandam! Hier lebt die traditionelle Wehrhaftigkeit des Oman fort, hier trotzen Landschaft und Menschen, widersetzen sich der Einvernahme. Die kleine, enge Propellermaschine fliegt über winzige Felseninseln, Korallenbänke leuchten farbig, dann biegt sie ab in das Gebirge, das wie eine faltige Greisenhand gekrümmte Felsenfinger ins Meer streckt, torkelt an den schroffen Bergwänden entlang durch die immer enger werdenden Schluchten der Wadis. Vereinzelt sind kleine Gehöfte, bebaute Terrassen erkennbar, das Wadi weitet sich zur nördlichen Küste hin, Khasab. Hier leben die Kumzari auf den Inseln, ihre seltsame Sprache enthält noch Spuren der portugiesichen Eroberung. Mit der Dhau eines Kumzari-Fischers fahren wir durch die Fjorde, umgeben von den gewaltigen Verwerfungen der Gesteinsschichten, begleitet von Delphinen und Kormoranen, treffen auf Dörfer, die nur von See aus zu erreichen sind, tauchen zwischen den kleinen bunten Fischen. Die großen Antennen und Schüsseln oben in den Bergen lassen das militärische Potenzial erahnen, streng bewacht ist die Straße von Hormuz.
Die Viehwagen im Hafen von Khasab sind nun abgefahren, die iranischen speed boats voller grauer Plastiksäcke warten die Dämmerung ab, um den Kontrollen zu entgehen. Sie werden vom Radar nicht erfasst.

Fortbewegungen XI

Shiraz, Iran, Schrein des Ebn-é Hamzé
Wände und Himmel flackern silbern im Licht der schwankenden Laternen
Kommt man zur Ruhe, kniet, umflossen vom Chador,
sieht man es:
Selbstspiegelung in zahllosen Facetten, schwarz durchbrochen
Da sind sie, all die Splitter meines Spiegels,
regelmäßig zu Blüten geformt, geordnet um den Schrein in der Mitte.
Um mich herum auf den Teppichen die kleinen Steine, auf die man die Stirn drückt im Gebet.
Hier entzieht man sich nicht
Ich ziehe weiter
Aber ich flüchte nicht

Das Tor zum Hafen von Bandar-é Abbas auf der anderen Seite der Straße von Hormuz ist schwer bewacht von Soldaten mit Gewehren, stumm winken sie mich herein. Eine lange Mole führt in tieferes Wasser, hier liegen die Fischerboote, auf Reede sieht man weit draußen Frachtschiffe, aber entlang der Mole, da liegen sie, die speed boats aus Khasab, entladen die Waren aus den Emiraten. Polizist, Soldat und Zöllner stehen daneben, jeder bekommt sein Päckchen, alles Übrige wird schnell in den Bazaar gegenüber gebracht, wo es in den Tiefen verschwindet. Es ist Muharram, der Trauermonat der Shiiten, der Ruf aus den Moscheen ist eindringlich, fordernd, scharf, schwarz verhängt sind die Häuser, die Bazaare, schwarze Fahnen wehen an den großen Plätzen, schwarz ist die Kleidung der Frauen, gedeckt die der Männer. Frauen haben mir gezeigt, wo ich im Bazaar den langen roupush-Mantel kaufen kann, den Chador, die langen schwarzen Strümpfe, nur Gesicht und Hände bleiben frei. Der Schweiß strömt unter der dichten Kleidung. Auf einer langen Mauer zeigt eines der zahlreichen Fassadengemälde eine verschleierte junge Frau, den Blick auf eine sich öffnende Muschel gerichtet, eine Frau in züchtiger Kleidung ist

wie eine Perle in ihrer Muschel, steht auf Farsi und Englisch darunter. Im Bazaar sehe ich eine Frau die Wasserpfeife rauchen, an der Strandpromenade rauchen Frauen Zigaretten, in einem kleinen restoran tönt zu leiser Klavierbegleitung »When a man loves a woman ...«, immerzu. Vor einem Geschäft für Brautkleider bleibe ich überrascht stehen angesichts der weißen Tüllgebirge, im Geschäft sucht eine Gruppe pechschwarzer junger Krähen ein Modell aus, diskutiert geschäftig, einmal im Leben ein weißes Kleid mit großem Ausschnitt. Gegen Abend tönen aus den an den Straßenlaternen befestigten Lautsprechern auf der Kreuzung Gesänge der ›Revolutionären Garden‹. Jeder hält mich hier für eine Russin. Nachts fällt für einige Stunden der Strom aus, der Ventilator steht still, die Schwüle ist schwer erträglich.
Abbas fährt mich zum terminal otobis, er war zu Shah Reza Pahlevis Zeiten Offizier der Marine und zur Ausbildung in den USA. Die Rente von der Marine reicht für 10 Tage des Monats, also Tag und Nacht Taxi fahren, die Kinder studieren. Er lacht, wieso ich an diesem ungeliebten Ort gestrandet bin, erzählt, wie schwer das Leben hier ist, Schule, Ausbildung, Strom, alles ist sehr teuer, die Menschen fühlen sich desorientiert, wissen nicht, wem sie folgen sollen, leiden darunter, von der Welt abgeschnitten zu sein, wie gern würde er Deutschland sehen, Iran könnte ein führendes Land sein. In der Tat sind Infrastruktur, Verkehrswesen, Verwaltung vorbildlich. Abbas bringt mich an den Bus nach Shiraz, scharf sind die Gepäckkontrollen der Polizei. Kurz vor der Abfahrt betritt, wie überall in muslimischen Ländern, ein abgerissener alter Bettler den Bus, singt Segenswünsche aus dem Qur'an, erbettelt mit Demutsgesten ein paar Münzen, spricht mich plötzlich in bestem Englisch an, richtet sich charmant auf, bedankt sich formvollendet mit spitzbübischem Grinsen, verabschiedet sich mit Eleganz, der Bus brüllt vor Lachen, als ich ihm auf Farsi gute Wünsche nachrufe. Meine Nachbarin und ich sind uns flüsternd einig, wie satt wir bei der Hitze Kopftuch und roupush haben, diese erste lange Unterhaltung fördert mein verschüttetes Persisch zutage. Die ganze Nacht hindurch fahren wir im fahlen Mondlicht durch Gebirgslandschaft, die höflichen Polizeikontrollen forschen nach Drogen und Schmuggelware.

Neben dem billigen kleinen Hotel am bolvar-é Karim Khan-é Zand gibt es etliche Zeitungskioske, die die Fülle der iranischen Medien präsentieren, mehrere Tehraner Tageszeitungen erscheinen auf Englisch. Schon früh warten hier viele Männer, beobachten, ob ihre Zeitung heute wieder dabei ist oder vom Zensor eingezogen wurde. Triumphierendes Gelächter kommt auf, als in einem schäbigen Lieferwagen die zuletzt verbotene Zeitung eines Verlages unter anderem Namen wieder angeliefert wird, »das ist ein dummes Spiel«, meint ein Mann zu mir. Jeder spricht mich an, Männer wie Frauen, sind neugierig, überfallen mich mit Fragen, wollen ihr Englisch anwenden, viele Soldaten kommen auf mich zu, bieten mir freundlich ihre Hilfe an. Wundervoll sind Fahrten im Bus. Drei Viertel des Busses sind Männern vorbehalten, der hintere Eingang ist für Frauen reserviert, zumeist sitzen nur wenige Männer im vorderen Teil, hinten drängen sich die vielen Frauen mit ihren Marktkörben, die Studentinnen. Alle nehmen sich meiner sofort an, fragen mich aus, können sich ausschütten vor Lachen über meine Schilderungen, passen auf mich auf, an der Endhaltestelle bringen mich ganze Familien bis an mein Ziel.
Schon von weitem erkennt man Bäckereien in den Straßen. Die Bäcker stehen mit den Schiebern am offenen Feuer und überwachen den Teig. Ist der Fladen, etwa 30 x 80 cm groß, fertig, heben sie ihn aus dem Feuer und werfen ihn mit Schwung auf die Ladentheke. Die Kunden, Frauen rechts, Männer links, nehmen vorsichtig den heißen Fladen auf, stürzen nach draußen und werfen ihn auf den großen Metalltisch mit Rostauflage vor der Ladentür, schütteln die verbrannten Finger, warten, bis die Fladen genügend abgekühlt sind, falten sie und tragen die große Menge Brot wie einen Stapel Zeitungen offen unter dem Arm nach Hause.
›Dar ol-elm‹, Hort des Wissens ist Shiraz immer genannt worden, noch heute klingt Poesie in der Stadt. Buchgeschäfte und Bouquinisten bestimmen die Atmosphäre auf dem Zand, am Nachmittag zieht es viele Menschen, insbesondere die Studenten der großen Universität, zum Aramgah-é Hafez, dem Schrein des berühmtesten der persischen Poeten. Unter dem weithin sichtbaren Baldachin steht der mit Versen geschmückte marmorne Sarkophag, jemand beginnt leise Gedichte zu rezitieren, andere haben Blumen

auf das Grab gelegt, im weichen Licht des Spätnachmittags lauschen die Menschen dem Vortrag mit begleitendem Flötenspiel, alle meine Gesprächspartner kennen auch Goethes Lyrik. Dahinter liegt wie in einem vom Kreuzgang umschlossenen Klostergarten ein persisches Teehaus, Nischen sind in die Wände eingelassen für Tee und Wasserpfeife, ein Baum mit reifen Orangen steht in der Mitte, der Tabak riecht fruchtig. Hier treffen sich die Studenten, schnell bin ich mittendrin, mein Persisch wird zusehends besser, die Studenten aus Khuzestan sprechen auch Arabisch. Man raucht, diskutiert, lacht, singt gemeinsam die Texte von Hafez. Unter ihnen ist Mohammed Reza, der Koordinator für Internationale Wissenschaftliche Zusammenarbeit, wir treffen uns in seinem Institut.
Der Schrein des Shah-é Cheragh, des Bruders von Emam Reza, ist eine bedeutende shiitische Pilgerstätte. Ich setze mich zu den Frauen an das silberne Gitter des Schreins, um mich ein flackerndes Glänzen von Spiegelmosaiken, in denen sich die zahlreichen Kerzen brechen. Ein silberner Paravent trennt uns von den Männern. Die Frauen klammern sich an das Gitter, laut betend, rufend, andere sitzen still auf den Teppichen, beten, lesen in Qur'anen, hinter der Wand hört man die leidenschaftliche Stimme des Vorbeters, bisweilen brechen die Gläubigen in zustimmende Schreie aus, wie ein riesiges Juwel glänzt der Saal im Licht. Nahid, Radiologin aus Esfahan, wird schnell eine Vertraute, wir verabreden uns. Das große Freitagsgebet findet in der masjed-é Jame'-ye Atigh im hinteren Teil des Innenhofes statt. Hier sitzt der Prediger erhöht, ein Asket mit rauer, drängender Stimme, er zieht alle Register des Belehrenden, Mahnenden, er bricht in Schluchzen aus, fleht und beruhigt wieder, die Frauen neben mir schluchzen mit dem ganzen Körper mit, ergeben sich mit geöffneten Händen, murmeln ihre eigenen Gebete, überall Bücherständer, eine Alte bringt Tee für uns alle. Stunden habe ich hier verbracht, bin meinen eigenen Gedanken nachgegangen.
Hinter einer hohen Mauer sieht man die Kuppel einer Kirche, der anglikanischen Kirche, die Tür ist verschlossen, auf mein Klopfen kommt ein kleiner schmaler Mann und bittet mich herein. Das Äußere der Kirche erinnert an eine Moscheekuppel wie auch an

oströmische Kirchenbauten, innen findet sich eine typisch iranische Kuppelkonstruktion mit einem christlichen Kirchenschiff, dazu ein Dutzend herrlicher farbiger Glasfenster mit Lotusblüten, überall Inschriften auf Farsi, aber eine elektrische Orgel und im Nebenraum eine reparaturbedürftige Holzorgel mit Blasebalg. Die klassischen Kirchenbänke haben indische Formelemente, am Eingang hängt eine Tafel aus der Zeit des Cyrus, der Altar ist protestantisch, die Leuchter persisch. Der Pastor erzählt die Geschichte der Kirche, einer Gründung britischer Hospitalmitarbeiter vor der Revolution. Heute gibt es 60 iranische Gemeindemitglieder. Ein Wechsel der Religion muss heimlich geschehen, und so kommen die Frauen im Chador auf das schöne baumbestandene Gelände, legen vor der Kirche den Chador ab. Alle arbeiten gemeinsam für den Erhalt dieser Kirche. Der Pastor findet die Stilmischung in seiner Kirche wunderbar, als Protestant habe man einen weiten Geist, die Menschen kämen, wie sie seien, er sei allein und die Lage der Kirche schwierig, aber Frieden gebe es nur mit einem weiten Geist, und dies sei der Inhalt aller seiner Predigten. »God bless you«, sagt der kleine Mann mit dem großen Herzen und gibt mir die Hand zum Abschied.
Auf der Suche nach der armenischen Kirche treffe ich nahe dem meidun-é Ahmadi auf eine seltsame alte Moschee in schlechtem Zustand, in Nischen stehen Sessel, am Eingang hängt Wäsche, mit schwarzen Fahnen und aufgesprühten geistlichen Führern ist sie der Revolution einverleibt. Eine Frau öffnet das Tor und lässt mich ein, der Kuppelraum ist baufällig, ein Gerüst stützt die Mauern, unter dem Schrein führt eine steile Treppe zu einer alten Krypta. In einer Nische des Kuppelraums stehen Eisschrank, Ofen, ein Schrank mit ein wenig Geschirr. Hier lebt eine arabische Familie aus Khuzestan in großer Not, ohne Geld, mit sieben Kindern, der Krieg gegen den Iraq hat sie hierher verschlagen. Die Mutter kocht uns Tee, wir erzählen halb arabisch, halb farsi, sie braucht Kinderkleidung, die Kleinen schlafen auf den Gebetsteppichen in den Nischen.
Ich gerate immer tiefer in das alte, armselige Viertel, die Männer und Jungen sind aggressiv. Als ich Farsi mit ihnen spreche, beruhigen sie sich, sind sehr hilfreich. Die Scham über ihre Armut macht

sie wütend. Immer wieder habe ich diese Scham im Lande gesehen. Bettler sitzen mit gesenktem Kopf an den Straßen, auch junge, gepflegt wirkende Männer, strecken den Vorübergehenden die offene Hand entgegen, bedecken mit der anderen vollständig ihr Gesicht.

Hinter einer Mauer mit blauen Kreuzen verbirgt sich die armenische Kirche, Jungen klingeln für mich. Drinnen erhebt sich ein furchterregendes Dreizentnerweib von einer Wolldecke, ein brüllender Zerberus. Die Kirche verfällt, der Garten ist überwuchert, alte Gedenksteine sind überwachsen, die Bilder stehen vor der Tür, diese Kirche hat keine Gemeinde mehr.

Mit Sammeltaxis und Minibussen kommt man für Pfennige nach Takht-é Jamshid, das alte Persepolis, mit etwas Glück wird es möglich sein, weitere Grabungsorte zu sehen. Fast niemand ist hier, ich beginne eben, in Würde die 110 nur 10 cm hohen Stufen für die dem Herrscher huldigenden Würdenträger hochzuschreiten, denn hier ist Schreiten möglich, da kommt eine österreichische Reisegruppe in einem Bus der staatlichen Reisegesellschaft mit staatlichen Führern an, natürlich lässt man mich den ganzen Tag mitfahren, nach Naghsh-é Rostam, zu den Sassanidenreliefs am Stadteingang des alten Eram, nach Pasargad, ich hab's doch gewusst, ›Hans im Glück‹. Völlig fremd ist mir Gruppenverhalten geworden, ständig laufe ich den Damen durch ihre Fotos und Videos, nichts scheint ihnen wichtiger, ich bin irritiert. Nur zwei Männer sind in der Reisegruppe, ein Alter mit Schlapphut flüstert mir zwinkernd zu, die kennten schon die ganze Welt, das seien alles »Hofratswitwen, g'schtopfte«, da sind wir uns kichernd einig. Mein Verhalten und meine Reise verstehen sie überhaupt nicht, immerhin kann ich mit all ihren Kameras die Gruppenfotos machen.

Persepolis berührt in seinen Details. Die feinen Reliefarbeiten wie das Défilé der Abgeordneten der verschiedenen Völker, die Bäume, die Genauigkeit bis zu den Schleifen an den Schuhen, das Gesicht einer Frau in einer winzigen Radnabe, die Tiersymbolik der Zoroastrier, Darius, der mit dem Teufel kämpft, der Löwe, der den Stier besiegt, Symbol für den Frühling, der den Winter vertreibt, die Säulen mit den Huldigungen in verschiedenen Sprachen, die Pferde der Doppelkapitelle stellen alles bisher Gesehene in den Schatten. Da die Gruppe nur allzu kurze Zeit bleiben will, stürze ich den steilen, staubigen Berg hoch zu den Felsengräbern, rutsche aus, mein roupush sieht dramatisch aus, oben steht feist ein Amerikaner und stöhnt auf, als er mich sieht, »oh my God!«

Im Jahre 1971 fand die 2500-Jahrfeier der Gründung des Achaemeniden-Reiches am Fuße des von Alexander dem Großen zerstörten Persepolis statt, Shah Reza hat damit die Pahlevi-Familie an die Größe des alten Reiches binden wollen. In einer Nacht wurden für Gäste aus 54 Ländern 20 Millionen Dollar verpulvert, die Getränke aus Paris eingeflogen, dieser Zeitpunkt gilt den Iranern heute als der Beginn der Revolution. Die Feststätte ist als Ort iranischer Geschichte erhalten, Schulklassen picknicken hier. Das große Festzelt steht leer wie ein geplünderter Zirkus, gerissene Tuche flattern um die rostigen Gestänge der kleineren Zelte für die Speisen und Getränke.

Die Fahrt nach Pasargad führt durch das weite, fruchtbare Tal, begrenzt von schroffen Bergen, die ideale Lage erklärt die Gründung von Persepolis an dieser Stelle, die vielen Siedlungen, die Nekropolen in den Felsen, die Achtung gebietenden Reliefs, die Paläste am Wege. An den Hängen stehen die braunen Zelte der Nomaden, vor einigen Wochen sind sie in der großen Hitze mit ihren Herden aus den Bergen in die grüne Ebene gekommen. Wie ein Mahnmal steht weithin sichtbar das Kenotaph des großen Cyrus auf den sieben Stufen der Zigurrat, auf den Wiesen rundherum blühen die schönsten Blumen, Ramin warnt uns vor giftigen Schlangen.

Der Bus fährt sogar zurück nach Shiraz, setzt uns am bazaar-é Vakil ab. Bazaare, Medresen, Moscheen, die Studenten in den Paludé-Cafés, alles ist vertraut. Heimisch geworden breche ich wieder auf.

Acht Stunden dauert die Nachtfahrt mit dem Bus nach Esfahan, ein großer Mond verleiht der Gebirgslandschaft einen bläulichen Schimmer. *Meine Mutter, ich erinnere mich nicht mehr genau an das Braun ihrer Augen.* Esfahan, früher ›die halbe Welt‹ genannt, ist Liebe auf den ersten Blick. Im mehmankhuné ›Amir Kabir‹ gibt es einen Internet-Anschluss, ein Bücherregal mit einem Krimi von Mickey Spillane in französischer Übersetzung, die trifft im Ton so haarscharf daneben, dass die Lektüre ein ganz eigenes Vergnügen ist. Wenn ich mich auf das Bett setze, schauen die Füße zur Tür heraus, doch ist es so hoch, dass der Rucksack darunter passt.

Das Wunder ist der große Platz Emam-é Khomeini mit seinen Moscheen, Palästen und Bazaaren. Tagelang schlendere ich umher, gebe hier eine Nachhilfestunde in Deutsch – Mehmet: »Nur ein toter Mullah ist ein guter Mullah!« –, diskutiere dort mit Studenten, mit Handwerkern, sie müssen so sehr lachen, dass für eine halbe Stunde die Arbeit ruht, immer besser wird mein Farsi. Die Lichtkegel, die durch die kreisrunden Löcher in den Bögen der Bazaare mit der Sonne wandern, verleihen den dunklen Wandelgängen den Zauber verborgener Schätze. Leer sind die Moscheen, die Paläste, einige Studenten begleiten mich, zeigen mir die Nischen, führen das Echo in der masjed-é Emam vor, legen Wert auf meine Meinung über religiösen Terrorismus. Es herrsche viel Druck jetzt, sagen sie, und geben sich dabei so offen, dass man es ihnen nicht glauben mag.

Tatsächlich treffe ich Nahid wieder, die Freundin aus Shiraz. Im Teehaus unter dem ersten Brückenbogen von Si o Se Pol, der Brücke mit den 33 Bögen, sitzen wir im Frauenteil, mit ihrer Freundin ist sie gekommen, allein geht eine Frau nicht aus dem Haus. Das Wasser des Zayande Rud umströmt uns, in das Geräusch des Flusses mischt sich die alte persische Musik der Flötenspieler, die Wasserpfeifen verbreiten fruchtigen Tabaksgeruch. Die beiden Frauen saugen alles aus mir heraus, Heiraten, Arbeit, Gehalt, die Rolle der Eltern, das Verhalten des Ehemannes, die Erziehung der Kinder. 10 Stunden arbeitet Nahid pro Tag, vier Stunden beträgt ihre Fahrzeit zum Krankenhaus, sie verdient weniger als 60 $ im Monat als Ärztin, ihre Mutter versorgt sie. Mit der Revolution habe man den wirklichen Islam vergessen, lebe nicht mehr nach dem Qur'an, meint sie, für sie sind Islam und Demokratie vereinbar. Wie gern würde sie in Deutschland weiterstudieren! Die beiden Frauen haben ihren Mütter nicht gesagt, dass sie mich nach der Arbeit treffen, sie müssen nun gehen.

Im ›Amir Kabir‹ treffe ich Alex, den Franzosen, mit seiner Vision von einem Bauernhof in der Dordogne. Er hat in einem tibetanischen Kloster gelebt, alle heiligen Stätten Asiens besucht, ist nun zum Islam konvertiert. »Es ist gut, andere wie mich zu finden, um sicher zu sein, dass ich nicht verrückt bin«, sagt er. »Es wird schwer sein, wieder gezähmt werden zu müssen!«, entgegne ich. »Eh bien, ich werde es nicht«. Auch er: ein Freund.

Roupush, Tuch und Strümpfe gehören jetzt zu mir, ein vertrauter Schutz, ich fühle mich eingehüllt in den Geist des Ortes, ertappe mich dabei, dass ich die wenigen jungen Frauen auf den Boulevards mit Sandalen an den nackten Füßen und lackierten Nägeln missbilligend mustere ...

Über Si o Se Pol gelangt man in das armenische Viertel Jolfa. Groß und lebendig ist die Gemeinde im reichhaltigen armenischen Kulturzentrum, ich verstehe nichts, kann nichts lesen, alle Einwohner des Viertels sprechen nur armenisch. Der Bibliothekar erklärt mir auf Farsi die Geschichte der Gemeinde, die frühe Beziehung Esfahans zu Gutenberg. Auf vielen Mauern im Viertel kleben Plakate, die an den Völkermord der Türken an den Armeniern im 1. Weltkrieg erinnern.

Auf dem Weg zu den alten armenischen Kirchen nehmen mich zwei Männer mit, hinter einer Mauer steht ein Tempel, gewaltige Tiere bewachen den Eingang, und dann bin ich mitten im Feuerkult der Zoroastrier. Seit 1500 Jahren brennt hier das Feuer, einst aus Pasargad geholt. Die Männer erläutern mir ihre religiösen Maßstäbe, beim Tee zeigen sie mir ihr Buch ›Avesta‹. Als ich sage, ich sei aus Deutschland, meinen sie treuherzig, wir seien doch alle Arier.

Es gibt noch einen sehr alten Feuertempel auf einem Berg außerhalb von Esfahan, da mache ich mich noch einmal auf und laufe vorbei an Menar Jomban mit den schwankenden Minaretten zu Atashgah. Hier ist niemand mehr, hoch oben der Tempel auf dem Felsen, der einsame Wächter am Tor will mich nicht einlassen, da gingen Frauen nicht hoch. Missbilligend schaut er mir nach, als ich darauf bestehe. Ohne anzuhalten fühle ich eine Riesenkraft in mir, finde meinen Weg steil hoch wie schwebend, winke, als ich oben bin, dem Wächter zu, spüre kaum, wie mir das Wasser den Rücken hinunterläuft.

Eine Kieselwüste ist die raue, heiße Mitte dieses Landes, ocker und grau, zwischen Dasht-é Lut und Dasht-é Kavir verläuft die alte Handelsstraße nach Asien mit ihren mächtigen Wehrtürmen, im heißen Dunst liegen die Berge. Ich bewundere die feinen Fayencen in der Freitagsmoschee von Yazd, die alten Torbögen und engen Gassen des Bazaars, ziehe weiter nach Bam mit seiner überwältigenden mittelalterlichen Festungsstadt. Ganz allein bin ich hier, im Teehaus oben am Palast singt ein Belutshi für mich, trommelt und knackt mit den Fingern. Auf der Fahrt von Mahan nach Kerman sitzt neben mir Sahar, Studentin im Abschlussjahr für Englischlehrer in Kerman, spricht Englisch wie bei uns die Kinder im 2. Unterrichtsjahr, weiß dies und schämt sich dafür, überlegt ihre Sätze lange, schaut verstohlen im Oxford Pocket nach. Glücklich über den Kontakt zu mir, schildert sie die Lage der Studenten, enttäuscht sind sie und traurig, sehen für sich keine Zukunft. Sie fragt mich, was sie denn tun müsse, um so erfolgreich zu sein wie ich, und hat Tränen in den Augen.

Der bazaar-é Vakil in Kerman ist vollständig überkuppelt und bis zu 7 m tief unterirdisch für Lagerräume, Restaurants und Bäder ausgebaut. Mohammed, ein Sufi, zieht mit mir den ganzen Tag durch Moscheen und Bazaare, zum Eishaus, zur großen alten Bibliothek in einem Garten, in der rechts die männlichen, links die weiblichen Studenten in der kühlen Säulenhalle bei ihren Hausaufgaben sitzen. Durch ihn komme ich auch in das alte hammam-é Ebrahim Khan für Männer. Durch den unterirdischen Vorraum gelangen wir in den Schlangenweg, dessen Krümmung die Wärme in den Baderäumen hält, sogar in den Baderaum darf ich schauen. Die Männer behalten einen Lendenschurz um, auch voreinander dürfen sie sich nicht zeigen.

Das schönste Teehaus des Iran ist das chaykhuné-ye Vakil tief unter dem Bazaar mit Wasserspielen und Flötenspielern, herrlichen Fayencen. Mit Ruhollah kann ich allzu schwierige Themen auch auf Englisch diskutieren. Er kennt viele politische Witze, sie spiegeln die Lage des Landes, die Meinung über Zensur, über die Haltung der blind losschlagenden Studenten der Universität Tehran, über die Möglichkeiten der Politik der kleinen Schritte.

Am Bus nach Mashhad im Nordosten des Landes, dicht an den Grenzen nach Afghanistan und Turkmenistan, viel zu weit entfernt für die wenigen Touristen mit den 14-Tage-Visa, steht Sahar

und wartet auf mich, ihre Adresse in der Hand, weint bitterlich beim Abschied.
17 Stunden Fahrt durch die Wüste Dasht-é kavir werden heiß und lang auf der engen Sitzbank, die wilde Fahrweise der Chauffeure nehme ich inzwischen mit Gleichmut hin. Vor den scharfen Kurven an den Steilhängen stehen Schilder mit dem einfachen ›allahu akbar!‹. Allah ist groß – das muss als Warnung reichen. Schon weit vor Mashhad sieht man in der Mittagshitze die ersten Pilgergruppen, bis zur Stadtmitte reißt die Linie der die grünen und schwarzen Fahnen schwingenden Pilger nicht ab. Auf kleinen Rastplätzen tanzen ekstatisch Männergruppen wie die Derwische, schreien ›ya Husain‹. Im Bus feuert ein Mann die Mitreisenden an, im Chor kommt die Antwort. Die Stadt ist voller Pilger. Ich habe Glück, nur wenige Minuten vom Heiligen Bezirk entfernt finde ich am Bazaar die Herberge von Mehmet und ʻAli, die mich in ihre große Familie aufnehmen.
Es ist Ashura, der zehnte Tag des Trauermonats al-Muharram, im haram-é mutahhar, dem Heiligen Bezirk von Mashhad, beginnt der Höhepunkt der shiitischen Trauerfeiern um den Tod al-Husains, Sohn des Kalifen ʻAli, der im Jahre 680 den Märtyrertod in der Schlacht von Kerbela erlitt. Nach den Tagen des Fastens und Wehklagens beginnt die Zeit der Prozessionen. Vor meiner Herberge ziehen schwarz gekleidete Männer, die sich, in jeder Hand an einem Holzgriff schwere Ketten schwingend, rhythmisch rufend mit aller Kraft auf Rücken und Schultern schlagen, vorweg Bannerträger, ein Vorsänger gibt den Rhythmus an, ya Husain, scharf knallen die großen Trommeln, ich folge den Zügen zum Heiligen Bezirk. Als ich mit anderen Frauen durch die Kontrollen am Eingang gehen will, hält mich ein uniformierter Wächter auf, Fremde dürfen während der Feierlichkeiten den Heiligen Bezirk nicht betreten, nicht einmal meine Arbeit in der Orientalistik berechtigt mich. Zu meiner Verblüffung höre ich mich sagen, ich sei Muslima, es hat eh schon niemand verstanden, wieso man in den Islamwissenschaften arbeiten könne, ohne Muslim zu sein. Nun wird telefoniert, von höherem Ort scheint die Maßgabe zu kommen, mich einer Prüfung zu unterziehen. Ein Iraqi, als Repräsentant Kerbelas zuständig für die Ashura-Feiern, fragt mich auf

Arabisch nach den Leitsätzen des Glaubensbekenntnisses, man beschließt mich einzulassen, der Iraqi kleidet mich persönlich in den Chador, ich muss mein Hab und Gut abgeben, Vertrauen gegen Vertrauen. Nach einer Leibesvisitation am Eingang folge ich einer Gruppe Frauen zur masjed-é Azim-é Gohar Shad, vertraut ist mir der Chador. Beim Eintritt in den Hof der Moschee bin ich gefangen unter Tausenden von Menschen. In den Nischen stehen die Pilgergruppen, schlagen sich mit den Fäusten dröhnend auf den Brustkorb, ya Husain, in der Mitte schildert der Prediger, auf einem Stuhl stehend, mit leidenschaftlichem Pathos den Tod Husains, Klagen und Schluchzen, die Frauen vor den Iwanen ziehen den Chador vor das Gesicht, die Männer schlagen die Hände vor die Augen und weinen mit bebenden Schultern. An den großen Türflügeln stehen Männer und Frauen, küssen weinend das Holz, Hunderte, Tausende knien am Boden, den Qur'an lesend, sich kasteiend, vor sich die kleinen Tücher mit den Gebetssteinen darauf, vielstimmiges Schreien und Schluchzen übertönt das Gemurmel der Gebete. In den Frauenräumen stoßen und drängen die Frauen Richtung Schrein des Emam Reza, von überall dringen die harten Trommelschläge herein, ya Husain, durch die Anlage des Heiligen Bezirks drängt ein herzzerreißendes Chaos, das sich an den goldenen Toren und den mit Spiegelmustern ausgekleideten Wänden und Kuppeln flackernd bricht. An einer der goldenen Tafeln steht ein schmächtiger Mann, das Gesicht an die Wand gepresst, mit erhobenen Armen versucht er sich im Relief festzukrallen, schluchzt hemmungslos. Behinderte werden in Rollstühlen mühsam durch die schwankende Menge zum Schrein geschoben, viele von ihnen weinend. Sechs Männer tragen eine verhüllte Bahre herein, immer wieder wird Husain zu Grabe getragen, sie singen dumpf und monoton.
Der Schrein im Zentrum des Bezirks unter der goldenen Kuppel ist für Frauen von zwei Seiten her zugänglich. Es gelingt mir nicht, bis zum silbernen Gitter vorzudringen, in das die schwarzen Frauen ihre Hände geschlagen haben. Sie küssen das Gitter, schreien und klagen, manche ziehen sich hoch, etliche sind in Ekstase, lallen ›Husain, 'Ali‹. Da ich größer bin, übersehe ich alles, kann mich nicht mehr bewegen, bekomme Atemnot in meiner

Angst und dränge ins Freie. Im Hof ruhen die Menschen auf großen Teppichen aus, zwei Frauen neben mir drehen aus grobem Tabak Zigaretten und rauchen, Kinder spielen, man schaut neu ankommenden Pilgergruppen zu, wie ein Totentanz sind ihre Schrittfolgen, klirrend schlagen die Ketten über die Schultern, monoton die Trommeln, aus den Nischen die Klagen der Vorsänger, Neuankömmlinge waschen sich in den Brunnen.
Nun habe ich auch ein Auge für die unvergleichliche Schönheit der Heiligtümer, noch einmal der Schrein, die Iwane, noch einmal die kollektive Ekstase der Trauer. Nach Stunden bin ich vollkommen erschöpft und überwältigt, ich kann nicht mehr, bin selbst den Tränen nahe. Mein Wärter nimmt mich in Empfang, entschuldigt sich für sein zunächst abweisendes Verhalten. Für einen Moment rührt sich mein Gewissen, ob ich jemanden betrogen, verraten, beleidigt habe, da sind sie wieder, die Splitter meines Spiegels. Aber es ist nicht so, und wenn es denn einen und nur einen Gott gibt, so wird er mir wohl verzeihen. Der Wärter holt meine Habseligkeiten, der Iraqi segnet mich, einige der Wünsche kann ich erwidern, er lächelt.
Immer noch strömen Pilgerzüge auf den Eingang zu, schlagen Becken aus Messing und Holzblöcke knallend gegeneinander. Auf dem Platz Beit ol-Moghaddas tragen Männer auf den Schultern Gerüste mit den Attributen der Schlacht von Kerbela, von fern kündigt sich mit Trompeten der Höhepunkt der Umzüge an. Auf kheyabun-é Emam Reza naht das Passionsspiel, im Zug der schwarzen Männer reitet in rotem Gewand mit goldenem Helm auf einem blutigen Schimmel Husain, das Schwert wie in der Schlacht in die Menge schwingend. Hinter ihm sehe ich, die Grenzgängerin, schwarz verhüllt Maria auf einem Kamel, einen kleinen Jungen im Arm haltend, neben ihr auf einem Esel reitend den grüngewandeten Jesus, die Hände, durch ein Marterbrett gesteckt, wie ans Kreuz geschlagen, eine angedeutete Dornenkrone auf dem gesenkten Haupt. Viele mongolische Gesichter sehe ich im Zug, ganz am Schluss folgen die Frauen, am Straßenrand schlagen sich die Jungen mit kleinen Ketten. Als die Prozession in den Hof des Heiligen Bezirks einzieht, werden die Straßensperren aufgehoben, Handel und Wandel gehen weiter. Überall stehen für

die erschöpften Pilger Stände mit Wasser und Zitronenlimonade am Straßenrand, bieten die Menschen einander Datteln an. Ein schwarzer Mann reicht mir mit freundlichem Nicken einen eiskalten Becher. Im Abendlicht glänzen die goldenen Kuppeln und Minarette. Noch tagelang kommen in langen Zügen die Pilger aus dem ganzen Land an, die Nächte hindurch hallen die Trommeln, die Ketten klirren.

Am Freitag, dem Feiertag, pilgern viele Menschen mit mir nach Tus zur Gedenkstätte für den Epiker Ferdousi. Im Untergeschoss des gewaltigen Marmorblocks sind die Stadien seines Werks als Reliefs abgebildet. Ein Mann eilt herbei, erklärt mir, erleichtert, dass er das auf Farsi tun kann, den Gang der Handlung, dann rezitiert er, der ausgebildete Schauspieler, laut und gekonnt in dieser hohen Marmorhalle, die Höhepunkte durch das Echo verstärkendes Klatschen unterstreichend. Nur für mich spricht er, sucht die Einheimischen, die sich um uns scharen, vergeblich mit bösen Blicken zu vertreiben.

Viele Arbeiterfamilien verbringen den Feiertag mit ihren Kindern in diesem Park. Eine Familie schildert mir offen, wie schwer es ist, genug Nahrung zu beschaffen. Die Kinder sammeln Früchte, Nüsse oder Kerne von den Hecken und Bäumen in Schüsseln, köstlich schmecken die Maulbeeren. Vor dem Gelände findet in einer Arena der iranische Lieblingssport statt, Wrestling. Begeistert kommentieren die zahlreichen Zuschauer die Kämpfe der Dorfjugend.

In Mashhad ziehen die Pilger nun wieder in langen Zügen nach Hause, nicht ohne in den Bazaaren die typischen Süßigkeiten für die Familie und Devotionalien gekauft zu haben. Wie überall im Iran singen im Bazaar herzerweichend die Nachtigallen in kleinen Bambuskäfigen. Hier nennt man mich ›Mistermademoiselle‹, damit erschöpft sich die Weltläufigkeit der Bazaaris. Es ist der Tag der Fotografen, viele Männer lassen sich auf der Straße vor den Geschäften ablichten, das Bild wird dann so in eine Vorlage des Schreins von Emam Reza eingearbeitet, dass derjenige allein im Heiligtum zu sein scheint und seine rechte Hand das silberne Gitter berührt, meistens ist das mit der Collage ganz schlecht ausgekommen ...

Die Fahrt nach Gorgan Richtung Kaspisches Meer führt in die Frische. Die Wüste verengt sich zu einem Tal zwischen Kuh-é Sah Jahan und Kuh-é Aladaj, an Flüssen entlang führt die Straße durch Wälder, Wiesen, Obstanbau entlang der turkmenischen Grenze. Sogar Weinbau gibt es an den Hängen, überall strömt Wasser von den mächtigen Ausläufern des Elbrus-Gebirges herab. Im Norden weitet sich das Land zur turkmenischen Steppe hin. Im Bus haben mich vier junge Arbeiter aus Ardabil aufgenommen, wir teilen Reis und eine Dose Thunfisch, sie laden mich in ihre Unterkunft nach Ardabil ein.
Die Altstadt von Gorgan ist geprägt von turkmenischer Architektur mit den typischen Rundziegeldächern, auf denen Gräser sprießen, den schönen geschnitzten Balkonen. Reich an Gemüse, Obst und Fisch ist die Gegend, lebhaft der Handel. Viele Menschen haben mongolische Gesichter, die Frauen, nicht verschleiert, sind bunt gekleidet. Der Bazaar wirkt wie ein Grenzposten vor der großen Steppe Asiens. Von der Freitagsmoschee mit ihrem Seljuk-Minarett ruft noch der Muezzin selbst, im Innenhof starren mich die alten Turkmenen an, Fremde gibt es hier kaum, eigentümlich klingt der Gesang aus dem Gebetssaal. Ein Geschäftsmann gegenüber führt mir sein Englisch vor, beklagt sich über die Strenge der shiitischen Moral: Das Kaspische Meer sei so schön, aber Frauen und Männer könnten nicht zusammen schwimmen gehen. Er sei einmal in der Türkei in Antalya gewesen, oh lala ...
Eine alte Frau tritt aus einem Schrein auf mich zu, meint, ich müsse Muslima werden, Islam sei die beste Religion, und zupft an meinem Mantel und Tuch herum, bis auch das letzte Stück Haut am Hals bedeckt ist. Sie küsst und umarmt mich, wir hätten ja alle nur einen Gott, aber ich solle doch wenigstens den Chador überziehen, der Chador sei das Wichtigste für eine Frau. Der Geschäftsmann schüttelt den Kopf, es seien im Iran häufig die Frauen, die in religiösen Dingen so radikal seien.
Es ist die Zeit der Obsternte, noch nie habe ich so schöne große Kirschen gesehen, decke mich ein und fahre über Sari, Babol und Chalus am Meer entlang nach Ramsar, vorbei an dichten Wäldern zwischen den Hängen des Elbrus und dem steinigen Naturstrand, lange habe ich kein sattes Grün gesehen. Orangen- und Nuss-

baumgärten ziehen sich an den Hängen bis zu den Wasserfällen hin, an denen kleine Orchideen blühen. In dieses Paradies hat Shah Mohammed Reza Pahlevi seinen Sommerpalast aus rotem und weißem Marmor hoch über den Badeort gebaut, ohne ein einziges Bett – nie hat der Shah, ein Soldat, in einem Bett geschlafen –, aber möbliert mit Importen aus dem Frankreich des 18. und 19. Jahrhunderts, mit Geschirr aus Sèvres und Limoges, Empire-Sesseln, Gobelins. Im Salon stehen zwei runde Tischchen mit eingelassenen Portraits von Louis XVI, quelle coïncidence ...
Auf der Wanderung durch die herrliche, mit alten Bäumen gesäumte Allee zum jetzt verfallenden Casino am Meer bitten mich drei junge Frauen im Chador, ich möge sie fotografieren. Sie ziehen sich unter einen von Büschen umgebenen Baum zurück, zwei von ihnen streifen schnell Chador und roupush ab, haben nur ein enganliegendes buntes T-Shirt darunter. Die Dritte traut sich nicht, in einiger Entfernung lauern junge Männer. Es ist der Gipfel der Kühnheit, sich mit nackten Armen ablichten zu lassen, ganz schnell ziehen sie sich wieder an und verschwinden, nur die Fremde hat Verständnis für ein solches Foto und bleibt so nicht mehr fremd.
Zwei Straßen führen über die Höhen des Kuhha-ye Alborz auf die heiße, trockene Südseite nach Tehran, weiß glänzt die Kette der Fünftausender, an einer Stelle fährt der Bus noch jetzt durch Schnee. Durch enge Schluchten geht es bis über die Baumgrenze hinaus, manches Mal sind die Reifen dem Abgrund beängstigend nah. Wasserfälle stürzen in Täler, immer wieder schrauben wir uns hoch zu den kahlen Gipfeln, auf denen dicke Büschel von bunten Blumen wachsen. Leuchtend grün liegt langgestreckt ein See, aufgestaut ist das Wasser, Reserve für die Zehnmillionenstadt. Uferlos entwickelt sich Tehran aus dem Dunst.
Das Viertel zwischen dem Großen Bazaar und dem meidun-é Emam-é Khomeini ist geprägt von der Arbeit der Klempner, der kleinen Reparaturbetriebe für Autos und Maschinen. Mitten auf der Straße wird gearbeitet, schnell finden sich Kontakte. Ganz in der Nähe ist das Nationalmuseum mit seinen hinreißenden Sammlungen von Persepolis, Susa, Chogha Zanbil, seinen Teppichen, den Qur'anen im islamischen Teil.

Tehran ist riesengroß, mit den Linienbussen ergeben sich ausgedehnte Stadtrundfahrten für ein paar Pfennige. Im Vorüberfahren sehe ich, man gibt »Arturo Ui« im Theater. Den großen Platz mit dem Hauptgebäude der Universität beherrscht ein enormes Wandgemälde, grau in grau eine Armee von zahllosen Soldanten, davor farbig ein gläubig aufblickender junger Revolutionsgardist mit dem rotem Stirnband, groß neigt sich aus dem Himmel Emam-é Khomeini herab, kleiner unter ihm Ayatollah Khamenei. Als ich in den Bus nach behesht-é Zahra einsteige, habe ich nur noch einen 5000 Rial-Schein. Ich will mich eben entschuldigen, ich hätte kein Kleingeld mehr, da guckt mich der Fahrer groß an, zieht die Augenbrauen hoch und fragt: »Los Angeles ...?«
Behesht-é Zahra ist der größte Friedhof der Welt. In diesen Tagen feiert man den Jahrestag der Befreiung Khorram-shahrs von iraqischer Besetzung, Tausende von Särgen mit toten Soldaten sind in den letzten Tagen in langen Prozessionen von Kriegsveteranen hierher umgebettet worden. Auch jetzt sieht man unterwegs Gruppen von Soldaten in Uniform, viele von ihnen versehrt, einbeinig mit Krücken, zum Friedhof pilgern. Auf den flachen Grabplatten lagern Familien und Freunde der Gefallenen, beten und weinen, in langen Reihen kilometerlang die Soldatengräber mit Fahnen und Kästen auf Stangen, die Erinnerungen, Kinderspielzeug, Fotos enthalten, oft die letzten Fotos der in ihrem Blut liegenden Gefallenen auf dem Schlachtfeld, Dokumente eines Heldentodes, oder solche von Soldaten mit Gewehr, in der Schlacht betend im Sand knieend. Überall hört man klagende Vorsänger, lautes Schluchzen, Angehörige verteilen Kirschen, Melonen, Datteln. Auf manchen Gräbern finden große Zeremonien statt, meist aber sitzen Väter, Mütter, Söhne allein, die Hände vor das Gesicht geschlagen, im Rot und Grün der Fahnen ist das Bild schwarz von den vielen Frauen, auch ich bin den Tränen nahe und muss gehen.
Neben behesht-é Zahra steht das monströse Mausoleum für Emam-é Khomeini in den Mauern einer vieltürmigen Moschee. Es ist der 11. Todestag des ›geliebten Vaters‹, wie mir die Kinder auf der Straße erklären, unabsehbar ist die Schlange der fahnenschwingenden Pilgerzüge aus der Hauptstadt, 20 Millionen Trauernde werden für die morgige offizielle Feier erwartet, ich flüchte.

Ganz in Gedanken steige ich vorn beim Fahrer in den Bus, ein scharfes Kommando ertönt, da flitze ich zum hinteren Eingang hinter die hölzerne Trennwand.
Auf dem Rückweg wird es schnell dunkel, am meidun-é Enghelab gibt es keinen Bus mehr in mein Viertel, um 21 Uhr erstirbt das öffentliche Leben. Mit mir laufen Jeff und Mohammed, zwei Studenten, möchten meine Auffassung vom Leben kennen lernen, stellen die guten alten Fragen: »Warum ist es so wichtig zu reisen? Was ist eine ›gute‹ Gesellschaft? Welche Rolle spielt Gott im Leben? Wie wird man glücklich? Was bedeutet Geld? Was ist Erfolg? Soll man politisch handeln?« Und so stehen wir nach zwei Stunden nächtlicher Wanderung auf dem riesigen, jetzt verödeten, stockfinsteren Busbahnhof von meidun-é Emam-é Khomeini, können uns nicht trennen, diskutieren unter den Sternen. Allein muss ich in den Gassen meine Unterkunft finden, verlaufe mich, da alle durch die tägliche Arbeit auf den Straßen gewonnenen Markierungen jetzt fehlen, finde mich dann doch zurecht. Missbilligend mustert mich der Portier.
Im Bus nach Hamedan Richtung Iraq sitzt neben mir eine sehr gepflegte Frau mit lackierten Fingernägeln, eine selbstbewusste Erscheinung, ihr Chador ist elegant, aus erlesenem Tuch. Qity betreibt einen Schönheitssalon in der Nähe von Tehran, war schon in Paris und Frankfurt. Im angeregten Gespräch lädt sie mich in die Wohnung ihrer Tochter ein, die in Hamedan Kunst studiert.
Murvarid bewohnt mit ihrer Freundin Azadeh, beide 20, eine schöne Wohnung voll mit den selbstgemalten Bildern, alle beeinflusst von der persischen Tradition der Kalligraphie. Strahlend werde ich aufgenommen, seufzend entledigen wir uns der schweren Kleidung, verbringen die Tage in Unterwäsche auf dem Teppich sitzend beim Tee und erzählen, lachen, kochen zusammen, hören Musik auf Texte des Mystikers Baba Taher. Die Mädchen holen ihre Schatzkiste, in der sie einen Prospekt von Dubai, einige Fahrpläne europäischer Fluggesellschaften, einen bunten Teppichkatalog aufbewahren, ein Stück des ehemals West-Berliner Stadtplans ist auch darunter. Nachts schlafen wir gemeinsam auf dem Wohnzimmerteppich – iranischer Frauenalltag, gewiss ein privi-

legierter, keinen Schritt gehen sie zu Fuß, immer muss ein Taxi her. Also mache ich mich allein auf den Weg.
Gegenüber in dem kleinen Park mit dem herrlichen Blick auf die schneebedeckten Gipfel des Kuh-é Alvand steht der gewaltige steinerne Löwe aus Ekbatana, er hängt voller Kinder, blankgerutscht haben sie seinen Rücken. Hekmataneh, eine Gründung des sagenhaften Königs Jamshid, Sitz auch des großen Cyrus an der Königsstraße nach Bagdad, Hauptstadt der Meder, die kühle Sommerresidenz der Achaemeniden, wenig ist von ihr geblieben, erträumen muss man sich in den sorgfältig restaurierten Fundamenten die kostbaren Paläste, Gold und Silber, begraben unter der neuen Stadt.
Doch in der Gedenkstätte für Esther und Mordekhay mit ihrem 2300 Jahre alten steinernen Tor, dem Thron des Cyrus davor, lebt heute eine Synagoge. Es ist Sabbath, der alte Rabbi lässt mich dennoch ein, ich muss die Lichtschalter bedienen. 35 Mitglieder hat die jüdische Gemeinde heute, arm ist sie, aber lebt in Frieden. Der Rabbi braucht dringend Winterschuhe, ich verspreche, ihm welche zu schicken.
Auch über Hamedan klingt Poesie. Am Grab des Baba Taher werden, von der persischen Flöte begleitet, Gedichte gesungen, an der Gedenkstätte für Abu 'Ali Sina, den Theologen, Philosophen und Heilkundigen Avicenna, lauschen viele Menschen den Texten.
Gemeinsam machen wir einen Ausflug in die Berge nach Ganjnamé, dem beliebten Ausflugsort am imposanten Wasserfall des Kuh-é Alvand. Hoch in der Bergwand vor den Felstafeln des Darius und Xerxes, den Erklärungen ihrer Macht auf alt-persisch, elamitisch und akkadisch sieht man hinunter auf die Teehäuser am Wasser voller Familien. Bei Tee und Salat stellen wir prustend vor Lachen fest, dass eigentlich nur ich mit meinen schwarzen Strümpfen und ohne Schminke perfekt die shiitische Kleiderordnung befolge. Es fällt so schwer sich zu trennen ...
Die großen Reliefs an den Felswänden von Bisotun, die feinen Arbeiten in den Nischen von Tagh-é Bastan prägen die Fahrt nach Kermanshah durch die heiße Hochebene. Bagdad ist nah, eines Tages werde ich auch dorthin wandern. Das Marktgeschehen bestimmen hier Kurden und Luren mit ihrem besonderen Dialekt.

Am Bazaar der Handwerker finde ich wie immer einen Platz in einem musaferkhuné, keine 2 DM kostet diese Art der Herberge, alles ist alt und einfach, aber sauber, mit Wasser auf dem Flur. Auch hier wohnen in den Zimmern Gruppen gleichaltriger Männer, auch 30- und 40-jährige. Sie schließen sich zusammen, sie verdienen zu wenig, als dass sie eine eigene Wohnung halten könnten, machen alles zusammen, kochen, essen, schlafen. Es sei unmöglich zu heiraten, klagen sie, niemals bekämen sie den Brautpreis zusammen, und so sei das einfach kein Leben ...
Auf dem Sandplatz hinter dem Bazaar hat sich eine Menschenmenge um einen stämmigen Kaukasier, einen Kraftprotz von Gewichtheber geschart. Er stemmt drei enorme Eisenkugeln, balanciert auf seinem Kinn Kinder auf langen Stangen, gleichzeitig beschwört er dramatisch eine Schlange in einem Holzkasten, ruft markige religiöse Sprüche, die kollektive Bestätigung erfahren. Nach jedem Kraftakt dreht er drei triumphale Runden im Sand, eine erstklassige Schau. Gekonnt gelingt es ihm, seinem männlichen Publikum Geld zu entlocken, man amüsiert sich königlich auf diesem Rummel, bis plötzlich ein Trupp Polizei einschreitet und dem unschuldigen Vergnügen ein Ende bereitet. Ich bin für die Menschen hier ein Weltwunder, durch den Bazaar ruft es »kharijiyya, kharijiyya«, eine Fremde ...
Azarbayjan ist anders. Über das alte Qazwin führt die Straße bei Sonnenaufgang vorbei an den Brücken von Miyande nach Tabriz, das immer noch gezeichnet ist von den letzten Erdbeben. 1000 Jahre alt ist der wunderbar restaurierte Bazaar, hier leben viele Türken, Armenier und Azaris, die nicht gern Farsi sprechen, die Sprachmischung ist nur schwer verständlich. Nasser Khan ist eine große Nummer im Bazaar, jeder kennt ihn und sein Fahrrrad, alles weiß er, hilft hingebungsvoll, erklärt mir, wie ich zum Fort Babok in Kalaibar komme. In schwarzen Haufen warten in den Geschäften zahlreiche Teesorten auf ihre Käufer, in jeder Ecke stehen auf kleinen Tischen die Samoware und Tassen. Auf dem Weg zur Gasse der Wollfärber komme ich bei einem Schlachter wieder an Holzkisten voller gehäuteter grinsender Schafsköpfe mit riesigen Augen vorbei, ich bringe es nicht fertig zu fotografieren, wie ein Voyeur würde ich dieses Leid festhalten.

Nasser Khan bringt mich zu einer Englisch-Schule für Frauen, die Studentinnen haben von mir gehört und wollen mit mir sprechen. Den ganzen Abend diskutieren wir auf Englisch sehr offen über das Leben der Frauen, über Familie, Ausbildung, Männer, Politik, Religion, den Staat Iran. »Ist es besser selbständig zu werden, oder sollen wir in der Familie bleiben? Sind wir iranischen Frauen beschützt oder gefangen?«, fragen sie mich. Selbstbewusst und durchaus kontrovers argumentieren sie, kennen ihre Angst vor der ›Welt‹, empfinden die Stärke der Tradition als Schutz in ihrer Angst. Als ich einwerfe, ich empfände ein Leben in Angst hinter einem Schutzwall als unbefriedigend, gibt es für einige der jungen Frauen keinen Halt mehr. »Wir sind die Opfer auch in der Politik«, sagt eine, »sind völlig machtlos und entmutigt. Als unverheiratete Frauen bekommen wir noch nicht einmal ein Reisevisum in unserem Staat!« Ich sei mit meiner Lebensweise die Frau ihrer Träume, meint die Kursleiterin. Alle Frauen laden mich in den folgenden Tagen in ihre Familien ein, für sie bin ich eine wichtige Begegnung. Nasser Khan holt mich wieder ab, auch er lebt mit seinen 40 Jahren bei seiner Mutter, Heirat sei zu teuer, er gehe jeden Abend in das moderne Vergnügungsviertel der Reichen, um wenigstens schöne Mädchen zu sehen.
Seit ich in Esfahan das Poster von Fort Babok hoch über Kalaibar gesehen habe, träume ich von diesem kriegerischen Ort in den Ausläufern des Kaukasus dicht an der armenischen Grenze. Im Bus sitzt eine Gruppe von Männern, die auch den Berg besteigen wollen, sie schenken mir ein großes Brot als Wegzehrung, schultern Pickel, Rucksack, Vorräte, mir schwant Böses. Durch Schluchten ohne Weg und Steg, über Wasserfälle und glatte Felsen geht es steil hoch, ich in roupush und Sandalen, am Himmel die Ruinen des Forts, noch kann ich mithalten. Als wir die Baumgrenze erreichen, liegt eine fast senkrechte Felswand vor uns, die anderen haben wenigstens Pickel. Schwer klebt der roupush am Körper, die Luft ist dünn in dieser Höhe, die Beine fangen an zu zittern, auf den letzten 100 m will ich aufgeben, aber rückwärts ist schlimmer als vorwärts, Schritt für Schritt, dann die erste Burgmauer, die große Treppe hoch auf die felsige Terrasse, der Blick über die ganze Welt.

Als die Erschöpfung nachlässt, mache ich mich allein auf den Rückweg die viel längere, aber einfachere Rückseite des Berges hinunter. Glatt sind die Steine, ich stürze einige Male, nur Felsen, Almen, Blumen ähnlich dem Enzian, es riecht nach Minze. In der Ferne weiden Kühe und Schafe, mit dem Kompass finde ich die Richtung des Tals von Kalaibar. Ein Landrover kommt mit heulendem Motor steil heraufgefahren, es ist der Bergbauer. Er nimmt mich mit, zusammen liefern wir in den kleinen umliegenden Bergsiedlungen in großen Töpfen Joghurt aus, dann fährt er mich nach Kalaibar, wo ich schnell ein Sammeltaxi nach Tabriz finde. Am Abend wartet Nasser Khan schon mit dem Tee auf mich.

Der roupush ist versaut und einige Blessuren schmerzen, als ich packe, um dieses Land zu verlassen, das ich so überraschend anders vorgefunden habe als vermutet mit seiner Vielfalt, seiner Offenheit und Warmherzigkeit. Schon bald hinter Tabriz haben die Straßenschilder türkische Aufschriften, rot und ocker gestreift sind die rundgewaschenen Sandsteinkuppen, in der Hitze ausgetrocknete Flussbetten durchziehen die weite Steppe zwischen Maku und der Grenzstation Bazargan. Mit zwei lieben alten Kurden, bepackt mit Kartons und Plastiktüten, gehe ich über diese Grenze, sie zeigen mir alles, dafür schleuse ich sie ohne Gepäckkontrollen durch eine Seitentür auf die türkische Seite. Hier sitzen neugierige Bauern beim Tee, ihr Kurdisch weicht kaum von meinem Farsi ab. Sie drücken mir ein Glas in die Hand: »Zieh doch endlich den Mantel aus und nimm das Tuch ab, wir sind hier doch nicht im Iran, diesem Polizeistaat!«

Fortbewegungen XII

Nemrut dağı, Türkei – Laufen III
In eisigem Nachtwind ist
der steinige steile Weg zu den Göttern
erklommen,
ihnen zu nahen im ersten Strahl der Sonne über den Gipfeln,
die Gnade erfahren
zu hören ihre Klage

Ohne roupush, ohne Tuch fühle ich mich nackt und schutzlos, es dauert einige Tage, bis ich die Freiheit des Körpers, die Sensation der Sonne auf der Haut wieder genießen kann. Ein mächtiger Kegel steigt aus der Ebene, ragt zum Himmel, der Ararat, an seinem Fuße die alte Seidenstraße, auf der ich mit kurdischen Bauern im dolmuş nach Doğubayazit fahre, wild verworfene Felswände mit Kronen wie Ritterburgen begrenzen das weite Tal. Durch die ausgedehnte Garnison hindurch vorbei an den johlenden Soldaten, die ihre Hände durch den Zaun zu stecken versuchen, führt ein Weg zum hoch in den Bergen gelegenen Ishak Paşa Serai, im Sonnenuntergang leuchtet bläulich der schneebedeckte Gipfel des biblischen Berges. Ein amerikanisches Archäologenteam hat im letzten Jahr, sich an den Angaben des Qur'an orientierend, gegenüber dem Ararat mittels Radiosonden die Form eines großen Schiffes phönizischer Bauart entdeckt, die Holzarten bestimmt, sogar die Löcher für die Tauführungen sind erkennbar, und hat in einem kleinen Museum hoch oben ein Modell ausgestellt, die ›Arche Noah‹, »am siebenzehnten Tag des siebenten Monats ließ sich der Kasten nieder auf das Gebirge Ararat«, der Anbeginn der neuen Welt, des Bundes unter dem Zeichen des Regenbogens.
Den ganzen Tag verbringen junge wie alte kurdische Männer im çay evi, dem Teehaus, bestenfalls Gelegenheitsarbeit bietet sich ihnen, manchmal beim ungeliebten Nachbarn Iran, erzählen Ibrahim, Ferzend und Salih, staatliche Unterstützung gibt es nicht für die »30 Millionen Kurden«, mit leerem Blick sitzen sie da und warten, »wir sind alle PKK!«. In den winzigen Dörfern am Fuße

des Berges leben fast nur noch Frauen, den Kopf verborgen unter dem weißen, bestickten Tuch; herrlich sind der frische Käse, die Fladenbrote, die sie über der Glut in Erdlöchern backen. Feldsteine begrenzen die armen Gehöfte, in der Mitte die weiße Moschee mit dem spitzen Minarett, die Störche in den vielen Nestern füttern ihre Jungen. Als mir der erste Kurde die Hand gibt, schrecke ich zurück, zu tief sitzt das Verbot aus dem Iran, ich erinnere den Schrecken, als Nasser Khan in Tabriz mir ostentativ im Bazaar die Hand gegeben und provokativ nach meinem schnellen Rückzug, er dürfe das doch nicht, gefragt hat: »Ach ja? Und warum nicht?«

Der Bus nach Erzerum ist ein Luxusbus, fast leer, er fährt nach Fahrplan, die Straße ist hervorragend. Jetzt, wo alles leichter wird, spüre ich die Anstrengung der letzten Monate im Iran. Grün sind die Täler, sanfter die Berge, Kühe stehen im flachen Wasser der Flüsse, die von Blumen in allen Farben gesäumt sind, Frauen waschen die Wäsche. Erzurum ist eine sehr alte Stadt mit zahllosen Moscheen, auf den winzigen alten Häusern am Bazar wächst Gras, vor den Türen sitzen die bärtigen Männer, die Kappen auf dem Kopf, von den Minaretten klingt vielstimmig der Gebetsruf. Schon die kleinen Jungen rauchen ständig, stolz sind die Väter darauf, »das macht sie zu Männern!« Murat begleitet mich zur Zitadelle. Acht Jahre hat er in Hamburg gelebt. Mit 17 beim Drogenhandel erwischt, ist er nach Verbüßung der Gefängnisstrafe ausgewiesen worden. Er raucht, trinkt und kifft nun nicht mehr, schlägt sich durch. Er kennt die Fälle von Heiraten für 10.000 DM, »ohne Schlafen«, meint er, »nur für das Visum«, und reibt die Zeigefinger aneinander, »auch Scheiße ...«.

Die Zitadelle, 2000 m hoch gelegen, im 5. Jahrhundert unter Theodosius angelegt, schmucklos gewaltig, rau wie das Land, wie das Klima, gewährt den Überblick über den zentralen Armeestandort in den Bergen. Wie überall in Anatolien ruft das Militär auf den Kuppen mit riesigen weißen Lettern und Symbolen zur Verteidigung der türkischen Heimat. An der Mauer des Forts hängen verschleierte Frauen die Wäsche auf und trocknen die Felle. Seit Jahren gebe es hier keine Touristen mehr, heißt es. In langen

Reihen sitzen die alten Kurden reglos auf den Mauern an den Moscheen und starren mir nach.
Durch das paradiesische Tortum-Tal fährt der Bus nach Trabzon, das alte Trapezunt. Über einen gewaltigen Erdrutsch hat das Fahrzeug sich quälen müssen, ein Dorf liegt halb verschüttet. Tief unten im Canyon windet sich der Fluss, dann der Durchbruch, die Serpentinen auf Meereshöhe hinunter, das Schwarze Meer! Um Mitternacht findet sich in Trabzon nur noch ein schäbiges kleines Hotel, reichhaltig ist die Fauna im Zimmer. Am Morgen sehe ich, ich bin mal wieder richtig gelandet: im Treppenviertel am Hafen, alles ist russisch beschriftet, überall russische Nutten, russische Bars, unten die Fähre nach Sotschi, steil abwärts liegt der Bazar, die dicken roten Flecken auf meinen Armen sehen nach Wanzen aus. Altstadt, Moscheen, Kirchen, Klöster – Lebensfreude herrscht in dieser türkischen Kulturstadt, die mediterrane Atmosphäre in den Strandcafés wirkt wie ein Stimulans. Überwältigend ist der Blick im Sonnenuntergang hoch über der Stadt, pünktlich tauchen die blonden russischen Nutten auf, Mobiltelefone am Ohr.
Eine Stunde muss man in einem entlegenen Tal steil in die Berge klettern, um zum Kloster Sümela zu gelangen. Theodosius hat Maria Kirche und Kloster gewidmet, in eine natürliche Felshöhle in den Steilhang bauen lassen, wunderbar erhalten sind die alten Fresken. Weiter, immer weiter steige ich in die klösterliche Einsamkeit der bewaldeten Berge, ruhe an einem starken Wasserfall aus, lasse das Getöse in meinen Kopf, rundherum blühen Rhododendren. *Meine Mutter, weit entfernt. In meiner Angst um meine Schuld versuche ich, sie festzuhalten* Auf dem Atatürk-Platz in Trabzon werden heute die jungen Gendarmen vereidigt, hohe Offiziere wie junge Pioniere halten markige Reden, die Gendarmen sollen der Jugend Vorbild sein.
Von der Schwarzmeerküste aus muss man mit dem Bus durch ganz Zentralanatolien, um in das kurdische Kernland nach Diyarbakır zu gelangen. Auf dem otogar von Trabzon gehen die Busse auch in alle Kaukasusrepubliken, Inguschetien, Dagestan. Die Linie nach Tschetschenien ist vorläufig eingestellt. An den Bussteigen stehen die Damen, strähniges, blondiertes Haar, zu enge Hosen, wulstige Tops.

Seit Elazığ sieht man überall Unterstände in den Felsen, Militärstellungen, an den Ortseingängen Panzer in Bereitschaft, in einem Dorf sind 20 Panzer und Spähwagen zusammengezogen. Die Landschaft ist eine Kornkammer mit viel Obstanbau, Herden weiden um Nomadenlager. In den ockerfarbenen Bergen sind kleine Gruppen von weiß gekalkten Gräbern zu sehen.
Auf den Zinnen der mächtigen alten Stadtbefestigung von Diyarbakır patroullieren türkische Soldaten, halten den Stadtkern in Schach. Groß ist die Not, verroht sind die Kinder und Jugendlichen nach 10 Jahren Krieg, hier geht niemand zur Schule. Aggressiv versuchen Banden meinen Rucksack zu stehlen, werfen mit Steinen, selbst einheimische Frauen ziehen sich vor ihnen zurück, Männer wagen nicht einzugreifen. Ich werfe mit Steinen zurück, setze meinen Weg zu Moscheen, über die Wälle zum Friedhof und zur Brücke über den Tigris, zurück zu den Medresen unbeirrt fort, verschaffe mir so Anerkennung, ein freundliches Wort, einen Wink in die Haustüren. In den schattigen Torbögen sitzen untätig die Großfamilien, die Frauen sticken Tücher, die Alten rezitieren mit knarrenden Stimmen aus dem Qur'an, Elend und Stillstand. Mehmet, ein Student, hilft mir, die alten Seljuken-Moscheen zu finden, das Minarett auf den vier Säulen, erzählt von seiner Familie. Hier küsst der Vater dem Lehrer noch die Hand. Meinen Freund Samet treffe ich beim Teppichhändler in der alten Karawanserei, zu uns kommt Ramazan, etwa 7 Jahre alt, völlig verdreckt, mit den nicht mehr zu reinigenden schwarzen Fingern des Schuhputzers, ein Waisenkind, das nachts in der immer gleichen Kleidung auf dem alten Teppich des Händlers schläft. Immer hungrig verschlingt er meine Aprikosen, ist allen zu Diensten, spricht nie ein Wort, schaut mich, als ich seinen Namen nenne, nur groß an.
Rund um die bewehrte Altstadt von Diyarbakır sieht man deutlich die Präsenz der türkischen Armee, die besten Plätze, die schattigen Parks, die Sportclubs, alles ist militärisches Sperrgebiet, selbst das Übungsgelände liegt im Stadtzentrum. Dazu kommt das tägliche Aufgebot an Polizei, die martialische Selbstdarstellung der Soldaten auf Fahnen, Hausfassaden, auf Postkarten: Die Gipfel Kurdistans haben sie erstürmt, stehen lachend mit der türkischen Fahne

im Arm, zielen kniend mit der Schnellfeuerwaffe auf imaginäre Ziele. In meiner Unterkunft am Rande der Altstadt gibt es seit Tagen kein Wasser mehr, überall liegt Schmutz, die oberen Stockwerke liegen in Trümmern, es stinkt, nach drei Tagen stinke ich auch.

Mardin tief im Süden des Landes, dicht an der irakischen Grenze, ist seit assyrischer Zeit eine wichtige Straßenkreuzung und Gebetsstätte am Berg in der Nähe der Tigris-Quelle, heute findet die Straßenkontrolle mit Maschinengewehr statt. Das gewaltige Gelände der Zitadelle aus dem 10. Jahrhundert auf dem Gipfel des Felsens ist auch jetzt Militärzone. Von der Terrasse des Museums mit seinen zahlreichen Funden seit dem 4. Jahrtausend geht der Blick weit in die Ebene Mesopotamiens, des Zweistromlands. Die Luft flimmert über dem jetzt trockenen fruchtbaren Land, braun und beige geschachtelt sind die Äcker. Ninive, Nimrud, Assur, Baghdad, Babylon – Visionen im Dunst.

Ich mache mich auf den langen Weg über die Berge zum syriakisch-jakobitischen Kloster Deyrulzaferan, in einem Seitental gibt es sogar ein wenig Weinbau. Ein Junge kommt heruntergelaufen, begleitet mich bis zum Kloster, in dem einige Mönche, ganz in Schwarz mit einem goldenen Kreuz auf der Brust, leben, auf den umliegenden Feldern arbeiten. Abdurrahman zeigt mir die Umgebung des Klosters, die Höhlen in den Felsen, erzählt seine Geschichte: Acht Jahre hat seine Familie, kurdische Flüchtlinge, in Deutschland gelebt, vor drei Jahren sind sie ausgewiesen worden: »In Kassel hatte ich ein Fahrrad, hier habe ich nichts.« Er kennt noch die Namen aller seiner Lehrerinnen, seine Freunde hat er verloren, eine schöne Wohnung haben sie gehabt. Hier leben sie in einem Zimmer zur Miete, der Vater arbeitet in einem Garten, aber es ist nicht sein Garten, sie machen Joghurt, aber es ist nicht ihre Kuh, »hier ist es nicht schön«. Abdurrahman sammelt eine wilde Erbsenart, verkauft sie, daraus wird Medizin gemacht.

Wir beschließen, seine Familie zu besuchen. Acht Menschen wohnen auf dem Teppich des einzigen Zimmers, in der Ecke ein Kühlschrank, auf einem Regalbrett ein Telefon, aus Deutschland mitgebracht. Die alten Frauen strahlen mich blitzend mit goldüberzogenen Zähnen an, bieten frischen Joghurt, warmes Fladenbrot

und kaltes Wasser an. Der Vater, eine erhebliche Verletzung von der Erntearbeit im Gesicht, sitzt erhöht mit gekreuzten Beinen auf einem Kissen. Er ist verbittert, Deutschland war gut, die Türkei tut nichts für die Armen, nichts für dieses Dorf ohne Wasser, »und wenn sie wollen, schießen sie uns tot.« Der 15-jährige Mehmet sieht seine Zukunft nur bei der türkischen Polizei. Petra, 17, ist sehr unglücklich. Sie hat nach dem 5. Schuljahr die Schule verlassen müssen, möchte Krankenschwester werden, müsste dafür aber die 7. Klasse beenden, doch erlaubt der Vater nicht, dass sie den Fußweg nach Mardin zur Schule geht. So bleibt sie zuhause, sehnt sich nach Deutschland zurück, holt das Wasser aus dem Brunnen des Dorfes. Derjenige, der morgens als Erster kommt, schöpft schon das meiste aus.
Entlang der syrischen Grenze ist die Ebene karg und steinig, nur durch härteste Arbeit entstehen die kleinen Kornfelder. Die Männer schneiden das Korn mit Sensen; die Gefäße auf dem Kopf, gehen die Frauen zum fast versiegten Fluss, die Sonne brennt auf den schutzlosen Boden. Aus den Feldsteinen haben die Bauern die einfachen Häuser gebaut, die Herden suchen die geschnittenen Felder ab.
Schwer ist es, in Şanlıurfa ein Hotel am Fuße der Burganlage zu finden, aber dann: ein Bett mit weißen Laken, eine Dusche, TV im Foyer, ich bin so schmutzig, so erschöpft. An diesem Abend verliert Deutschland bei der Europameisterschaft das Fußballspiel gegen England, einige britische Touristen im Foyer machen dreckige Bemerkungen.
Urfa ist ein offenes Geschichtsbuch, wie überall im Lande werde ich wieder kostenlos in das Archäologische Museum eingeladen, der Direktor kommt zu einem Gespräch. Niemand ist hier, stark ist dagegen der Andrang der Familien auf der Zitadelle, am Heiligen Fischteich mit seinen fetten Karpfen, »hier ist Abraham vom Himmel gefallen!«. Ein Ort der Stille ist ›Abrahams Geburtshöhle‹, nur tief verschleiert darf man den mit Teppichen ausgelegten Raum an der Quelle betreten, wo die Frauen in Gefäßen das gesegnete Wasser der Höhle sammeln. Ich ernte abschätzige Blick wie niemals im Iran. Die ganze Nacht hindurch fahren hupende

Autocorsi durch Urfa, lärmen die Männer auf den Straßen, die Türkei hat gegen Belgien gewonnen ...
Harran, südlich von Urfa gelegen, gilt als die älteste noch bewohnte Siedlung der Menschheit, seit 7500 v.Chr. leben die Menschen in Lehmhäusern in Form von Bienenstöcken. Älteste Traditionen finden sich noch hier, man spricht arabisch, die Frauen haben die typischen Tätowierungen im Gesicht. Sie machen die Arbeit in der Landwirtschaft, bringen Spreu ein, mischen sie mit dem Kuhdung zu Brennmaterial, sammeln Kräuter, überall sieht man Mädchen und Frauen auf gebeugten Rücken schwere Säcke schleppen. Kurios sind in den Höfen die großen Betten für die ganze Familie auf hohen Stelzen, gegen Abend befestigen die Frauen einen Windschutz und legen die Matratzen aus. Einige Dächer in den Gehöften zieren Antennen oder Satellitenschüsseln.
Mit einigen Australiern und Amerikanern fahre ich zum Berg Nemrut in das Land der antiken Kommagene-Dynastie, vorbei an der Großbaustelle des riesigen Atatürk-Staudamms, viele kritische Worte waren über dieses Projekt zu hören. Nur wenige Zeugnisse der alten Kulturen sind verblieben, hier bewacht ein Adler einen Tumulus, dort einige Säulen, ein Löwe, die römische Brücke von Cendere überquert den Euphrat, die beeindruckende Burg von Eskikahta, hoch über den Bergen sieht man die ersten Stauseen des Damms. Anrührend ist im antiken Arsameia das Relief, auf dem Mithridates Herakles die Hand gibt, tiefe Stille herrscht hier oben.
Am Berg Nemrut verbringen wir die Nacht, es kommt dazu, dass ich vor den gespannt zuhörenden Freunden aus eigener Betroffenheit von deutscher Geschichte, deutscher Befindlichkeit, von Schuld und Gegenwart spreche. Dem US-Amerikaner Michael, 30, sagt Vietnam »persönlich gar nichts«, Josefine ist froh, »dass Australien nicht in eine solche Geschichte verwickelt ist«.
Um 3 Uhr nachts klettern wir im Mondlicht auf den Gipfel des Nemrut dağı, um den Sonnenaufgang zu erleben, eiskalt fegt der Wind, hart ist der Anstieg. Lange habe ich noch im Mondlicht, dann im bläulichen, zunehmend rötlich-orangen Schimmer die majestätische Reihe der kopflosen Torsi, die gestürzten Köpfe ganz für mich. Selbst im Sturz der Sonne zugeneigt, zeigen sie Gelassenheit, Kraft – woher der fragende Ausdruck des Apollo, der

leicht geöffnete Mund, als wolle er zum Sprechen ansetzen? Tief nach innen ist der Blick des Herakles gerichtet, der leicht nach unten gezogene Mundwinkel birgt Klage, Schmerz das Gesicht, Hingabe und Aufgabe, wie ein Genuss, es vollendet zu haben, erlöst von der Macht – wer hat je ihrer Klage Worte verliehen? Erhaben wartet der Adler auf die Botschaft der Götter, überströmt von den ersten Strahlen der Sonne, die Augen der großen Köpfe sammeln die Schatten der Trauer, unberührbar wachen die Torsi über die Grabstätte des Herrschers auf dem Gipfel. In die Weite strömt nun das Licht, orange liegen die Berge, dazwischen die leuchtend blauen Seen der aufgestauten Flüsse.

In Kappadokien überrascht den Wanderer die Vereinnahmung der Landschaft mit ihren bizarr erodierten Vulkantuffgesteinen und der Orte durch die Strukturen des Tourismus. Kein Kurdisch ist mehr zu hören, Türkisch, aber vor allem Englisch und Deutsch, alles ist plötzlich geregelt. Noch kann ich lange allein durch die Felsen und Täler laufen, bediene mich schamlos in den offenen Obstgärten, bewundere die in den Fels gegrabenen Kirchen und Klöster der frühen Christen, die Taubenschläge, in denen der Dünger für die Felder gesammelt wurde, die Wohnhöhlen, in die mich heute Frauen zum Tee laden, angetan, dass ich den Kopf bedecke wie sie. Auf dem Parkplatz des Ortes sammeln die zahlreichen Tourenbusse die allzu knapp bekleideten Touristen wieder ein, vor deren herausfordernder Respektlosigkeit die Frauen der Felshöhlen sich abwenden. Schon durch das Ihlara-Tal, in die unterirdische Stadt Doyunkulu kann man nur noch in Gruppen gelangen, und so zieht ein lauter Tross durch das stille, enge Tal mit den Klöstern im Fels, durch die seljukische Karawanserei an der Seidenstraße, durch die acht Stockwerke tief in das Tuffgestein gegrabene Stadt zum Schutze der ersten Christen. Alles gibt es hier unten, Schulen, Krankenhäuser, Küchen, eine Weinkelterei, lange Verbindungsgänge zu anderen Städten, ein faszinierendes Belüftungssystem mit Windkanälen, die nie dem Feind oben durch Austritt von Rauch den Eingang in die Stadt verrieten. Der Anstieg auf die pilzförmig erodierten Felsen von Zelve, die zum Meditieren einladen, ist den meisten zu anstrengend.

Konya, das Zentrum des Sufi-Ordens mit seinen tanzenden Derwischen, ist anders, ein Ort der Sammlung, der Stille, der Verehrung Mevlanas. In langen Zügen pilgern die Menschen zu den Sarkophagen im Inneren, nähern sich ehrfürchtig, verharren lange im Gebet. Einmal strömt ein Schwall von Touristen durch, der Bus draußen hat noch nicht einmal den Motor abgestellt.
Gegenüber meiner Herberge ist ein wunderbares altes Hammam, Stunden dauert der Genuss der heißen und kalten Wonnen des Bades. Fünf Frauen sind wir, trommeln auf unsere kleinen Waschschüsseln, eine von ihnen legt in der Mitte auf dem Marmorsockel für die Massage einen grandiosen Bauchtanz hin. Mit eisernem Griff schrubbt mir die dicke Mama den Körper und erzeugt ein Geriesel von schwarzen Hautfetzen, ich schäme mich, sie strahlt, »so muss es sein!« Heute abend ist es überraschend still in der sonst durch die vielen Soldaten des Luftwaffenstützpunktes so lebhaften Stadt. Die Türkei hat gegen Portugal verloren, schweigend streifen die Männer über die Boulevards.
Aus den Gebirgszügen Zentralanatoliens führt die Straße an die Südküste, ans Mittelmeer, nach Antalya, das im Morgengrauen seine hässlichen Hochhausviertel vorführt. Wunderschön ist die Altstadt hoch über dem kleinen Hafen, hier blühen in den Höfen der kleinen billigen Familienpensionen Bougainvilleen, rot glühen die Blüten der Granatäpfel. Am gewaltigen Turm des Kastells an der Steilküste öffnet sich der Blick auf die im Dunst verschwimmenden Berge der Bucht, die im Sonnenuntergang zartblaue Gestalt annehmen. Unten liegt ein Kreuzfahrtschiff vor Anker, Segelboote fahren ein.
Da unten wälzt sich auch der Touristenstrom durch die Marina und Bazare, die diesen Namen nicht verdienen, »Möchten Sie nicht einen schönen Teppich kaufen?« Nein. Die bunten Laserstrahlen der Discos schwirren durch den Abend. Auf dem großen Platz mit dem Atatürk-Denkmal, der Führer ist undefinierbar in ein riesiges Pferd geschlungen, tragen Frauen in türkis-goldenen Gewändern traditionelle türkische Lieder vor, es sind Touristinnen aus einer der Animationsgruppen, die typischen Kiekser kriegen sie nicht hin, ältliche Damen eben, die türkischen Zuhörer klatschen begeistert. Keiner der Touristen bleibt stehen, sie flanieren,

mit glänzenden flachen Tüten behängt, an den zahllosen Boutiquen entlang.

An Orten wie diesen
kannst du dir nicht erlauben,
dich in Splittern zu sehen,
belächelt wirst du,
armselig gehörst du nicht dazu,
alle wissen es besser,
wie du zu sein hast,
und so setze ich hier
wider Willen
meinen Spiegel wieder zusammen.

Mit meiner Einordnung als ›Kunde‹ nimmt die Distanz zu den Menschen zu, wächst die Anteilnahme an den Kulturstätten, die aus den Träumen zum Leben erwachen, beginnt das Bewusstsein der Teilhabe an einer der großen Kulturen der Menschheit, die hier ihren Ursprung hat, zu leben, auch dies ist großes Glück. So schließt sich der Kreis zu dem Kind im 7. Schuljahr, das mit heißem Herzen Geschichte und Geschichten Kleinasiens aufnahm.
Nun habe ich Theater und Felsgräber von Myra, die Kirche des Bischofs Nicolaus gesehen, die Sarkophage Lykiens, habe die traumhafte Küstenstraße, das Meer genossen, das Maussolleion in Bodrum bewundert, hier ist Herodot geboren, habe ein Stück von mir in Selçuk gelassen. Hierher ist Johannes mit Maria nach Jesu Tod gekommen, Paulus hat hier gelehrt. Von hier aus ist es eine Tageswanderung, am 3. Weltwunder des Artemision vorbei, nach Ephesus zur Bibliothek des Celsus, hinter der Stadt zum Grab des Lukas. Bergamas Asclepieion und die Akropolis habe ich erklettert und bin über das Ida-Gebirge nach Truva gefahren, tagelang Troia mit seinen neuen archäologischen Erkenntnissen. Ich bewahre ein Blatt von der uralten Troia-Eiche, träume den Zorn des Zeus aus den Bergen beim Blick auf die Schlachtfelder. Auf einem kleinen Bauernhof bin ich unterkommen, der Hofhund wurde Hector gerufen. All dies habe ich gesehen und noch vieles mehr – einmal noch das wilde Leben in der Baumhütte zwischen den

Orangenhainen von Olimpos, der nächtliche Anstieg zu den Chimären –, habe viel Freundlichkeit erfahren, aber nie mehr die aus der Selbstverständlichkeit des Vertrauens geborene Aufnahme in ein authentisches Leben. Haften bleibt der Schrecken, die Trauer auf dem langen Weg von Troia an das Ufer der Dardanellen, hinter mir die Schlachtfelder von Troia, überall sammeln die Bauern die Fundstücke, große Säulen liegen am Feldrand, einer schenkt mir eine Münze mit Alexander dem Großen darauf, vor mir das Mahnmal von Gallipoli mit seinen Friedhöfen auf dem anderen Ufer, dazwischen scheinen die Masten der großen Frachter durch die Felder zu ziehen. Über 200.000 australische, neuseeländische und britische Soldaten sind hier im 1.Weltkrieg im Kampf um die Dardanellen umgekommen.
Hoch über Izmir, die Festung Kadifekale im Rücken, unter mir die Bazare von Basmane, die Agora, das Archäologische Museum, geht nun meine ›Odyssee‹ zuende, vielleicht nicht wirklich eine ›Odyssee‹, ein Weg doch mit Kompass. In der Toscana will sich die Familie treffen. Weit geht der Blick über den Hafen, die Viertel der Reichen, über Inseln der Ägäis.
Hier bin ich noch einmal in der Gemeinschaft der kleinen Leute von Basmane, dem Bazarviertel hinter dem Bahnhof, an dem, wie mir Murat zeigt, die verplombten Laster mit den Illegalen für 50.000 DM Richtung Deutschland abgehen. Dies ist das Viertel der kleinen Diebe, Drogenschieber und Zuhälter, eng und schattig, voller Geschäfte, Marktstände, kleiner Restaurants und einfacher Herbergen, Katzen, Hinterhöfe mit verfallener Pracht, mit den namenlosen Gassen, die zur Agora ansteigen. Tischchen und sattelförmige Holzhocker stehen auf den schmalen Straßen, die Männer sitzen wartend bei Tee und Zigaretten im Gespräch, manchmal Gelächter, jeder Vorfall auf der Straße wird ausgiebig kommentiert, ich werde intensiv, aber freundlich gemustert. Am Vormittag schlafen Jugendliche auf dem Bürgersteig im Lärm der Straße, gefällt wie unter Drogen, schmutzig und abgerissen. Überall klappern Schuhputzerjungs mit den Deckeln ihrer Holzkästen, Kinder rufen, Tabletts voller Sesamringe auf dem Kopf.
Familiär ist auch die Atmosphäre auf der Fähre nach Venedig, natürlich ist meine Kabine ganz unten, neben mir nur noch Mann-

schaftskabinen, gegenüber der Niedergang zu den Maschinen. *Im großen Spiegel der Kabine sehe ich mich zu ersten Mal wieder ganz – schmal bin ich geworden, bin meiner Mutter nun so ähnlich, ein Abbild fast* Die türkischen, die griechischen Inseln der Ägäis, der Isthmus von Korinth, tagelang diskutieren Evrim, Heval, Mustafa und ich über Gott und die Welt.
Am Horizont taucht die Lagune auf, die Silhouette von Venedig, auf dem Oberdeck in Zeitlupe der Canal Grande, immer noch Canalettos Blick, wären da nicht die langen Zweierreihen japanischer Touristen auf der Piazza San Marco – eine Heimkehr nach Europa. Im ›Eurostar‹ nach Florenz will ich es immer noch nicht glauben, immer noch nicht wissen, noch ist es Fortbewegung, Poggibonsi, Colle di Val d'Elsa, noch ist es Fortbewegung, ich muss ein Ende suchen, muss nun einen Schluss finden, wieder nach Hause

nie wieder ganz hier
es gibt keinen Schluss
so hoffe ich

Oktober 2000, Paris Montmartre, Espace Dalí
Nun ist einige Zeit ins Land gegangen, oft hat mich Zorn gepackt, manches Mal bin ich nachts hochgeschreckt, halte oft inne, schlafe immer noch gern auf dem Boden. Nun, da mich einholt, was geschehen ist, was es abverlangt hat, da die Sehnsucht nach den Menschen, mit denen ich leben durfte, so stark geworden ist, will ich doch das Erfahrene zusammentragen, die Angst überwinden, die diesen Schritt begleitet. Wieder bin ich unterwegs, schmerzhaft ist die Sehnsucht nach Weite, Laufen, Sand, nach dem unverhofften Fund, der unverhofften Begegnung, die Sehnsucht nach den Tieren mitten unter uns, nach dem Ruf zum Gebet auch für die der Kirche längst Entfremdete, nach den Sternen, den Hütten, nach Freiheit, nach dem Teilen auch des Leids. Für einen Augenblick offenbart sich in diesem schwarzen Gewölbe des Dalí-Museums angesichts der fließenden Uhren das Wissen, dass Zeit nicht zerronnen, sondern aufgehoben war.